徐国明 著

『三纲九目』：朱子《小学》思想研究

儒道释博士论文丛书

巴蜀书社

《儒道释博士论文丛书》由上海城隍庙和北京东岳庙资助出版

《儒道释博士论文丛书》缘起

国家“985 工程”四川大学宗教、哲学与
社会研究创新基地首席科学家
《儒道释博士论文丛书》
编委会主编　卿希泰

儒道释是中华民族传统文化的三大支柱，源远流长，内容丰富，影响深远，它对中华民族的共同心理、共同感情和强大凝聚力的形成与发展，均起了极其重要的作用，是我们几千年来战胜一切困难、经过无数险阻、始终立于不败之地的精神武器，在今天仍然显示着它的强大生命力，并在新的世纪里，焕发出更加灿烂的光彩。

自从 1978 年中国共产党第十一届三中全会确立改革开放路线以来，我国对儒道释传统文化的研究工作，也有了很大的发展，在全国各地设立了许多博士点，使年轻的研究人才的培养工作走上了有计划有组织地进行的轨道，一批又一批的博士毕业生正在茁壮成长，他们是我国传统文化研究方面的一支强大的新生

力量，是有关各学科未来的学术带头人。他们的博士学位论文有一部分在出版之后，已在国内外的同行学者中受到了关注，产生了很好的影响。但因种种原因，学术著作的出版甚难，尤其是中青年学者的学术著作出版更难。因此还有相当多的博士学位论文难以及时发表。不及时解决这一难题，不仅对中青年学者的成长不利，且对弘扬中华优秀传统文化，促进学术交流也不利。我们有志于解决此一难题久矣，始终均以各种原因未能如愿。直到1999年，经与香港圆玄学院商议，喜得该院慨然允诺捐资赞助出版《儒道释博士论文丛书》，当年即出版了第一批共5本博士学位论文。此后的10余年间，在圆玄学院的鼎力支持及丛书编委会同仁的共同努力下，一批又一批优秀的博士学位论文通过这个平台展现在世人面前，到2013年，已出版了15批共130部；这些论著的作者，有很多已经成长为教授、博士生导师。2014年，圆玄学院因自身经济方面的原因，停止资助本丛书，我们深感遗憾，同时也对该院过往的付出与支持致以敬意和感谢！

令人欣慰的是，当陈耀庭教授得知本丛书陷入困境的消息后，即与上海城隍庙商议，上海城隍庙决定慷慨施以援手。2015年，慈氏文教基金有限公司董事长王联章先生也发心资助本丛书。学术薪火代代相传，施善之士前赴后继。在党中央弘扬中华民族优秀传统文化的英明决策指引下，本丛书必然会越办越好，产生它的深远影响。

本丛书面向全国（包括港澳台地区）征稿。凡是以研究儒、道、释为内容的博士学位论文，皆属本丛书的出版范围，均可向本丛书的编委会提出出版申请。

本丛书的编委会是由各有关专家组成，负责审定申请者的博士学位论文的入选工作。我们掌握的入选条件是：(1) 对有关学科带前沿性的重大问题做出创造性研究的；(2) 在前人研究的基础上有新的重大突破、得出新的科学结论从而推动了本学科向前发展的；(3) 开拓了新的研究领域、对学科建设具有较大贡献的。凡具备其中的任何一条，均可入选。但我们对入选论文还有一个最基本的共同要求，这就是文章观点的取得和论证，都须有科学的依据，应在充分占有第一手原始资料的基础上进行，并详细注明这些资料的来源和出处，做到持之有故、言之成理，避免夸夸其谈、华而不实。我们提出这个最基本的共同要求，其目的乃是期望通过本丛书的出版工作，在年轻学者中倡导一种实事求是地、一步一个脚印地进行学术研究的严谨学风。

由于编委会学识水平有限和经验与人力的不足，难免会有这样或那样的失误，恳切希望能够得到全国各有关博士点和博士导师以及博士研究生们的大力支持和帮助，对我们的工作提出批评和建议，加强联系和合作，给我们推荐和投寄好的书稿，让我们一道为搞好《儒道释博士论文丛书》的出版工作、为繁荣祖国的学术文化事业而共同努力。

2015 年 10 月 1 日于四川大学宗教、哲学
与社会研究创新基地，道教与宗教文化研究所

编委会按：2017 年，慈氏文教基金有限公司因自身原因中止资助，其资助金额由北京东岳庙管委会慷慨承担，谨此致谢。

目　录

第一章　导论 …………………………………………………………（1）
第一节　《小学》的重要性与研究概况 ………………………（1）
一　《小学》的重要性 …………………………………………（6）
二　《小学》的研究概况 ………………………………………（27）
第二节　“小学”正名…………………………………………（33）
第三节　《小学》成书过程 ……………………………………（39）
第四节　“三纲九目”与“三纲八目”:《小学》与《大学》 ……………………………………………………………（50）
第五节　《小学》体现出的“知行观”:“知先行后，知行相须” ………………………………………………………（66）
第六节　《小学》的性质:“修身大法” ……………………（71）
第七节　朱子对《小学》“六篇”的总论:“复其初心” ……………………………………………………………（77）
一　《〈小学〉题辞》 …………………………………………（79）
二　《小学·内篇·立教篇》的“道语” ……………………（86）
三　《小学·内篇·明伦篇》的“道语” ……………………（90）

四 《小学·内篇·敬身篇》的“道语” …………… (93)
五 《小学·内篇·稽古篇》的“道语” …………… (99)
六 《小学·外篇》的“道语” …………………… (102)

第二章 《小学》的“立教”思想 …………………… (112)
第一节 “胎教”:教之本源 ……………………………… (112)
第二节 “家庭之教”与“学校之教”:教之发越 …… (118)

第三章 《小学》的“明伦”思想 …………………… (163)
第一节 父子之亲:爱、敬、谏(训) ………………… (163)
第二节 君臣之义:君仁、臣敬(谏诤) …………… (195)
第三节 夫妇之别:信、敬、别 ………………………… (222)
第四节 长幼之序:义、敬、悌 ………………………… (237)
第五节 朋友之交:辅仁、责善 ………………………… (254)
第六节 通论(小结) …………………………………… (263)

第四章 《小学》的“敬身”思想 …………………… (280)
第一节 心术之要:敬、畏 ……………………………… (280)
第二节 威仪之则:正容体、齐颜色、顺辞令 ………… (298)
第三节 衣服之制:弗耻恶衣(志道) ………………… (312)
第四节 饮食之节:养大体 ……………………………… (322)

第五章 通论(结论) ………………………………… (333)

参考文献 ……………………………………………… (343)

后 记 ………………………………………………… (353)

第一章　导　论

导论一章将对相关涉的问题做一统体的论述，以便后文聚焦于“三纲九目”这一主旨架构而进行深入讨论。所关涉之问题大抵可分为七个方面，依次为：《小学》的重要性与研究概况；“小学”正名；《小学》成书过程；“三纲九目”与“三纲八目”；《小学》与《大学》；《小学》体现出的“知行观”——“知先行后，知行相须”；《小学》的性质：“修身大法”；朱子对《小学》“六篇”的总论——“复其初心”。此即本章分节详论之内容。

第一节　《小学》的重要性与研究概况

陈寅恪先生尝言：“华夏民族之文化，历数千载之演进，造极于赵宋之世。后渐衰微，终必复振。譬诸冬季之树木，虽已凋落，而本根未死，阳春气暖，萌芽日长，及至盛夏，枝叶扶疏，亭亭如车盖，又可庇荫百十人矣。由是言之，宋代之史事，乃今日所亟应致力者。”① 又言：“六朝及天水一代思想最为自由，故文章亦臻上乘，其骈俪之文遂亦无敌于数千年之间矣。”② 这里的“天水”即指“赵宋”，“最为自由”的有宋一代，思想文化确乎灿烂光辉。《四库提要》有言：“经禀圣裁，垂型万世，删定之旨，如日中天，无所容其赞述。所论次者，诂经之说而已。自汉京以后垂二千年……要其归宿，则不过汉学、宋学两家互为胜负……盖经者非他，即天下之公理而已。”③ 此是以经学的视角，述宋代思想学术之重要。具体而言其卓荦者，则正如今学人所论：“在南宋乾道、淳熙之际（十二世纪中后期），理学——哲学运动得以完成”“形成了三种不同形态的思想成果：以朱熹为代表的‘理学’，以陆九渊为代表的‘心学’，以吕祖谦为代表的‘历史哲学’……以及确立了《四书》作为理学的经典文本系统”④ 人而后传，自周以来，任传道之责者不过数人，而能使斯道章章较著者，一二人而止耳。由孔子而后，曾子、子思继

---

① 见陈先生所写《邓广铭宋史职官志考证序》；陈寅恪：《金明馆丛稿二编》（《陈寅恪集》），北京：生活·读书·新知三联书店，2011 年，第 277 页。

② 见《寒柳堂集》之〈论再生缘〉；陈寅恪：《寒柳堂集》（《陈寅恪集》），北京：生活·读书·新知三联书店，2011 年，第 72 页。

③ 见《四库全书总目》卷一之《经部总叙》；永瑢：《四库全书总目》，北京：中华书局，1965 年，第 1 页。

④ 见董平师大著《王阳明的生活世界——通往圣人之路》之《道言》，出于篇幅及行文之考虑，此处所引用之文字谨有所调整，详明深刻之阐述请一览原文；董平：《王阳明的生活世界——通往圣人之路》，北京：商务印书馆，2018 年，第 2—6 页。“确立了《四书》作为理学的经典文本系统”，此说亦可参丸山真男《日本政治思想史研究》第二节《朱子学的思维方式与其解体》中所论：“朱子学是继承了周濂溪所开拓、二程子所发展的宋学的方向，而加以大成的，他和汉唐之儒学所不同的最显著之特色是：第一，斥终始于经书的言语学的研究之训诂学，高唱所谓道统之传。不采从来的《五经》中心主义，而欲成为依《四书》以把握孔、孟、曾、子思的根本精神的义理之学。第二，补救了从来为儒教之思想的弱点——缺乏理论性，树立了贯通宇宙与人类的形而上学。而且，这两个因素密切融合，于是完成了小自。

其微，至孟子而始著。由孟子而后，周、程、张子继其绝，至熹而始著”[①]。抛开这里所涉的争“道统”之问题而不论[②]，所论者即是以朱子为集大成，所谓“致广大，尽精微，综罗百代矣”[③]。自南宋

（接上页）无疑，朱子（朱熹）处于重要之地位。“道之正统待日常起居的修养法，大至世界实体论的庞大的思想体系。这真是担着儒教本来实用的性格之思想所能具有的，空前——恐怕也是绝后的（在体系的广泛性上，虽阳明学亦终不能及）大规模的理论体系。”参见：丸山真男：《日本政治思想史研究》（徐白、包沧澜译）台北：台湾商务印书馆，1980年，第15—16页。

① 语出黄勉斋所写《朱子行状》，此《行状》正式之全称为《朝奉大夫文华阁待制赠宝谟阁直学士通议大夫谥文朱先生行状》，此引用出《朱熹年谱》之《附录一》；王懋竑：《朱熹年谱》（何忠礼点校），北京：中华书局，1998年，第523页。又可参《宋史》卷四百二十九《道学传·朱熹传》；脱脱等：《宋史》，北京：中华书局，1985年，册36，第12769—12770页。

② 朱子在《中庸章句序》中明确提出了“道统”之传：“《中庸》何为而作也？子思子忧道学之失其传而作也。盖自上古圣神继天立极，而道统之传有自来矣。其见于经，则‘允执厥中’者，尧之所以授舜也；‘人心惟危，道心惟微，惟精惟一，允执厥中’者，舜之所以授禹也。夫尧、舜、禹，天下之大圣也。……若成汤、文、武之为君，皋陶、伊、傅、周、召之为臣，既皆以此而接夫道统之传，若吾夫子，则虽不得其位，而所以继往圣、开来学，其功反有贤于尧舜者。然当是时，见而知之者，惟颜氏曾氏之传得其宗。及曾氏之再传，而复得夫子之孙子思……自是而又再传以得孟氏……程夫子兄弟者出……熹……虽于道统之传，不敢妄议，然初学之士，或有取焉。”显然，朱子以传“道”之统绪自任。《中庸章句序》所说，余英时先生别具只眼地认为朱子实际上区别了“道统”与“道学”，从尧舜至周公所传为“道统”，周公而后孔孟所传为“道学”，前者“德”与“位”、“内圣”与“外王”相统一，后者则不一。本文同意这样的纤毫剖判。但无论使用“道统”还是“道学”，并不影响本文所论。参见：朱熹：《四书章句集注》，北京：中华书局，2012年，第14—16页；《朱熹的历史世界》（上篇）之《道学、道统与“政治文化”》，余英时：《朱熹的历史世界》，北京：三联书店，2004年，第7—35页。

③ 语见《宋元学案》卷四十八《晦翁学案》之全谢山案语；朱子的孙女婿赵师夏之《跋〈延平答问〉》中已赞朱子“致广大而尽精微，极高明而道中庸”；宁宗时《告词》称朱子“具位朱熹，发《六经》之蕴，穷百氏之源”；《宋史》卷四百二十九《道学传序》则详阐之曰：“迄宋南渡，新安朱熹得程氏正传，其学加亲切焉。大抵以格物致知为先，明善诚身为要，凡《诗》《书》，六艺之文，与夫孔孟之遗言，颠错于秦火，支离于汉儒，幽沉于魏、晋六朝者，至是皆焕然而大明，秩然而各得其所。此宋儒之学所以度越诸子，而上接孟氏者欤。”引文分别见：黄宗羲：《宋元学案》（全祖望补修），北京：中华书局，1986年，第1495页；《延平答问》之《附录·宋嘉定姑孰刻本延平答问跋》，《朱子全书》册13，第354页；《朱子年谱》卷四，王懋竑：《朱熹年谱》，北京：中华书局，1998年，第231页；脱脱等：《宋史》，北京：中华书局，1985年，册36，第12710页。

而后，或述朱、或诤朱[①]，“此亦一述朱，彼亦一述朱”[②]，朱子则成为了不可被绕过的大哲[③]。

朱子（1130—1200），南宋人，名熹，字元晦，一字仲晦，号晦庵，祖籍徽州婺源（今江西婺源[④]）。生于福建尤溪县。十四岁丧父，得其父遗嘱学于白水刘勉之、屏山刘子翚、籍溪胡宪。自此居福建崇安县（今武夷山市）五夫里，后长期居于建阳之考亭。十九岁进士及第，授泉州同安县主簿，任职途中第一次见李延平（侗），后又三次见之。居官不长，“仕于外者仅九考，立于朝者四十日”[⑤]。为官廉洁有政绩，且勤于兴学，如修葺白鹿洞书院、岳麓书院。亦勤于讲学，一生弟子甚众，高弟不乏，如黄勉斋（榦）、陈北溪（淳）。著述极富，现今所版《朱子全书》可为证验[⑥]。其成学有一发展过程，己丑之悟（四十

① “述朱、诤朱”及朱子之地位等，可参《朱子新学案》之《朱子学提纲（代序）》、《宋明理学概述》二三之《朱熹》中所论；钱穆：《朱子新学案》，台北：台湾学生书局，1984年，第1—3页；钱穆：《宋明理学概述》，北京：九州出版社，2011年，第133页。

② 参《明儒学案》卷十《姚江学案》“有明学术，从前习熟先儒之成说，未尝反身理会、推见至隐，所谓‘此亦一述朱，彼亦一述朱耳”；黄宗羲：《明儒学案》，北京：中华书局，2008年，第178页。

③ 朱子之重要地位，陈荣捷先生写有《朱熹集新儒学之大成》的专文，详述朱子乃新儒学之完成者、集大成者；陈来先生亦言：“朱熹是北宋开启的理学的集大成者。”参见：陈荣捷：《朱学论集》，上海：华东师范大学出版社，2007年，第1—24页；陈来：《朱子哲学研究》，北京：三联书店，2010年，第2页。

④ 谭其骧主编：《中国历史地图集》（册6，南宋），北京：中国地图出版社，1996年，第59—60页。

⑤ 语见黄勉斋《朝奉大夫文华阁待制赠宝谟阁直学士通议大夫谥文朱先生行状》，此引用出《朱熹年谱》之《附录一》；王懋竑：《朱熹年谱》，北京：中华书局，1998年，第516页。

⑥ 《朱子全书》凡二十七册；朱傑人、严佐之、刘永翔主编：《朱子全书》，上海：上海古籍出版社；合肥：安徽教育出版社，2002年（本文征引此书仅出书名、册数、页数，特此指出）。

岁）后思想浸臻成熟，大旨可以伊川（程颐）“涵养须用敬，进学则在致知”总括之①。所定《四书》②，自元代延祐元年（1314）复科举始，立为科举考试之书③，自兹而后支配元、明、清三朝科举。朱子之思想，对宋以后数百年之中国及东亚、东南亚，产生了广泛而深远的影响。迨乎今日，盖在自觉不自觉之间耳。

有鉴于朱子的地位及其影响，关于其人其学的研究甚夥。如：戴铣《朱子实纪》、黄梨洲《宋元学案·晦翁学案》、王白田《朱子年谱》。近代以来，研究者多不胜数，著者如大陆有冯友兰、张岱年、侯外庐、蒙培元、张立文、陈来等；港台有钱穆、牟宗三、劳思光、蔡仁厚、刘述先等；国外美、日、韩，有陈荣捷、狄百瑞、包弼德、余英时、田浩、岛田虔次、小岛毅、金永植、刘承相等。这些研究极大地丰富了对朱子的认识，对宋明理学的理解，亦促进了世界朱子学的研究。在这些研究中，理

① 王白田（懋竑）认为，朱子自四十一岁时拈出伊川此语而定为其生平学问之大指。参见：《河南程氏遗书》卷十八，程颢、程颐：《二程集》，北京：中华书局，1981年，第188页；《朱子年谱考异》卷一，王懋竑：《朱熹年谱》，北京：中华书局，1998年，第320页。

② 就《四书》而论，二程之功在于“仁宗明道初年，程颢及弟颐实生，及长，受业周氏，已乃扩大其所闻，表章《大学》《中庸》二篇，与《语》《孟》并行，于是上自帝王傅心之奥，下至初学入德之门，融会贯通，无复余蕴。”朱子四十八岁成《论语集注》《孟子集注》，六十岁为《大学章句》《中庸章句》写序而出此二书，及六十一岁在知漳州任上合此四书而刊刻之，乃为《四书》（作为专名的《四书》）的正式出现。参见：《宋史》卷四百二十九《道学传序》，脱脱等：《宋史》，北京：中华书局，1985年，册36，第12710页；《朱子年谱》卷四，王懋竑：《朱熹年谱》，北京：中华书局，1998年，第209—212页。

③ 《四库全书总目》卷三十五《经部·四书类一》载：“《论语》《孟子》，旧各为帙。《大学》《中庸》，旧《礼记》之二篇。其编为《四书》，自宋淳熙始。其悬为令甲，则自元延祐复科举始。”参见：永瑢：《四库全书总目》，北京：中华书局，1965年，第289页。

学中的理、气、性、心、情、太极、无极、仁、格物致知、中和、本体、工夫等概念得到了很好的阐述。同时得到论述的还有：理学与佛教、道教的关系；理学的产生、发展、嬗变；程朱理学与陆王心学；朱陆异同；朱子与陆象山所代表的江西学、吕伯恭所代表的浙学、张南轩所代表的湖湘学派；朱子与书院；理学与其时的社会背景历史状况；理学与政治文化等等。此些研究为进一步之研究，奠定了良好的基础。

然而，关于朱子《小学》一书的研究却是比较少见的。此节将略述朱子《小学》的重要性以及有关《小学》的研究概况。“《小学》的重要性”，这一说法主要包含两层含义：一指朱子很看重“小学”对成德成人（成圣成贤）的影响；一指基于此，朱子做了补苴的工作，纂辑成《小学》一书，成为反映其“小学”思想的重要著作。正因为如此之重要，则研究此书的意义也就随之显现而出。下面将分而论之。

一　《小学》的重要性

《小学》的重要，大抵可以从朱子对此书的重视，朱子之后学人对《小学》的看重以及《小学》对目录书与童蒙书的影响而知其大端。

（一）朱子对《小学》的重视：“修身齐家治国平天下之本”

朱子对《小学》一书的重视，最为直接的表现便是他五十八岁时所写的《题〈小学〉》一文。此文实际上是《小学》一书的序文。其开篇有载：

> 古者，“小学”教人以洒扫、应对、进退之节，爱亲、敬长、隆师、亲友之道，皆所以为修身、齐家、治国、平天下之本。而必使其讲而习之于幼稚之时，欲其习与智长、化与心成，而无扞格不胜之患也。①

“习与智长、化与心成”语出《大戴礼记·保傅》，亦可见贾谊《新书》卷五《保傅》及《汉书·贾谊传》：“及太子既冠成人，免于保傅之严，则有司过之史，有亏膳之宰。太子有过，史必书之。史之义，不得不书过，不书过则死。过书，而宰彻去膳。夫膳宰之义，不得不彻膳，不彻膳则死。于是有进膳之旌，有诽谤之木，有敢谏之鼓，鼓史诵诗，工诵正谏，士传民语；习与智长，故切而不攘；化与心成，故中道若性；是殷、周所以长有道也。”可知，此语的言说对象很具体，即“太子”。正如贾谊所释：“古之王者，太子乃生，固举以礼，使士负之，有司齐肃端冕，见之南郊，见于天也。过阙则下，过庙则趋，孝子之道也。故自为赤子而教固已行矣。昔者成王幼在襁抱之中，召公为太保，周公为太傅，太公为太师。保，保其身体；傅，傅之德意；师，道之教训：此三公之职也。于是为置三少，皆上大夫也，曰少保、少傅、少师，是与太子宴者也。故乃孩提有识，三公、三少固明孝仁礼义以道习之，逐去邪人，不使见恶行。于是皆选天下之端士孝悌博闻有道术者以卫翼之，使与太子居处出入。故太子乃生而见正事，闻正言，行正道，左右前后皆正人也。夫习与正人居之，不能毋正，犹生长于齐不能不齐言也；习

① 见《晦庵先生朱文公文集》卷七十六《题小学》；《小学》中载此文而题为《小学原序》，实为不当，不过其胜于前者之处在于文末朱子所署之写作时间等信息完整无缺。参见：《朱子全书》册24，第3671页；《朱子全书》册13，第393页。

与不正人居之，不能毋不正，犹生长于楚之地不能不楚言也。故择其所耆，必先受业，乃得尝之；择其所乐，必先有习，乃得为之。孔子曰：‘少成若天性，习贯如自然。’及太子少长，知妃色，则入于学。学者，所学之官也。”① 据此，亦可知此句可谓受启发于孔夫子“少成若天性，习贯如自然”之语。“习与智长，故切而不攘”句，《保傅》原注“量知授业，故虽劳，能受也。”孔广森《补注》进一步之解释为“古以‘攘’为‘揖让’字……不攘，言受教不辞也。”“化与心成，故中道若性”原注为“观心施化，故变善如性也”②。朱子此处之引用，已将其对象普化至“所有人”，或者至少是宋代理学的言说对象：士及以上者。其意盖为：后天的教化教道，诱导出人性中固有的道德性，使其得到更为充分的呈显展现，而外在的“礼”看似有表面的明显的“外铄”，实则确然乎为自然流露而出，“由仁义行”也③。

首句“小学”一词，既指学校，也指学校所教之内容。“洒扫应对进退”，为一般的行为举止；“爱亲敬长隆师亲友”，则是

① 见《汉书》卷四十八《贾谊传》；班固：《汉书》，北京：中华书局，1962年，册八，第2248页。

② 《大戴礼记补注》卷三；孔广森：《大戴礼记补注》，北京：中华书局，2013年，第66页。

③ 语出《孟子·离娄下》“人之所以异于禽于兽者几希，庶民去之，君子存之。舜明于庶物，察于人伦，由仁义行，非行仁义也。”朱子注曰：“物，事物也。明，则有以识其理也。……察，则有以尽其理之详也。物理固非度外，而人伦尤切于身，故其知之有详略之异。在舜则皆生而知之也。由仁义行，非行仁义，则仁义已根于心，而所行皆从此出。非以仁义为美，而后勉强行之，所谓安而行之也。此则圣人之事，不待存之，而无不存矣。尹氏曰：‘存之者，君子也；存者，圣人也。君子所存，存天理也。由仁义行，存者能之。’”参见朱熹：《四书章句集注》，北京：中华书局，2012年，第298—299页。

"本心"（略可当"道德心"）呈显为道德行为。所说"小学"为"修身、齐家、治国、平天下之本"句，"修身"之本，则直接指出了"小学"于"修身"的重大作用；"齐家、治国、平天下之本"，则表明了"小学"之于"大学"的重要。可以说这是朱子对"小学"的定位，其为"大学"立定根本。此又可以从他六十岁所写的《大学章句序》中得到进一步之印证：

三代之隆，其法浸备，然后王宫、国都以及闾巷，莫不有学。人生八岁，则自王公以下，至于庶人之子弟，皆入"小学"，而教之以洒扫、应对、进退之节，礼乐、射御、书数之文；及其十有五年，则自天子之元子、众子，以至公、卿、大夫、元士之适子，与凡民之俊秀，皆入"大学"，而教之以穷理、正心、修己、治人之道。此又学校之教、大小之节所以分也。①

在"大学"之前有"小学"。"小学""大学"，皆既为学校，也为学校所教之内容。后者之内容，即是《大学》一书之所载。而前者之具体内容，朱子在《题〈小学〉》中续道：

今其全书虽不可见，而杂出于传记者亦多。读者往往直以古今异宜而莫之行，殊不知其无古今之异者，固未始不可行也。今颇搜辑以为此书，授之童蒙，资其讲习，庶几有补于风化之万一云尔。

"风化"出自《诗·大序》"上以风化下"②，陈选已指出，

① 朱熹：《四书章句集注》，北京：中华书局，2012年，第1页。
② 可参朱子《诗集传》之《诗序辨说·大序》，《朱子全书》册1，第354页。

并总结道：“朱子此书，续古者小学之教以为大学基本，有补于国家之风化，大矣！”① “此书”之“书”与引文中“今其全书”之“书”，皆指《小学》一书。“小学”如此重要，为“大学”之“基本”（“根本”），惜《大学》得传世而《小学》“不可见”。《大学》之“错简”朱子正之（如将“诚意”移至“正心”前），“阙文”朱子补之（《补格物致知传》）；至于《小学》，朱子则以“杂出于传记”之文精选慎择而辑定之。《大学章句序》中亦有相关之论：

> 及周之衰，贤圣之君不作，学校之政不修，教化陵夷，风俗颓败，时则有若孔子之圣，而不得君师之位以行其政教，于是独取先王之法，诵而传之以诏后世。若《曲礼》《少仪》《内则》《弟子职》诸篇，固“小学”之支流余裔。而此篇者，则因“小学”之成功，以著“大学”之明法，外有以极其规模之大，而内有以尽其节目之详者也。②

“此篇”，即《大学》一书。《大学》之教，前提是“因‘小学’之成功”继而“外有以极其规模之大，而内有以尽其节目之详者也”。“若《曲礼》《少仪》《内则》《弟子职》诸篇，固‘小学’之支流余裔”此句，则是明确地告知《小学》一书部分选语的出处。实际上确实如此，《小学》中载入的不少章节，原出于此数篇（可见于后文之详论）。

《小学》的重要不止于此。同在五十八岁时，朱子关于《小

---

① 《（精校）小学集注》之《小学原序》，（《小学集注》为明人陈选作），上海：昌文书局，1932 年（民国二十一年），第 1 页。

② 朱熹：《四书章句集注》，北京：中华书局，2012 年，第 2 页。

学》一书又写有《〈小学〉题辞》一文，其中有言：

> 元亨利贞，天道之常；仁义礼智，人性之纲。……幸兹秉彝，极天罔坠；爰辑旧闻，庶觉来裔。嗟嗟小子，敬受此书；匪我言耄，惟圣之谟。①

此文的详析将见后文，此不多及。“敬受此书”，即“敬受《小学》”。此是从天道而人道以阐述“小学”之旨，明“小学”之不可缺，因此而有《小学》一书之编纂。则《小学》的研习（“习”指实践之、践履之)，可谓是“复性”推明“人道”以上达“天道”。此论，《经筵讲义》中亦有述及。《经筵讲义》乃是朱子六十五岁时做侍讲，为宁宗讲《大学》时所写②。其中有言：

> 自天之生此民，而莫不赋之以仁义礼智之性，叙之以君臣父子兄弟夫妇朋友之伦，则天下之理，固已无不具于一人之身矣。但以人自有生而有血气之身，则不能无气质之偏以拘之于前，而又有物欲之私以蔽之于后，所以不能皆知其性，以至于乱其伦理而陷于邪僻也。是以古之圣王，设为学校以教天下之人，使自王世子王子公侯卿大夫元士之适子以至庶人之子，皆以八岁而入“小学”，十有五岁而入“大学”，必皆有以去其气质之偏、物欲之蔽，以“复其性”，

---

① 见《晦庵先生朱文公文集》卷七十六《小学题辞》，亦可见《小学》中所载；《朱子全书》册24，第3670—3671页；《朱子全书》册13，第394页。

② 《朱子年谱》卷四；王懋竑：《朱熹年谱》，北京：中华书局，1998年，第226—246页。

以尽其伦而后已焉。①

此处，朱子已晓畅明白地阐述了“复其性”之旨。另外，在《朱子语类》中，有陈淳所录的为学人们所熟知的指导为学次第的语录一条，即“《近思录》好看。四子，《六经》之阶梯；《近思录》，四子之阶梯。”而在此条语录之前的一条语录则为“修身大法，《小学》备矣；义理精微，《近思录》详之”（此条，后文有详论）②。

综言之，朱子之视《小学》，不可谓不重。“大学”前有“小学”，“小学”为“大学”之“本”，为入“大学”的必经阶段。其为成德成人、“复其性”“下学上达”的重要环节，为朱子总体思想架构的重要一环，并且是最初的一环。此须经由的初阶环节，实有赖《小学》一书的味之研之习之体之。

（二）后世学人对《小学》的重视：“作圣之基”

《小学》一书方为初稿时，就为刘子澄（名清之，乃“朱[子]张[南轩]同调”③，《小学》的实际手定者）刊刻。如朱子言：

《小学》未成，而为子澄所刻。见此刊修，旦夕可就。当送书市别刊，成当奉寄，此书甚有益也。④

---

① 《晦庵先生朱文公文集》卷十五《经筵讲义》；《朱子全书》册 20，第 691—692 页。

② 《朱子语类》卷一百五；黎靖德编：《朱子语类》，北京：中华书局，1986 年，第 2629 页（后文引用此书仅出书名、标卷数、页数，此指出）。

③ 可参《宋元学案》卷五十九《清江学案》；黄宗羲：《宋元学案》，北京：中华书局，1986 年，第 1938、1940—1941 页。

④ 《晦庵先生朱文公文集》卷五十《答潘恭叔》第七书；《朱子全书》册 22，第 2312 页。

朱子自道《小学》“甚有益”，大抵正因为此，此书才会备受重视，以至于“草稿”时已被印出。此后删削润色，正式刊刻而出当在朱子五十八岁书《题〈小学〉》时。据魏鹤山给朱子的学生宋深之所写的《墓志铭》中载[1]，朱子所刊之《小学》在从学者中已在阅览和流传，而宋深之便是阅览者之一。鹤山《〈小学〉之书后序》一文有载：

> 《大学》之书独倚，而《小学》顾不见于世，晦安朱先生悯其阙遗，取其法之于今可行者补之。始乎“立教”、次“明伦”、次“敬身”、次“稽古”，而又取昔之“嘉言”以广之、“善行”以实之，其义密矣。东南多善本，蜀惟夔利有之。余尝病寒乡晚学或不能尽见，思于锓板以广其传，会忧患不果。潼川于君巽仲，由临邛郡幙摄蒲江令，一日过余，从容语及学，乃请此刻书，而属余识其末。

可知鹤山时，《小学》一书以六卷（篇）之本在广为刊刻传读。此外，黄勉斋有参与《小学》之刊刻。陈北溪在严陵郡时[2]，寺丞郑之悌刻《小学》于郡庠，北溪有《代跋〈小学〉》之作。文中有云：

> 此书最切于学者日用之实，在幼学之始固所当从事，而其终之所以造道、据德而成“大学”之功者，亦不越乎此，皆不可以一日而不讲也。今刻之严陵郡庠，以示学徒，其毋

---

① 宋深之之事迹，可见《宋元学案》卷五十九《清江学案》；黄宗羲：《宋元学案》，北京：中华书局，1986 年，第 1947 页。

② 事见《宋史》卷四百三十《道学·陈淳传》；脱脱等：《宋史》，北京：中华书局，1985 年，册 36，第 12790 页。

以言近而忽诸。

“此书”指《小学》一书，北溪此论，实承乃师朱子之旨意。陈宓作有《跋〈小学〉之书》一文，此《小学》为校官陈汲所锓板。其文曰：

> 《小学》四篇，文公朱先生为童子初学设也。然道无精粗，体用相须。不从事于此，则无以为“大学”之基。自幼习之，善矣！其或年过以长，失于幼习，可不汲汲乎此，以补之哉！

“《小学》四篇”，即是分《小学》为四篇（卷），至于如何分为四卷则不得而知。“为童子初学设”，此说不确。朱子以《小学》为“训蒙士”之书①，即训“童蒙”启“士子”（此解释可见后文）。余下所言，不谬于朱子意。

罗濬《（宝庆）四明志》卷二有载“文公《小学书》，二百板，淳祐六年制。”《小学》书成后，不止是广刊广读，其之重要、在为学中之地位，也深受朱子观点的影响。朱子弟子李果斋（方子）有言：

> 先生年五十八，编次《小学》书成。初，先生既发挥《大学》，以开悟学者；又惧其失序无本，而不足以有进也，乃辑此书以训蒙士，使培其根，以达其支。内篇四，曰立教，曰明伦，曰敬身，曰稽古；外篇二，取古今嘉言以广之，善行以实之。虽已进乎“大学”者，亦得以兼补之于

---

① 如《小学·内篇·明伦篇》篇端道人语有言“述此篇以训蒙士”，《朱子全书》册13，第398页。

后。修身大法，此略备焉。①

此所言《小学》成书之时间，与《小学原序》文末朱子所署之时间相合②。李氏所述，可谓是朱子意的翻版，亦进一步解释了朱子为何要编次《小学》一书以及此书的重要性。熊勿轩(禾)在《考亭书院记》中有记：

惟文公之学，圣人全体大用之学也。……其文则有《小学》《大学》《语》《孟》《中庸》《易》《诗》《书》《春秋》《三礼》《孝经》、图书、《西铭传义》及《通鉴纲目》《近思录》等书，学者学此而已。

此已揭示出《小学》的地位，为学的次第。虽非必完全如此之次序，但由《小学》而《大学》(《四书》)进而《五经》，符合朱子之意，这也明确见之于《小学》"外篇"中③。程端礼《读书分年日程》载：

自八岁入学之后，读《小学》书正文。……《小学》书毕，次读《大学》经正文……次读《论语》正文，次读《孟子》正文，次读《中庸》正文，次读《孝经》刊误……次读《易》正文……次读《书》正文，次读《诗》正文，次读《仪礼》并《礼记》正文，次读《周礼》正文，

---

① 参见《小学集解》之《小学辑说》；张伯行：《小学集解》(丛书集成初编)，商务印书馆，1936年(民国二十五年)，第7页。

② 《朱子全书》册13，第393页。

③ 自《小学·外篇·嘉言篇》第26章(条)"伊川先生曰"章始，至第31章"吕舍人曰"章所言，便可知之；《朱子全书》册13，第455页。

次读《春秋》经并《三传》正文。①

《宋元学案 · 萧同诸儒学案》载萧勤斋（𣂏）学行中有言：

先生教人，必自《小学》始。②

真西山（德秀）尝道：

《小学》之书，先载《列女传》胎教之法，而继之以《内则》之文，合二章观之，“小学”之教，略备矣！③

此处“小学”一语，可以指学校，亦可指《小学》一书。此是分析《小学》书中所载之具体章节（《小学》开篇之第一、第二两章）④，以示叹服。

许鲁斋（衡）《与子师可书》云：

《小学》《四书》，吾敬信如神明。自汝孩提便令讲习，望于此有得，他书虽不治，无憾也。我生平长处，在信此数书，汝当继我长处，笃信而好之也。⑤

“敬信”《小学》如“神明”，且谆谆以戒子，真“笃信”之笃矣！

薛敬轩（瑄）言：

---

① 可参《宋元学案》卷八十七《静清学案》；黄宗羲：《宋元学案》，北京：中华书局，1986 年，第 2917—2922 页。

② 黄宗羲：《宋元学案》，北京：中华书局，1986 年，第 3142 页。

③ 参见《小学集解》之《小学辑说》；张伯行：《小学集解》（丛书集成初编）商务印书馆，1936 年，第 7 页。

④ 《朱子全书》册 13，第 395—396 页。

⑤ 《鲁斋遗书》卷九；亦可参《小学集解》之《小学辑说》，张伯行：《小学集解》（丛书集成初编）商务印书馆，1936 年，第 10—11 页。

> 舍《小学》《四书》、“五经”、宋诸儒性理之书不读，而先读他书，犹恶睹泰山而视丘垤也。藐乎，吾知其小矣！①

视《小学》书如“泰山”，则推尊何其之高也。

胡敬斋（居仁）道：

> 今更有圣贤出，其说不过于《大学》《论》《孟》《中庸》。此后，书莫过于《小学》《近思录》。学者能于此处真知实践，他书不读无憾也！
>
> 入头处最怕差，将来无究处。亦怕偏，将来偏到底。要从《小学》《近思录》《大学》《论语》入，则路头正矣！
>
> 学者当以《小学》《近思录》熟读体验，有所得，然后方可博观古今。②

与朱子意若合符契。“真知实践”“熟读体验”，当以《小学》为“入头处”方是“正路”。陈选言：

> 圣人之道，人伦而已矣。学之，必自《小学》始。子朱子《小学》一书，其教在于明伦，其要在于敬身，盖作圣之基也。从事于斯，岂惟读其词而已耶？

“作圣之基”，亦朱子所训：“后生初学，且看《小学》之书，那是做人底样子。”③ 以之以成德成人，成圣成贤。陆陇

---

① 参《小学集解》之《小学辑说》，张伯行：《小学集解》（丛书集成初编）商务印书馆，1936年，第11页。

② 见《小学集解》之《小学辑说》，张伯行：《小学集解》（丛书集成初编），上海：商务印书馆，1936年，第12—13页。

③ 《朱子语类》卷七，第127页。

其语：

> 朱子教人读书，如《四书》《诗》《易》之注，《太极图》《通书》《西铭》通解，以及《纲目》《仪礼经传》纂解，《文集》《语类》，广大精深，皆学者之准绳，皆当以次渐读。而《小学》一书，尤为学者入德之门，所以许鲁斋一生，敬之如神明。自明中叶以来，圣学失傅，其书虽存，皆束之高阁，视若弁髦，故风气日坏。是宜反复玩味，身体力行，更取朱子《童蒙须知》、训子帖，与之互相参阅，基址既定，然后可以渐次扩充。①

“《小学》一书，尤为学者入德之门”句，盖脱胎于伊川语“《大学》，孔氏之遗书，而初学入德之门也”②。陆氏以《小学》易《大学》，不仅符合朱子之读书为学之次第，亦成为许鲁斋敬《小学》如神明的重要原因之一。“自明中叶以来……故风气日坏”云云，则是视彼时之世风士气之日薄月坏乃是源自于对《小学》一书的轻视，如所言“视若弁髦”，以及对此书的不治不研不习，如所言“束之高阁”。故而，救此之失在于对《小学》一书的“反复玩味”、身体之力行之（身体力行），以此为“基址”（础石、本根）循序而进，以至“复性”成德成人（成圣成贤）。熊赐履道：

> 《太极图》，是周子画出造物化工以示人；《小学》，是

① 见《小学集解》之《小学辑说》，张伯行：《小学集解》，上海：商务印书馆，1936年，第15页。

② 语见《大学章句》，亦载《小学·外篇·嘉言篇》第26章（条）“伊川先生曰”章；朱熹：《四书章句集注》，北京：中华书局，2012年，第3页；《朱子全书》册13，第455页。

朱子画出圣贤模样以示人。

后半句之意，即为朱子“且看《小学》之书，那是做人底样子”之旨，基此《小学》可以成人成圣贤。熊氏以朱子《小学》方濂溪之《太极图》，所以能如此类比者，盖因后者揭示出宇宙万物之如何创生，前者则揭出圣人贤者之如何壅养而成。张履祥道：

> 《小学》是读书做人基本，《近思录》治经之阶梯。但要成诵，刻期可毕。若其义，则虽终身由之，不能尽也。学者不从二书为门庭户牖，积渐以进，学术终是偏枯，立身必无矩法。

“做人基本”即“做人底样子”。“《近思录》治经之阶梯”，本自“四子，《六经》之阶梯；《近思录》，四子之阶梯”。“终身由之”，指终身“践习”之。“门庭户牖”即“入德之门”。“积渐以进……立身矩法”，即依此循序渐进以成德成人①。

此所论述之旨，观下出施璜之言，则尤为明晰。其曰：

> 《五经》，以《四书》为阶梯，读《四书》无入处，不可以言《五经》。《四书》，以《近思录》为阶梯，读《近思录》无入处，不可以言《四书》。《近思录》，以《小学》为阶梯，读《小学》无入处，不可以言《近思录》也。故欲升入《五经》之堂室，必由《四书》阶梯而上；欲升入《四书》之堂室，必由《近思录》阶梯而上；欲升入《近思

① “循序渐进”本朱子语，见《论语 · 宪问》篇“莫我知也夫”章朱子注文；朱熹：《四书章句集注》，北京：中华书局，2012 年，第 158 页。

录》之堂室，必由《小学》阶梯而上。此《小学》一书，所以为万世养正之全书，培大学之基本者也。学圣人之学而不务此，如筑室无基，堂构安施乎？如种树无根，灌溉安施乎？故朱子特编是书，以为读书做人基本。要人先从事于《小学》，然后可进于《大学》。即不幸时过而未学者，朱子惓惓教人，补此一段工夫也。①

《清史稿·汤斌传》载：

斌令诸州县立社学，讲《孝经》《小学》。

汤氏乃孙夏峰门人。其主事州县，兴学校而令讲《小学》，可知汤氏对朱子《小学》之看重以及其明于此书之旨趣。《清史稿·张伯行传》有载：

伯行方成进士，归构精舍于南郊，陈书数千卷，纵观之。及《小学》《近思录》、程朱《语类》，曰：“入圣门庭，在是矣！”②

“入圣门庭，在是矣”句，若稍加推衍则可以说：成德之门庭、作圣之基址在朱子《小学》一书矣。

胡适先生九岁时便能背诵《小学》，这正如上出引文中张履祥所言：“《小学》是读书做人基本……但要成诵，刻期可毕。”胡先生因读《小学·外篇·嘉言篇》所载司马温公之语：“世俗信浮屠诳诱，凡有丧事，无不供佛饭僧。云为死者灭罪资福，使

① 见《小学集解》之《小学辑说》，张伯行：《小学集解》（丛书集成初编），上海：商务印书馆，1936年，第17页。

② 汤斌、张伯行事见赵尔巽：《清史稿》（民国十七年清史馆本）之列传五十二。

生天堂，受诸快乐；不为者必入地狱，锉烧舂磨，受诸苦楚。殊不知，死者形既朽灭，神亦飘散，虽有锉烧舂磨，且无所施。又况佛法未入中国前人固有死而复生者，何故都无一人误入地狱见所谓十王者耶？此其无有而不足信也，明矣！”① 促使他对无神论、灵魂是否朽灭之问题，产生极大兴致②。

（三）《小学》对目录书与童蒙书的影响

《小学》一书，仅仅观听书名极易使人以文字训诂之书目之，实则不然。故而此书之出现，对于其后目录学家之分目入类颇有为难，正如《四库提要》所言：

---

① 《朱子全书》册13，第443页；《朱子语类·释氏》中有相关之讨论，兹移录两条：1. “……释氏更不分善恶，只尊向他底便是好人，背他底便入地狱。若是个杀人贼，一尊了他，便可生天。”大雅云：“于頔在《传灯录》为法嗣，可见。”曰：“然。”2. 德粹问：“人生即是气，死则气散。浮屠氏不足信。然世间人为恶死，若无地狱治之，彼何所惩？”曰：“吾友且说尧舜三代之世无浮屠氏，乃比屋可封，天下太平。及其后有浮屠，而为恶者满天下。若为恶者必待死然后治之，则生人立君又焉用？”滕云：“尝记前辈说，除却浮屠祠庙，天下便知向善，莫是此意？”曰：“自浮屠氏入中国，善之名便错了。渠把奉佛为善。如修桥道造路，犹有益于人。以斋僧立寺为善，善安在？所谓除浮屠祠庙便向善者，天下之人既不溺于彼，自然孝父母，悌长上，做一好人，便是善。……向在浙东祈雨设醮，拜得脚痛。自念此何以得雨？自先不信。”某问：“汉时如郑康成注二礼，但云鬼神是气。至佛入中国，人鬼始乱。”曰：“然。”参见：《朱子语类》卷一百二十六，第3024—3025、3033—3034页。

② 如胡适先生1945年所写的英文文章 *The Concept of Immortality in Chinese Thought*，其中有道：Fan' s thesis that the soul is only the functioning of the body and cannot survive the destruction of the body has had great influence in Chinese thought of later ages. The philosopher—historian, Szu—ma Kuang (1019—1086), for example, took a similar line of reasoning in his attacks on the popular beliefs in heaven and hell. He said: When the body had decomposed, and the spirit disintegrated, what is left there to undergo the chiseling, burning, pounding and grinding, even if there be such cruel tortures in the hell? ' This is almost a paraphrasing of Fan Chen. “He said”之内容，正“不为者必入地狱，锉烧舂磨，受诸苦楚。殊不知，死者形既朽灭，神亦飘散，虽有锉烧舂磨，且无所施。又况佛法未入中国之前，人固有死而复生者，何故都无一人误入地狱见所谓十王者耶？”句的简译。胡适：《胡适英文文存》（周质平编），北京：外语教学与研究出版社，2012年，册2，第296页。

> 是书［《小学》］自陈氏《书录解题》即列之经部“小学”类。考《汉书·艺文志》以《弟子职》附《孝经》，而小学家之所列始于史籀，终于杜林，皆训诂文字之书。今按：以幼仪附之《孝经》，终为不类，而入之小学，则于古无征。是书所录，皆宋儒所谓养正之功，教之本也。改列“儒家”，庶几协其实焉。①

“陈氏《书录解题》”，即陈振孙《直斋书录解题》。今核此书，颇为有趣的是，四库馆臣批评的陈氏恰巧是其效仿的对象，即陈氏此书实则是以《小学》列“儒家”类而非经部“小学”类。所以四库对《小学》一书的分类，正是追踵陈氏《书录解题》。陈氏、四库之后，沿此例者，则有周中孚《郑堂读书记》《清史稿·艺文志》。陈氏而后，反以有关《小学》之书入经部“小学”类者，则如基于陈氏此书以及郑渔仲《通志·艺文略》而成书的《文献通考·经籍考》及脱脱《宋史·艺文志》、焦弱侯《国史经籍志》、黄虞稷《千顷堂书目》、万斯同《明史·艺文志》、张廷玉《明史·艺文志》；略有不同的是，焦弱侯于经部“小学”类中又分细目，《小学》属“蒙书”。

《书录解题》将《小学》列“儒家”类，盖为了强调《小学》乃一本“书”，故而称之为《小学书》，不过此称在朱子已然（如此处接下来《文献通考》所引《朱子语类》②、朱子《答

---

① 《四库全书总目》卷九二之《子部·儒家类二·小学集注》；永瑢：《四库全书总目》，北京：中华书局，1965 年，第 782 页。

② 此条语录即“倪曰：‘自幼既失《小学》之序，愿授《大学》’”条；《朱子语类》卷一百一十八，第 2855 页。

刘子澄》中“《小学书》，曾为整顿否?”之语[①]，以及上文引文“且看《小学》之书”等等，皆可证)。陈氏自注道：“朱熹所集古圣格言、至论以教学者，皆成童幼志进学之序也。《内篇》曰《立教》《明伦》《敬身》《稽古》，《外篇》曰《嘉言》《善行》。”亦四库“是书所录，皆宋儒所谓养正之功，教之本也”之义。反以之列经部“小学”类的《文献通考·经籍考》在转录陈氏语后，复征《朱子语类》曰：“修身之法，《小学》备矣。后生初学，且看《小学》之书，这个是做人底样子。学之小大虽不同，而其道则一。《小学》是事，如事君、事父、事兄、处友等事，《大学》是发明此事之理。游倪曰：‘自幼既失《小学》之序，愿授《大学》。’先生曰：‘授《大学》甚好，也须把《小学书》看，只消旬日工夫。”马氏引朱子语如此看待《小学》，然而却又将其归于经部“小学”类，殊觉可怪。

入经部“小学”类，则如四库所说，指向于“训诂文字之书”；列“儒家”类，则偏于“幼仪”性质。然而，引文中的《弟子职》已为《小学》所征引。《书录解题》卷六“礼注”类中有一书：《十书类编》。陈氏自注：“不知何人所集。十书者，管子《弟子职》、曹昭《女诫》、韩氏《家祭式》、司马温公《居家杂礼》、吕氏《乡礼》、范氏《义庄规》、高氏《送终礼》、高登《修学门庭》、朱氏《重定乡约社仓约束》也。虽不专为礼，而礼居多，故附之于此。”同书卷十“杂家”类列一书：《弟子职等五书》。自注：“漳州教授张时举以《管子弟子职》篇，班氏《女诫》，吕氏《乡约》《乡礼》，司马氏《居家杂仪》

① 参见《晦庵先生朱文公文集》卷三十五之朱子《答刘子澄》第七书；《朱子全书》册21，第1539页。

合为一编。”陈氏对于同一性质的同一书，一载“礼注”类，一入“杂家”类。《文献通考·经籍考》对《弟子职等五书》续入经部“小学”类。可知，对于《小学》以及相涉之书，颇为为难目录之分类。

更有甚者，四库追本《书录解题》录《小学》于“儒家”类，其意旨非常明确：“后人或援引古书，证其疏略，或误以一字一句皆朱子所手录，遂尊若《六经》，皆一偏之论也。”[①] 此即是将《小学》从“经部”有似于“经”的地位拉下。若如此，则已违背朱子之旨以及上文所述后世学人重视《小学》之意。虽说朱子《小学》一书所编次之文“杂出于传记”，但朱子在《〈小学〉题辞》中已明白说道：“嗟嗟小子，敬受此书；匪我言耄，惟圣之谟。”[②] 陈选释道：“初学之小子，宜敬受此书而学之，此非我老耄之妄言，是乃前圣之谟训也。”[③] 在《小学·明伦篇》中朱子有“稽圣经，订贤传”之语[④]。“惟圣之谟”“前圣之谟训”“圣经、贤传”，岂能不比之于“经”？然而，如果入经部“小学”类，则“小学”之语义正如四库所述，即自《汉书·艺文志》始便指“训诂文字之书”。再经由清代考据学之鼎盛，此之义便更为加强。

综言之，朱子《小学》一书的出现对“小学”原有之义以及流行之义有颇多之颠覆（此需要正名，下节专论），从而造成

---

① 《四库全书总目》卷九二之《子部·儒家类二·小学集注》；永瑢：《四库全书总目》，北京：中华书局，1965 年，第 781 页。

② 《朱子全书》册 13，第 394 页。

③ 陈选：《（精校）小学集注》，上海：昌文书局，1932 年（民国二十一年），第 4 页。

④ 此为《小学·内篇·明伦篇》篇端道入语；《朱子全书》册 13，第 398 页。

此书“分别部居”的困难①：列“经部”给予“经”的位置，此固然符合朱子及后学对此书之重视之意，然而同时却齿之于“小学”类而淆于“文字训诂”，此远非朱子之旨；入“儒家”类，则其非“经”而属“子”，亦有乖于朱子意。

《小学》一书，如从朱子所说的“稽圣经，订贤传，述此以训蒙士”“仰圣模，景贤范，述此以训蒙士”之“蒙”（童蒙、发蒙、启蒙②）的这一视角来看③，则其直接促成新的童蒙读物之出现。陈北溪言：

> 予得子，今三岁，近略学语，将以教之而无其书，因集《易》《书》《诗》《礼》《语》《孟》《孝经》中明白切要，四字句、协之以韵，名曰《训童雅言》，凡七十八章，一千二百四十八字。又以其初未能长语也，则以三字先之，名曰《启蒙初诵》，凡一十九章，二百二十八字。

作为朱子高足的北溪，因教其子而成“三字句”之《启蒙初诵》与“四字句”之《训童雅言》两书，无疑乃是受《小学》一书及其思想的影响而成。《小学··外篇·嘉言篇》录伊川语：

> 伊川程先生曰：教人未见意趣，必不乐学。欲且教之歌

① “分别部居”语见《急就篇》及《说文解字叙》“分别部居不杂厕”；史游：《急就篇》（颜师古注），《四部丛刊续编》册69，第8页；许慎：《说文解字》，北京：中华书局，1963年，第316页。

② 《周易·蒙卦》之“蒙”“童蒙”，朱子释义为：“蒙，昧也，物生之初，蒙昧未明也。”“童蒙，幼稚而蒙昧。”参见：《周易本义》，《朱子全书》册1，第35页。

③ 引文见《小学·内篇·明伦篇》与《小学·内篇·敬身篇》之篇端道入语；《朱子全书》册13，第398、415页。

舞，如古《诗》三百篇，皆古人作之，如《关雎》之类，正家之始，故用之乡人、用之邦国，日使人闻之。此等诗，其言简奥，今人未易晓。别欲作诗，略言教童子洒扫应对事长之节，令朝夕歌之，似当有助。[①]

北溪所言所为，何尝不是在践履伊川此论。《小学·内篇·敬身篇》载《礼记·曲礼》语曰：

将上堂，声必扬……将入户，视必下。[②]

朱子评曰：[③]

每尝疑《曲礼》“衣毋拨，足毋蹶；将上堂，声必扬；将入户，视必下”等协韵处，皆是古人初教小儿语。《列女传》孟母又添两句曰：“将入门，问孰存。”

此处《列女传》云云，即《列女传·母仪·邹孟轲母》所载：

孟子既娶，将入私室，其妇袒而在内，孟子不悦，遂去不入。妇辞孟母而求去，曰：“妾闻夫妇之道，私室不与焉。今者妾窃堕在室，而夫子见妾，勃然不悦，是客妾也。妇人之义，盖不客宿。请归父母。”孟母召孟子而请之曰：“夫礼：‘将入门，问孰存’，所以致敬也；‘将上堂，声必扬’，所以戒人也；‘将入户，视必下’，恐见人过也。今子不察于礼，而责礼于人，不亦远乎！”孟子谢，遂留其妇。

---

① 《朱子全书》册 13，第 434 页。
② 《朱子全书》册 13，第 417 页。
③ 《朱子语类》卷七，第 126 页。

君子谓孟母知礼，而明于姑母之道。

至此，陈北溪所写《启蒙初诵》《训童雅言》，其直接渊源，便已甚为明晰。

至于为后世所熟知的《三字经》，虽无明文可证其成书受朱子《小学》书之影响，但是其作者王深宁（应麟）（此从作者为王氏说）乃朱子四传弟子，服膺朱子学。别者，其书“三字句”与北溪《启蒙初诵》相一致，其开篇的“人之初，性本善”与《启蒙初诵》开篇“天地性，人为贵”相似；其内容中所涉读书次第与《小学》中所言相合①。目下盛行的清人所编的《弟子规》，以《论语》孔夫子语“弟子入则孝，出则弟，谨而信，泛爱众而亲仁，行有余力，则以学文”为纲而展开②。然而，此句已载入《小学·内篇·立教篇》，为第十章③，显然其仅为《小学》内容之一角点。倘以《弟子规》相较于朱子《小学》，倍矣！《小学》之远胜。

二 《小学》的研究概况

前文有述，《小学》自从编定后便被广刊广览，受到极大之重视。实际上，其所载之内容亦广，所跨之时代上至先秦下止朱子之世；所选之语审慎，或长或短，语言、语意则或平易或略涉

① 可核案：《小学·外篇·嘉言篇》第26章“伊川先生曰”章，至第31章“吕舍人曰”章所言；《朱子全书》册13，第455页。

② 《论语·学而》；朱熹：《四书章句集注》，北京：中华书局，2012年，第49页。

③ 《朱子全书》册13，第397页。

艰涩难懂。故而，对其进行注解、对其意“疏通证明之”①，则有其必要。相关之书历代不乏。据《朱子语类》载，似乎朱子已对书中某些篇章有所疏解，如若不然则所说“《小学注》”及“《小学》举《内则》篇‘四十始仕，方物出谋发虑。’先生‘注’云……”此等语②，则无从索解。然而，实际上并未见朱子之《注》，此则确实有待索解。

此将以《国史经籍志》与《千顷堂书目》所录，以见《小学》一书注疏之梗概。《国史经籍志》卷二“经”类“小学”之“近世蒙书”有载：

> 《小学》四卷，朱熹；《小学集说》六卷，程愈；《小学集成》十卷；《小学通义》十卷；《小学注疏》十卷，（四十三图附）；《小学资讲》十二卷，夏煦；《小学纂疏》四卷，元李成巳；《小学纂释》十卷，吴懋谦；《小学句读》六卷，陈选；《小学章句》四卷，王云凤；《古文小学》九卷，湛若水；《小学启蒙》十卷。

《千顷堂书目》卷三“小学”类相关者有：

> 熊朋来《小学标注》；熊良辅《小学入门》；蒋捷《小

① 语见《汉书》卷八十八《儒林传》；班固：《汉书》，北京：中华书局，1962年，第3599页。

② 见“问：‘疑事毋质’”条与“问：《小学》举《内则》篇”条；《朱子语类》卷一百五，第2628、2245页。别者，后一条潘植录于癸丑年，其时朱子六十四岁。成书于朱子六十七岁时的《仪礼经传通解》卷三《内则》中载相关之注：方，犹常也。物，犹事也。疏曰：言年壮仕官，行其常事，无所谦逊，出其谋计，发其思虑，以为国也。今按：方，犹比也。所说注疏乃郑康成注孔颖达疏。此与朱子注（“方物出谋，则谋不过物；方物发虑，则虑不过物。”请问“不过物”之义？曰：“方物谋虑，大概只是随事谋虑”）不同，可知所说“先生注”之“注”非袭取郑注孔疏之文。参见：《仪礼经传通解》，《朱子全书》册2，第174—175页。

> 学详断》，（字胜欲，宜兴人，宋德祐进士，入元屡荐不起）；陈栎《程蒙斋小学训注》；程端礼《读书分年日程》三卷；虞韶《小学日记切要故事》十卷，（字以成，建安人）；萧𣂏《较小学标题驳论》；薛延年《小学纂图》六册，（大德间人）；李成已《小学纂疏》四卷；夏哭《小学资讲》十二卷；吴懋谦《小学纂释》十卷；程愈《小学集说》六卷；何士信《小学集成》十卷，又《图说》一卷，《纲领》一卷，（建安人）；《小学大成》六卷；《小学启蒙》十卷；《小学注疏》十卷，（四十三图附）；《小学大全》六卷；《小学书图隐括纂要》二卷。

黄氏此书所载有关《小学》之书甚众，并以朝代为纲，然所序朝代却未以时代为先后。此段所录多属宋元时期，本在下段引文之后，现调整于前，且仅引以"小学"名书之作。此下所述《小学》之书，多属明代。

> 吴讷《小学集解》十卷；刘实《小学集注》六卷，（安城人，宣德庚戌进士，南阳府知府）；陈选《小学句读》六卷；王云凤《小学章句》四卷；湛若水《古今小学》六卷；李果《小学摘义》，（安城人，景泰庚午举人，济南府知府）；锺芳《小学广义》一卷；黄佐《小学古训》一卷；黄常《小学训解》十卷，（字叔彝，江阴人，洪武初常州府学训道，一名《小学通义》）；朱升《小四书》五卷，（集方逢辰《名物蒙求》，程若庸《性理字训》，陈栎《历代蒙求》各一卷，盱江黄继善《史学提要》二卷），学旁注，又《小学名数》；吴从敬《小学训义》（贵溪人，洪武中晋王府

长史)；范从文《小学章诂》，（字复之，昆山人，文正公后，洪武中以国子生擢监察御史，转户部主事，坐事谪金齿，永乐初，再以荐为训道)；张洪《小学翼赞诗》六卷；蒋明文公《小学注》，（字奎章，昆山人，永乐癸卯举人，教谕)；陈祚《小学集解正误》一卷，（字永锡，吴县人，永乐中诏修大典，以善书预选，中辛卯进士，授庶吉士，历官福建按察司佥事)；仰瞻《小学讲义》，（字宣泰，长洲人，永乐中举人，太仆寺少卿)；耿定向《小学衍义》二卷，又《小学新编》□卷；刘元卿《小学新编摘要略》一卷；王崇献《小学撮要》六卷；吕楠《小学释诗》；金德铉《小四书音释》，（休宁人)；刘宗周《古小学通纪》，又《古小学集记》；江旭奇《小学疏略》，又《小学衍义》；

合而观之，纵然除却相同之书，亦可见朱子而后迄明末，有关《小学》一书的注解不可谓不富。某些书虽然以“小学”为名未必即是朱子《小学》书，毕竟多不可见，其具体如何则不可确知。纵然如此，亦可知后人因朱子《小学》一书而衍生出如许相类之作。

夏煦《文公先生小学资讲》、何士信《标题注疏小学集成》、吴懋谦《小学纂释》、黄常《小学训解》等，属元代至明初时期。在此之前，如引文所示，已有相关之注解。然而，惟有何氏之书为现今能见到的注疏《小学》一书中较早且重要的注本。其书称《标题注疏小学集成》，既有“标注”又有“集成”，实则对前人之注有颇多之采入和保存，此亦算幸事。“标注”，即是采熊朋来《小学标注》。“集成”，不仅集有何氏之前的诸家注，亦有少量采录朱子其他著作中相涉之文。

吴讷《小学集解》、陈祚《小学集解正误》、程愈《小学集说》、陈选《小学集注》（亦称《小学句读》）等书，皆属明代之时。此一时期相关之作品如此之多，然而止陈选的《小学集注》参酌前人之注解，正音读、疏文义，要言不烦，受到后代极大的重视与颇多的刊刻。清代时有王建常《小学句读记》、高愈《小学纂注》、张伯行《小学集解》等重要的注本。然而，王、高二人之注本实是因陈选之注本推阐成书，这也可见陈氏《小学集注》的重要之一斑。张伯行为清康熙时人，至雍正时，雍正帝敕刻陈选注本，并亲为撰序。民国时，陈注本一再翻刻。张氏注本虽为后出，却不及也。张氏《小学集解》一书，虽然题名“集解”，实则是病陈氏注本乏义理之深度阐发而出之己意，给予“理学”视阈之阐释。故而，论《小学》之注本，最为凸出而兼具特色者，当推陈选与张伯行二人之书。

今学人有关朱子《小学》一书的研究，实不多。若将之与朱子学其他方面的研究对比而论，则《小学》之研究可谓贫乏。甚至，朱子尝纂辑有《小学》一书，盖知之者亦不在多数。朱子《小学》，实有待表章。相关之研究，专著如鄢建江《朱熹〈小学〉道德教育理论研究》；硕士论文如黄婉瑜《朱熹〈小学〉研究》（华梵大学，2009 年硕士论文；涉及“童蒙教育、心性之学、理学”），李滢瑜《朱子〈小学〉“习与智长，化与心成”孝教育思想研究》（中南大学，2012 年硕士论文），贺晟威《张伯行〈小学集解〉研究》（华东师范大学，2012 年硕士论文，偏于文献研究）；单篇论文相对较多，但基本不出“小学教育”之视角，而较少触及朱子的统体思想架构，如冯达文《简论朱子〈小学〉的教育理念》，姚郁卉《朱子〈小学〉的蒙养教育思想》，郭齐《论小学在朱熹思想体系中的地位》，牟坚《洒扫应对，便是形而上学之事？———朱子对小学与大学关系的诠释》，朱人求《下学而上达：朱子小学与大学的贯通》，蔡雁彬《朱子〈小学〉流衍海东考》，白井顺《朱熹〈小学〉传播的一侧面：以程愈〈小学集说〉为中心》等。

基于前人之注疏以及今人已有之研究，本书将以《小学》一书为核心文本，倚重《朱子全书》，以朱子相关之论为依归，深入《小学》一书之内容来阐发朱子《小学》的思想，以期进一步深化此之研究以及对朱子思想的认识，盖亦有裨于将朱子《小学》一书表章出来。

所以说"以《小学》一书为核心文本，倚重《朱子全书》，以朱子相关之论为依归"，主要因为：如上文所述，朱子《小学》一书如此重要，然而今人的研究却显贫乏，盖因《小学》一书所载之内容全为他人的语录，虽然选语以孔孟之言与"北宋五子"及其相与者为重，但正文毕竟无朱子自己之语；因而以未编入朱子语的《小学》来研究朱子的《小学》思想，欲以观朱子思想在此书中的体现，就颇显尴尬与困难；有鉴于此，本书便借助《朱子全书》，尽量找到朱子有关《小学》中所载他人语的相关之论或者朱子对所选他人语认可的证据，来论朱子的《小学》思想。(关于正文全录他人语的《小学》一书，能否用来作为研究朱子的《小学》思想之文本，此亦为"道论"将要专节讨论的问题。见第 7 节所论)

第二节　“小学”正名

小学一词如果置于古代文献中，即不加任何现代的标点符号，其义明显具有多重，且具体之义需视文本语境之不同而定。于朱子而言，亦是如此。上文中时或以加引号的“小学”出现，时或又以加书名号的《小学》出现，便已略显“语意”不明之感，故而设此“正名”一节以专论之。此仍以朱子所言为主，朱子曰：

> 人生八岁，则自王公以下，至于庶人之子弟，皆入“小学”，而教之以洒扫、应对、进退之节，礼乐、射御、书数之文；及其十有五年，则自天子之元子、众子，以至公、卿、大夫、元士之适子，与凡民之俊秀，皆入“大学”，而教之以穷理、正心、修己、治人之道。此又学校之教、大小之节所以分也。①

此出朱子六十岁所写的《大学章句序》，前文已引用。之所以不避重复地使用，一面因为其乃朱子晚岁亲笔所写之文字，一面因为所论之主旨不同。如果将此与朱子所纂的《仪礼经传通解》中的一段文字对读，则会发现二者相似得有趣。《仪礼经传通解》卷九《学制》中，朱子征《礼记·王制》与《尚书大传》中的两节文字而纂于一处：

① 《大学章句序》；朱熹：《四书章句集注》，北京：中华书局，2012年，第1页。

“小学”在公宫南之左，“大学”在郊。——《王制》

使公卿之大子，大夫元士之适子，十有三年始入“小学”，见小节焉，践小义焉。二十入“大学”，见大节焉，践大义焉。故入“小学”知父子之道、长幼之序，入“大学”知君臣之义、上下之位。故为君则君，为臣则臣，为父则父，为子则子。——《尚书大传》。①

对比之，《王制》引文当《大学章句序》引文最后一句，余者则相应。虽然《仪礼经传通解》成书（六十七岁时）晚于《大学章句序》，但是《尚书大传》与《王制》定于汉儒（前者为伏胜，后者成于文帝时），故而可以说朱子《大学章句序》明显是后者文字的改写。其中最大的不同在于：1. 将“小学”“大学”所学之内容做了改换，改换成“洒扫、应对、进退之节，礼乐、射御、书数之文”与“穷理、正心、修己、治人之道”，显示出“理学”、朱子学的特征；2. 将入学的年龄由“十三”“二十”换成“八”与“十五”。此年龄的变换，亦有所本。《仪礼经传通解》此章的注中朱子引程子语，首句为：

古者八岁入“小学”，十五入“大学”。

据此可知，年龄的变换直接来自程子。不过，此言本身并非程子语。其可见《大戴记·保傅》“及太子少长，知妃色，则入于‘小学’。小者所学之宫也”此句的注文：

古者太子八岁入“小学”，十五入“大学”也。②

① 《朱子全书》册2，第380页。
② 孔广森：《大戴礼记补注》，北京：中华书局，2013年，第63页。

《保傅》之文朱子已录入《仪礼经传通解》卷十八《保傅》中①。因为《保傅》亦见《汉书》与《新书》，而此两书中“入于小学”句无“小”字、“小者”作“学者”、“宫”作“官”。朱子据之，故《仪礼经传通解》之《保傅》便无“八岁入小学，十五入大学”之文。但是，这并不表示朱子不信从。朱子同书同篇中引《大戴·保傅》“古者王子年八岁而出就外舍，学小艺焉，履小节焉；束发而就大学，学大艺焉，履大节焉”句，注文中录《白虎通》曰：

八岁入“小学”，十五入“大学”。②

同时，朱子又征引此处所引的《尚书大传》之文以解释年龄不同的问题。

综言之，朱子对“小学”“大学”两词的使用，至少可溯及《尚书大传》《大戴记》《白虎通》中所说。这些说法虽然各有不同，但大体上在使用“小学”“大学”概念时，一面指“学校”，一面指学校所学之“内容”，此之“内容”也可以大体上统括为“小节”“小义”“小艺”与“大节”“大义”“大艺”。于朱子而言，“小学”指学校，学校所学之内容乃其编次的《小学》一书；“大学”亦指学校，而所学之内容乃《大学》。通常以“小学”指向文字训诂，其源头在《汉书·艺文志》“小学家者流”中所述，然此《志》由刘向歆父子《七略》“删要”而来③，晚于《尚书大传》《大戴记》。所以朱子“小学”（及“大

① 《朱子全书》册2，第588页。
② 《朱子全书》册2，第591页。
③ 班固：《汉书》，北京：中华书局，1962年，第1701页。

学”）之用语，语义转而先于为人所熟知的文字训诂之“小学”。至于《小学》一书，朱子以为在先秦本有之，后来散逸，朱子则博引他书所记而纂定之，此并非朱子所自作而实为“纂补”。

朱子所用“小学”，实际上包括训诂文字，亦包括“幼仪”“训童蒙”。《汉书·艺文志》载：

> 古者八岁入“小学”，故《周官》保氏掌养国子，教之六书，谓象形、象事、象意、象声、转注、假借，造字之本也。汉兴，萧何草律，亦著其法，曰：“太史试学童，能讽书九千字以上，乃得为史。又以六体试之，课最者以为尚书御史史书令史。吏民上书，字或不正，辄举劾。”六体者，古文、奇字、篆书、隶书、缪篆、虫书，皆所以通知古今文字，摹印章，书幡信也。……《史籀篇》者，周时史官教学童书也，与孔氏壁中古文异体。……是时始造隶书矣，起于官狱多事，苟趋省易，施之于徒隶也。汉书，闾里书师合《苍颉》《爰历》《博学》三篇，断六十字以为一章，凡五十五章，并为《苍颉篇》。①

“八岁入小学”之“小学”，自兹始便由最初的学“小节”“小义”“小艺”而转换成“六书”，直接与“文字”相关。盖以“文字”为“小艺”乎？班氏所列之书始于《史籀篇》，终杜子春《苍颉故》。此非班孟坚一人之论，许叔重《说文解字叙》亦有载：

> 《周礼》：八岁入“小学”，保氏教国子，先以六书。一

① 班固：《汉书》，北京：中华书局，1962年，第1720—1721页。

曰指事。指事者，视而可识，察而见意，上、下是也。二曰象形。象形者，画成其物，随体诘诎，日、月是也。三曰形声。形声者，以事为名，取譬相成，江、河是也。四曰会意。会意者，比类合谊，以见指㧑，武、信是也。五曰转注。转注者，建类一首，同意相受，考、老是也。六曰假借。假借者，本无其事，依声托事，令、长是也。及宣王太史籀，著《大篆》十五篇，与古文或异。至孔子书《六经》，左丘明述《春秋传》，皆以古文，厥意可得而说也。……斯作《仓颉篇》……官狱职务繁，初有隶书，以趣约易，而古文由此绝矣……汉兴有草书……黄门侍郎扬雄，采以作《训纂篇》。凡《仓颉》以下十四篇，凡五千三百四十字，群书所载，略存之矣。①

此与班氏所述略同。大抵可以说，自班、许二人之论之书流行后，“小学”最初的意思便被转换、被窄化，而指向文字学。自《汉书·艺文志》“小学”类中所列书为字书始，后世有关书目之书：《随书·经籍志》《旧唐书·经籍志》《新唐书·艺文志》《宋史·艺文志》、钱大昕补《元史·艺文志》、《明史·艺文志》《清史稿·艺文志》《郡斋读书志》《通志·艺文略》《直斋书录解题》《遂初堂书目》《文献通考·经籍考》《国史经籍志》《千顷堂书目》《四库全书总目》《八千卷楼书目》，其与文字相关之书皆入“小学”类。

《汉书·艺文志》引文中“《史籀篇》者，周时史官教学童书也”，此句表明《史籀篇》兼“训童蒙”之义。“训蒙士”的

① 许慎：《说文解字》，北京：中华书局，1963年，第314—315页。

朱子之《小学》，已含此义。《史籀篇》《苍颉篇》《急就篇》等等，或四字句（如“幼子承诏”）或七字句（如“急就奇觚与众异”）以便于学童识字记诵，也兼文字标准写法之义（有类于现在的《字典》）。这涉及写字，而上出引文《大学章句序》“礼乐、射御、书数”之“书”正指此。《小学·外篇·善行篇》有录明道事，其文曰：

> 明道先生作字时甚敬，尝谓人曰：“非欲字好，即此是学。”①

朱子解释道：“此亦可以收放心。”可知非不重视文字、不重视写字，只是不能溺于此，应以之助力自己“收放心”、涵养德行。

《朱子语类》载：

> 元兴问：“礼乐射御书数。书，莫只是字法否？”曰：“此类有数法：如‘日月’字，是象其形也；‘江河’字，是谐其声也；‘考老’字，是假其类也。如此数法，若理会得，则天下之字皆可通矣。”时举。②

此即上引《说文叙》中所解释的“六书”，朱子则给予自己之理解。所说“如此数法，若理会得，则天下之字皆可通矣”，此可谓班氏“六书……造字之本也”的白话阐释。同书又载：

> 人多说性方说心，看来当先说心。古人制字，亦先制得“心”字，“性”与“情”皆从“心”。以人之生言之，固

---

① 《朱子全书》册13，第483页。
② 《朱子语类》卷七，第128页。

是先得这道理。然才生这许多道理，却都具在心里。且如仁义自是性，孟子则曰“仁义之心”；恻隐、羞恶自是情，孟子则曰“恻隐之心，羞恶之心”。盖性即心之理，情即性之用。今先说一个“心”，便教人识得个情性底总脑，教人知得个道理存着处。若先说性，却似性中别有一个“心”。横渠“心统性情”语极好。①

此处朱子从文字学的角度来阐述“仁义之心”“心统性情”等理学中极为重要之论题，可见朱子之视文字训诂，非一般矣。

综之，朱子使用“小学”一词，偏于述古而非创新。朱子述其最初之义，而作为学校的“小学”所教所学之内容旨在成德成人，《小学》一书之编成亦多为此设。无论文字训诂，还是“幼仪”“童蒙训”等等，只要不违背此旨，则皆在其含义之中。

第三节 《小学》成书过程

朱子在《题小学》，即《小学》一书的序文文末写道：

淳熙丁未三月朔旦，晦庵题。②

“淳熙丁未”乃宋孝宗淳熙十四年（1187），朱子五十八岁③。据此，《小学》即成书于此时。但是，此书的编定却经历

① 《朱子语类》卷五，页 91—92 页。
② 《朱子全书》册 13，第 393 页。
③ 可参《朱子年谱》卷三；王懋竑：《朱熹年谱》，北京：中华书局，1998 年，第 163 页。

数年时间，且非朱子一人之力。朱子在《答刘子澄》第七书中有述：

> 七月二十一日，熹顿首再拜子澄通守奉常老兄：……《小学》书，曾为整顿否？幸早为之，寻便见寄，幸幸。昨来奉报，只欲如此间所编者。今细思之，不若来教规模之善。但今所编皆法制之语，若欲更添“嘉言”“善行”两类，即两类之中自须各兼取经史子集之言，其说乃备。但须约取，勿令太泛乃佳。(如管仲“畏威如疾”之语，心每爱之）文章尤不可泛，如《离骚》忠洁之志固亦可尚，然只正经一篇已自多了。此须更子细抉择。《叙古蒙求》亦太多，兼奥涩难读，恐非启蒙之具。却是古乐府及杜子美诗意思好，可取者多，令其喜讽咏，易入心，最为有益也。来喻又有避主张程氏之嫌，程氏何待吾辈主张？然立言垂训，事关久远，亦岂当避此嫌耶？其详虽已见于《近思》，然其一言半句，灼然亲切，不可不使后学早闻而先入者，自不妨特见于此书也。若只欲其合于世俗而使庸人爱之，则《符读书城南》一篇足矣，何事劳吾人据摭之功哉？①

此信，王白田（懋竑）在《朱子年谱考异》卷三中定其作于癸卯，即孝宗淳熙十年（1183），朱子五十四岁②。更为具体之时间，则如首句所示。刘氏，名清之，字子澄，学者称静春先生，为朱子“同调”。依此，则《小学》一书之谋划，于淳熙十年、朱子五十四岁时便已开始。揣“《小学》书，曾为整顿否？”

---

① 《晦庵先生朱文公文集》卷三十五；《朱子全书》册21，第1539—1540页。
② 王懋竑：《朱熹年谱》，北京：中华书局，1998年，第370页。

之语意，似谋划之时间当更早。

依信中所言，可知朱子纂辑《小学》，具体编写之事托付于刘子澄，整体的谋篇布局、纲领主旨、选语内容则在与子澄商讨后由朱子而定。显然，此时《小学》已经在编次中，并且有了一定的篇幅。朱子阅后对“皆法制之语”表示异议，认为当“更添‘嘉言’‘善行’两类”，且指示就“经史子集”中选语录入。今本《小学》中《外篇》分为《嘉言篇》与《善行篇》，可知其本为朱子之意，且选语之来源也与朱子此处所说相合。“管仲‘畏威如疾’之语，心每爱之”句，管氏语出《国语·晋语四》“畏威如疾，民之上也。从怀如流，民之下也。见怀思威，民之中也”，朱子“心每爱之”则必然会载入《小学》。今核《小学》，可见之《内篇·敬身篇》，乃“明心术之要”的卒章[①]。

朱子欲编入诗文，却嫌《离骚》等文字过多而不主张选录。至于古乐府诗与杜子美的诗，朱子以为“易入心，最为有益”，希望子澄能选入。实际上，今本《小学》并未选录，这也正如王白田已指出的“今本所定，已删去文章一类”[②]。当然，毕竟值谋划时期《小学》尚未定稿，有增有删乃常事。

信末所述事，大抵因为子澄认为二程、横渠等人的语录载入《近思录》者甚众，如果再选他们的语录入《小学》将会与《近思录》中的内容重复，为免于此，故而不必再选录张、程之语（《近思录》成于朱子四十六岁时，距五十四岁，已八年之久）。

① 《朱子全书》册13，第416页。

② 《朱子年谱考异》卷三；王懋竑：《朱熹年谱》，北京：中华书局，1998年，第370页。

朱子则不赞同，并给以理由，认为张、程“一言半句，灼然亲切”“立言垂训，事关久远”，更应“使后学早闻而先入”。这里的“早闻先入”涉及为学次第，前文已有所述及，朱子学以《小学》为最先着实下手处。

“幸早为之，寻便见寄”，这是在催促刘子澄早日完工，尽快依二人商讨之旨将《小学》编定出来。朱子的催促似乎比较频繁，如《答刘子澄》第九书中又言：

> 《小学》书，却非此比，幸早成之。

《与刘子澄》第十书又道：

> 所喻戏谑本欲词之巧而然，此固有之。然亦是自家有此玩侮之意以为之根，而日用之间流转运用，机械活熟，致得临事不觉出来。又自以为情信词巧主于爱人，可以无害于义理，故不复更加防遏，以至于此。盖不惟害事，而所以害于心术者尤深。昔横渠先生尝言之矣（见之《近思》四）。……吾人未老先衰，馀日几何，而费日力于，此却于自家身心上都不着力，岂不是颠倒迷惑之甚耶？《小学》书却于此殊科，只用数日工夫便可办，幸早成之，便中遣寄也。

此处朱子以谈戏谑词的问题始，并据《近思录》中张横渠之论以表示批评。进而话锋一转援引《小学》为据，在揭示《小学》之重要的同时，再次催促刘子澄早日完工。

《与刘子澄》第十一书载：

> 《小学》惜乎太遽，又不蒙润色耳。近略修改，每章之首加以本书或本人名字，又别为题词韵语，庶便童习。今谩

录去一观，它日有暇，终望为补故事之缺也。①

此书作于淳熙十二年（1185）一月二十六日，朱子五十六岁②。大抵因为朱子一再催促，刘子澄便赶工编成。书总算编出，但"急就"之作使得朱子评论之语气颇带责备之意"《小学》惜乎太遽，又不蒙润色耳"。朱子既然不满意，便亲自操刀修改。"每章之首加以本书或本人名字"，可知《小学》每章前的"书名"和"人名"乃朱子所加，以便告知选语之出处。"又别为题词韵语"，"题词韵语"正是前文已有征引的《〈小学〉题辞》一文，皆四字成句（如首句"元亨利贞，天道之常"），朗朗上口，便于记诵。这表明，在朱子五十八岁写《题小学》之前，《〈小学〉题辞》早已写成（朱子五十六岁），后文早于前文。今《朱子全书》本《小学》以《题小学》（《全书》本作《小学原序》）后接《〈小学〉题辞》，实误矣。朱子《文集》中此两文之顺序，同于此所论，为不误③。

"《小学》惜乎太遽"句，不仅指刘子澄编写完工，也指《小学》已刊刻出。此信作于淳熙十二年一月二十六日，可知《小学》刊刻时间当在淳熙十一年。这是最初的刊本。朱子在《答潘恭叔》第七书中说道：

《小学》未成，而为子澄所刻。见此刊修，旦夕可就。当送书市别刊，成

---

① 此上三书之引文见《晦庵先生朱文公文集》卷三十五；《朱子全书》册21，第1543、1545—1546页。

② 书信的具体时间，据《朱熹年谱长编》卷下"一一八七、淳熙十四年、丁未、五十八岁、三月一日《小学》书成"中所记；束景南：《朱熹年谱长编》，上海：华东师范大学出版社，2014年，第861页。

③ 《晦庵先生朱文公文集》卷七十六；《朱子全书》册24，第3670—3671页。

当奉寄，此书甚有益也。[①]

“为子澄所刻”，正指此时的刊刻。“《小学》未成”，即指朱子对此“急就”之书的不满意，希望再度修改重新刊印。

《与刘子澄》第十一中朱子不满意而流露出的责备之语气，仅仅是一时之流露，朱子对于编次《小学》刘子澄所出之力，并没有忽视而不念其功。《与刘子澄》第十四中有载：

> 《小学》能为刊行，亦佳。但须更为稍加损益乃善。近得韩丈书云，如邓攸缚子于树之属，似涉已甚，恐此等处诚可削也。若不欲尽去其事，且刊前此语亦佳耳。史传中“嘉言”“善行”，及近世诸先生教人切近之语，亦多有未载者。更望刷出补入，乃为佳也。[②]

首句即是在肯定子澄出力之功。接着所述与第十一书所言之意一致，只是讲的更为具体。“史传中‘嘉言’‘善行’及近世诸先生”云云，正可呼应第七书中相关之论。“近世诸先生”，即第七书中张横渠、二程等先生。第七书中朱子指示子澄立“嘉言”“善行”两类，选“经史子集之言”及张、程等先生之语录入，观此书则可知子澄已依朱子意执行之。然而，朱子仍嫌子澄所录之语太少，所谓“多有未载”。邓攸故事，属选录“经史子集之言”的“史书之言”，子澄虽录之但拣择不精。此事本出《晋书》卷九十《良吏传·邓攸传》，已载入《小学·外篇·

① 《晦庵先生朱文公文集》卷五十；《朱子全书》册22，第2312页。
② 《晦庵先生朱文公文集》卷三十五；《朱子全书》册21，第1552页。

善行篇》，“邓攸缚子于树之属”已删削[1]。

《与刘子澄》《七月九日》第十二书载：

> 《小学》见此修改，益以古今故事，移首篇于书尾，使初学开卷便有受用，而末卷益以周、程、张子教人大略，及《乡约》《杂仪》之类别为下篇，凡定著六篇。更数日方写得成，恨仲叔不能等候，得后便当附呈也。[2]

王白田定此书作于乙巳[3]，即淳熙十二年（1185），朱子五十六岁。“七月九日”，指具体日期。据此可知，依照朱子的意旨进行编次修订的《小学》一书至此时大体已定，全书分为“六篇”（立教、明伦、敬身、稽古、嘉言、善行），所选录之故事以及濂溪、二程、横渠等先生之语只需顺序稍作调整。按以今本《小学》，皆符合。《乡约》，指蓝田吕氏《乡约》；《杂仪》，

① 《小学·善行篇》之文：晋右仆射邓攸，永嘉末没于石勒。过泗水，攸以牛马负妻子而逃，又遇贼掠其牛马，步走，担其儿及其弟子绥。度不能两全，乃谓其妻曰：“吾弟蚤亡，唯有一息，理不可绝，止应自弃我儿耳。幸而得存，我后当有子。”妻泣而从之，乃弃其子而去之，卒以无嗣。时人义而哀之，为之语曰：“天道无知，使邓伯道无儿。”弟子绥，服攸丧三年。（《朱子全书》册13，第471—472页）“乃弃其子而去之”句之后，原文为“其子朝弃而暮及，明日，攸系之于树而去。”朱子录于《小学》已削之。《世说新语·德行》中记邓攸事“邓攸始避难，于道中弃己子，全弟子。既过江，取一妾，甚宠爱。历年后讯其所由，妾具说是北人遭乱，忆父母姓名，乃攸之甥也。攸素有德业，言行无玷，闻之哀恨终身，遂不复畜妾。”首句所言，刘孝标已注出原故事，其正《小学》此章之文。《世说新语·德行》记此二事，以高邓氏之德行。其行之高，《襄阳耆旧记》卷三有记：“邓攸为吴郡守，刑政清简，后称疾去职。百姓数千人留牵攸船，不得进，攸乃少停，夜中发去。吴人歌之曰：‘纨如打五鼓，鸡鸣天欲曙，邓侯挽不留，谢令推不去。’”《襄阳耆旧记》《世说新语》相关之文及《小学》此章，皆见《晋书》卷九十《良吏传·邓攸传》。《小学》此章亦见刘子澄《戒子通录》卷六《家戒·黄太史》。

② 《晦庵先生朱文公文集》卷三十五；《朱子全书》册21，第1548页。

③ 《朱子年谱考异》卷三；王懋竑：《朱熹年谱》，北京：中华书局，1998年，第370页。

指司马温公《杂仪》。《小学》之《外篇》有选录相关之语[①]。

有关《小学》成书的文字记载，止于此。合而观之，其事已明。盖此之后（五十六岁后）朱子又对《小学》有进一步具体而微的修改，直到五十八岁为之作序（《题小学》）而正式定稿刊印。至此，《小学》书成，前后历时四年之久。虽然此书是经由刘子澄之手而成，但是大到书之纲领、主旨，小到具体章节之安排、语句故事之拣择，几乎无不依朱子意而定（虽然刘子澄也参与商讨）。故而，与其说此书是朱子与刘子澄合纂，毋宁说实乃朱子之定本[②]。子澄之于此书，其功在于“誊录”，即一本朱子意、从原书中“钞录”出朱子所认定之语、依朱子之架构安排而“誊正”之。

《朱子语类》卷一百五《小学之书》中有两条语录：

问：“《小学》实明伦篇，何以无朋友一条？”曰：“当时是众编类来，偶无此尔。”淳。

安卿问：“《曲礼》‘外言不入于阃，内言不出于阃’一段甚切，何故不编入《小学》？”曰：“此样处，漏落也多。”

---

① 如《小学·外篇·善行篇》第7章：蓝田吕氏《乡约》曰：凡同约者，德业相劝，过失相规，礼俗相交，患难相恤。有善则书于籍，有过若违约者，亦书之。三犯而行罚，不悛者，绝之。（《朱子全书》册13，第461页）朱子对乡约甚为重视，故而写有《增损吕氏乡约》；《晦庵先生朱文公文集》卷七十四，《朱子全书》册22，第3594—3603页。杨开道先生（1899—1981）有《中国乡约制度》一书，全书分十一章，从“中国农村组织概论”“乡约制度的起源”“吕氏乡约的考证”“吕氏乡约的分析”“吕氏乡约的增损”等等分章论述、直至“清代乡约的实施”，可谓乡约问题的全面系统之论。此书可参杨开道：《中国乡约制度》，北京：商务印书馆，2015年。

② 《小学》一书，《四库提要》卷九二子部“儒家类”径题“朱子撰”，实得之。参见永瑢：《四库全书总目》，北京：中华书局，1965年，第781页。

又曰："《小学》多说那恭敬处，少说那防禁防"义刚。①

王白田评论道：

据此，则编类或不止子澄一人。而于两录，又可见古人著书得其大者，而于小小处，亦不屑屑寻究也。②

白田此说，《四库提要》以为"其说最确"③。诚然，《小学》一书"是众编类来"，不止刘子澄一人。如依此而论，则子澄"誊录"之功，又减半矣。"无朋友一条"云云，并非《小学·外篇·善行篇》"实明伦"中无有相关之内容④，毕竟所选之语相涉之义不止一层，不必一一选择语录以对应之。这与朱子对于"漏落也多"的不介意，意思一致，即虽然"漏落"某些语，但是已选之语中含有其意即可，所谓"理一"。此亦白田"古人著书得其大者，而于小小处，亦不屑屑寻究也"之意。"《小学》多说那恭敬处，少说那防禁处"句，大抵意指：对于"孩童"，多讲"当然""应当如何"、多正面引道、树立正面榜样，以便仿效；少讲"禁止""不当如何"，少以负面事例劝诫，以免负面效仿。

《小学》成书后，如前文所论，朱子很重视，后学也相当看重。易言之，朱子对《小学》之编定，很是满意。盖因此，朱子对参与编纂的刘子澄，便又有编书之托。据《与刘子澄》第

① 《朱子语类》卷一百五，第2628页。

② 《朱子年谱考异》卷三；王懋竑：《朱熹年谱》，北京：中华书局，1998年，第370页。

③ 《四库提要》卷九二；永瑢：《四库全书总目》，北京：中华书局，1965年，第781页。

④ 陈选以"包孝肃公尹京时"此条当之；陈选：《（精校）小学集注》，上海：昌文书局，1932年（民国二十一年），第15页。《朱子全书》册13，第473页。

十五书载：

> 向读《女戒》，见其言有未备及鄙浅处，伯恭亦尝病之。间尝欲别集古语，如《小学》之状，为数篇，其目曰“正静”，曰“卑弱”，曰“孝爱”，曰“和睦”，曰“勤谨”，曰“俭质”，曰“宽惠”，曰“讲学”。班氏书可取者，亦删取之。如《正静篇》，即如杜子美“秉心忡忡，防身如律”之语，亦可入。凡守身事夫之事皆是也。“和睦”，谓宜其家人；“宽惠”谓逮下无疾妒，凡御下之事。病倦不能检阅，幸更为详此目有无漏落，有即补之而辑成一书，亦一事也。向见所编《家训》，其中似已该备。只就彼采择，更益以经史子集中事，以经为先，不必太多，精择而审取之，尤佳也。①

朱子托子澄再辑一书，其合作编纂之意与编次《小学》书如出一辙。对于此书，朱子已将篇幅（由“正静”至“讲学”，凡八篇；当然，他希望子澄对此篇目提出建议，以待增损）、篇名（“正静”“孝爱”“和睦”“讲学”等等）、篇名之义（如“和睦”，谓宜其家人）、篇中具体内容（如《正静篇》，即如杜子美“秉心忡忡，防身如律”之语，亦可入）一一给出，可谓大纲大旨已具，只需假以时日采择相关之语而依次录入即可书成。朱子已明确地指示子澄：可就子澄所编的本“已该备”的《家训》其中采语，此与辑《小学》相比，可谓捷径很多。《家训》，盖指刘子澄《训蒙新书》《戒子通录》等书。惜乎，此书终究未成。

---

① 《晦庵先生朱文公文集》卷三十五；《朱子全书》册21，第1553页。

罗大经在《鹤林玉露》乙编卷五《女戒》中，对此事亦有述：

> 朱文公尝病《女戒》鄙浅，欲别集古语成一书，立篇目：曰正静，曰卑弱，曰孝爱，曰和睦，曰俭质，曰宽惠，曰讲学。且言如杜诗云："嗟汝未嫁女，秉心郁忡忡，防身动如律，竭力机杼中"凡此等句，便可入《正静》，他皆仿此。尝以书属静春先生刘子澄纂辑，迄不能成，公盖欲以配《小学》书也。[①]

大抵正因托付编纂之意与纂《小学》书相一致，故而罗氏结语道："公盖欲以配《小学》书也"。朱子托子澄纂辑的此书，其意在于教"女子"。有趣的是，此书最后一篇名曰《讲学》，虽然因书未成而不知其具体内容，但是单就"讲学"二字而论，《大学》有言"如切如磋者，道学也；如琢如磨者，自脩也。"朱子注曰："道，言也。学，谓讲习讨论之事；自修者，省察克治之功。"[②] 据此可知"讲学"之意为何，即"讲习讨论之事"与"省察克治之功"，一言以蔽之："居敬穷理"是也[③]。距今八百多年前的朱子于其时已主张"女子"与"男子"一样可以"讲学"，真不愧圣人也！（未见记载朱子已有"女弟子"；清随园老人袁枚有"女弟子"；1928 年，罗家伦先生主持清华，方于

---

① 罗大经：《鹤林玉露》（王瑞来点校），北京：中华书局，1983 年，第 210 页。

② 朱熹：《四书章句集注》，北京：中华书局，2012 年，第 5—6 页。

③ "居敬"一语，如《论语·雍也》篇中仲弓所说的"居敬而行简"之"居敬"，朱子注文中将其等同于"主敬"。《论语·为政》篇"哀公问曰，何为则民服"章，朱子注文引谢上蔡语云"君子大居敬而贵穷理也"，对"居敬穷理"用"大"和"贵"来加以形容之强调之。参见：朱熹：《四书章句集注》，北京：中华书局，2012 年，第 83—84、58 页。

招生简章中补“男女兼收”之则）

其实朱子编纂此书之旨，《小学》一书显然可以包罗之。依《小学》而著实践履之研习之，即可得之。此或许为此书终于未成的一个重要之原因。

第四节　“三纲九目”与“三纲八目”：《小学》与《大学》

此节算是讨论“小学”“大学”二者关系问题的续论，亦兼解题（本文篇题）之意。先来看朱子自己的论述。《朱子语类》卷七《学一 · 小学》有载：

> 古者初年入“小学”，只是教之以“事”，如礼、乐、射、御、书、数及孝、弟、忠、信之“事”。自十六七入“大学”，然后教之以“理”，如致知、格物及“所以”为忠信孝弟者。骧。

此条为杨骧己酉、甲寅所录，其时朱子六十岁（与写《大学章句序》《中庸章句序》同时）、六十五岁。《朱子语类》论“学”的部分凡七卷，以“小学”为第一卷，而此条语录又为第一卷“小学”中的第一条语录。“所以”即“所以然”之义，也即是“理”。据此所言，“小学”对应于“事”；“大学”相应于“理”。下所出两条语录，便已如此简明地进行阐述了：

> “小学”是直理会那“事”；“大学”是穷究那“理”……。寓。
>
> “小学”者，学其“事”；“大学”者，学其“小学”

所学之事之“所以”。节。

对于此论，朱子可谓是反复述之。如同卷又道：

> “小学”是“事”，如事君，事父，事兄，处友等“事”，只是教他依此规矩做去；“大学”是发明此事之“理”。铢。①

对于朱子之强调，《黄氏日钞》卷三十七《读本朝诸儒理学书·晦庵语类》中便钞此条：

> “小学”是教之以“事”，如事君、事父、事兄、处友等；“大学”是发明此事“理”。

述及至此，朱子似乎有将“小学”与“大学”、“事”与“理”割裂之意。究竟是否？《朱子语类》同卷中有学生问道：

> “大学”与“小学”，不是截然为二。“小学”是学其“事”；“大学”是穷其“理”，以尽其事否？②

朱子答曰：

> 只是一个事。

这一答语，算是对问语中“‘大学’与‘小学’，不是截然为二”的肯定。朱子继续说道：

> “小学”是学事亲、学事长，且直理会那“事”；“大学”是就上面委曲详究那“理”，其“所以”事亲是如何，“所以”事长是如何。

---

① 此上四条语录见《朱子语类》卷七，第124—125页。

② 《朱子语类》卷七，第125—126页。

这是对问语后半句的回答。显然，这样的回答还不够详明，也不那么有说服力。故朱子再述道：

古人于“小学”存养已熟，根基已深厚，到“大学”，只就上面点化出些精彩。古人自能食能言，便已教了，一岁有一岁工夫。到二十时，圣人资质已自有十分（寓作“三分”）。“大学”只出治光彩。

答语到此，已够明晰了。然而朱子却“古今对比”，依“古”以论“今”道：

今都蹉过，不能转去做。只据而今当地头，立定脚做去，补填前日欠阙，栽种后来合做底（寓作“根株”）。

继而再谆谆劝勉：

如二十岁觉悟，便从二十岁立定脚力做去；三十岁觉悟，便从三十岁立定脚力做去。纵待八九十岁觉悟，也当据见定劄住硬寨做去。”淳。寓同。（陈淳、徐寓庚戌所录，朱子年六十一）

综之，“小学”与“大学”不是“截然为二”，“只是一个事”。至于“事”与“理”，亦然。朱子明确说过：

“理”只在“事”中。①

当然，如周所知，关于此，这并非朱子完整的观点。须补上如下之语：

① 原语录为：“下学者，事也；上达者，理也。‘理’只在‘事’中。若真能尽得下学之事，则上达之理便在此。道夫。”《朱子语类》卷四十四，第1139页。

> 未有天地之先，毕竟是先有此“理”。
>
> 未有这“事”，先有这“理”。如未有君臣，已先有君臣之理；未有父子，已先有父子之理。不成元无此理，直待有君臣父子，却旋将道理入在里面！
>
> 或问：“必有是理，然后有是气，如何？”曰：“此本无先后之可言。然必欲推其所从来，则须说先有是理。然理又非别为一物，即存乎是气之中；无是气，则是理亦无挂搭处。”①

从理论、逻辑上言，“理”在“事”先；就经验、现象、实际、实情言，“理”在“事”中，“理”不离“事”（“气”）、“事”（“气”）不离“理”。倘若套用朱子在《太极图说解》中的语言②，则可以说“理”非有以离乎“事”（“气”）、即“事”（“气”）而指其“理”、亦不杂乎于“事”（“气”）耳（亦今之学人所说的“理气（事）不离不杂”）。朱子以“小学”与“大学”相应于“事”与“理”，进而展开的论述之背后正有其“理气论”的形上之思为支撑。

《朱子语类》有载：

> 1. 古人自入“小学”时，已自知许多“事”了；至入“大学”时，只要做此工夫。今人全未曾知此。古人只去“心”上理会，至去治天下，皆自心中流出。今人只去

① 兹出三条语录分别见《朱子语类》卷一“问：太极不是未有天地之先有个浑成之物，是天地万物之理总名否？”条、卷九十五“问：冲漠无朕至教入涂辙”条、卷一“或问：必有是理，然后有是气，如何？”条，第1、2436、3页。

② 朱子在解释濂溪《太极图》之第一个白圆圈时曰：“○，此所谓无极而太极也，所以动而阳、静而阴之本体也。然非有以离乎阴阳也，即阴阳而指其本体，不杂乎阴阳而为言耳。”参见周敦颐：《周敦颐集》，北京：中华书局1990年，第1页。

“事”上理会。泳。

2. 古者“小学”已自养得小儿子“这里定”，已自是圣贤坯璞了，但未有圣贤许多知见。及其长也，令入“大学”，使之格物、致知，长许多知见。节。

3. 古人“小学”养得小儿子诚敬善端发见了。然而“大学”等事，小儿子不会推将去，所以又入“大学”教之。璘。①

第2条语录中的“这里定”之“这里”，即上条语录中的“心”，意指“心定”。在此，朱子依然“古今对比”以论“小学”、“大学”。与前述稍有不同的是，朱子强调古人“小学”之教对人德性的涵养之功。所说“及其长也，令入‘大学’，使之格物、致知，长许多知见”，“格物、致知”等语在此节首条引文中已出现。众知，其来自《大学》一书。至于“小学”所教之内容，于今而言，自是需要补出来。同书同卷又载：

陆子寿言：“古者教小子弟，自能言能食，即有教，以至洒扫应对之类，皆有所习，故长大则易语。今人自小即教做对，稍大即教作虚诞之文，皆坏其性质。某当思欲做一《小学规》，使人自小教之便有法，如此亦须有益。”先生曰：“只做禅苑清规样做，亦自好。”大雅。②

余大雅录于戊戌以后，戊戌年，朱子四十九岁。此时，朱子《小学》不仅没有成书，也尚未谋划。故而朱子由陆子寿（九龄）语的引发，以至于认为有似于“禅苑清规”的文本“亦自

① 《朱子语类》卷七，第124页。
② 《朱子语类》卷七，第126页。

好”，这毕竟有助于人之言行在“规”矩之内。待《小学》书成后，其情形则如斯：

> 问林兄：“看《小学》如何?”林举《小学》“父慈而教，子孝而箴”。先生曰：“人既自有这良能、良知了，圣贤又恁地说，直要人寻教亲切。‘父慈而教，子孝而箴’，看我是能恁地不恁地?《小学》所说，教人逐一去上面寻许多道理。到著《大学》，亦只是这道理。又教人看得就切实如此，不是胡乱恁地说去。”子蒙。①

《小学》“父慈而教”等语，出《小学·内篇·明伦篇》“晏子曰：君令臣共，父慈子孝，兄爱弟敬，夫和妻柔，姑慈妇听，礼也。君令而不违，臣共而不二；父慈而教，子孝而箴；兄爱而友，弟敬而顺；夫和而义，妻柔而正；姑慈而从，妇听而婉；礼之善物也。”②“良能、良知”在此盖指：通过践习《小学》中所载的圣贤言语可以呈显人所非“外铄”而固有的“良能、良知”，即“本心”的朗显；在朱子学中则指向“天地之性”“天命之性”的显现，指向去“气禀所拘、人欲所蔽”以复其“初”③，即“复性”。

由之前的“小学”与“大学”只“是一个事”，同一“理”；至此之“《小学》教人逐一去上面寻许多道理；到著《大学》，亦只是这道理”；可谓自然而然。而《小学》与《大

---

① 《朱子语类》卷一百五，第2628页。

② 《朱子全书》册13，第412页。

③ 语出《大学章句》中朱子注“明明德”之文：“明，明之也。明德者，人之所得乎天，而虚灵不昧，以具众理而应万事者也。但为气禀所拘，人欲所蔽，则有时而昏；然其本体之明，则有未尝息者。故学者当因其所发而遂明之，以复其初也。”朱熹：《四书章句集注》，北京：中华书局，2012年，第3页。

学》，虽有研习先后之次第、虽所载之文字有不同，但究其到底，“亦只是”同一“道理”。

《大学》“经”一章有言：

> 《大学》之道，在明明德，在亲民，在止于至善。

朱子《大学章句》引伊川语“亲，当作新”①，“其义则去其旧而新之”②，从而改“亲民”为“新民”。最后总结道：

> 此三者，《大学》之纲领也。

此即“三纲八目”（“三纲领八条目”）之“三纲”（“三纲领”）的出处，即以“明明德”“新民”“止于至善”（“止至善”）三者，为《大学》的“三纲领”（三纲）。《大学》“经”一章续载：

> 古之欲明明德于天下者，先治其国；欲治其国者，先齐其家；欲齐其家者，先修其身；欲修其身者，先正其心；欲正其心者，先诚其意；欲诚其意者，先致其知；致知在格物。③

朱子注曰：“治，平声，后放此。明明德于天下者，使天下之人皆有以明其明德也。心者，身之所主也。诚，实也。意者，心之所发也。实其心之所发，欲其一于善而无自欺也。致，推极

---

① 朱熹：《四书章句集注》，北京：中华书局，2012 年，第 3 页。《大学章句》原作“程子”，核《河南程氏经说》卷五《伊川先生改正大学》，即可知“程子”为“伊川”；程颢、程颐：《二程集》，北京：中华书局，1981 年，第 1129 页。

② 见《晦庵先生朱文公文集》卷十五之《经筵讲义》；《朱子全书》册 20，第 693 页。

③ 朱熹：《四书章句集注》，北京：中华书局，2012 年，第 3 页。

也。知，犹识也。推极吾之知识，欲其所知无不尽也。格，至也。物，犹事也。穷至事物之理，欲其极处无不到也。”并总论道：

> 此八者，《大学》之条目也。①

此为“三纲八目”（“三纲领八条目”）的“八目”（“八条目”）所自来处。“八者”（八目），朱子解释道：

> 《大学》之条目：曰格物，曰致知，曰诚意，曰正心，曰修身，曰齐家，曰治国，曰平天下，凡有八事。②

即以“格物”（格）、“致知”（致）、“诚意”（诚）、“正心”（正）、“修身”、“齐家”（齐）、“治国”（治）、“平天下”（平）八者，为《大学》的“八条目”（八目）。合以“三纲领”（三纲），则称之为“三纲领八条目”（“三纲八目”）。虽然朱子没有如此总括之称，但是有如下之言：

> 《大学》“经”文，自“则近道矣”以上，为前章；自“古之欲明明德于天下者”以下，为后章。前章略提“纲领”，后章细分“条目”。钜细相涵，首尾相应，极为详备。盖夫子所诵古经之言，而曾子记之。自此以下传文十章，则曾子之意而门人记之也。……然必先读经文，使之习熟，而“纲领条目”罗列胸中，如指诸掌；然后博考传文，随事体察而实致其力，使吾所以“明德”而“新民”者无不“止于至善”，而天下之人皆有以见其“意诚”、“心正”、“身

① 朱熹：《四书章句集注》，北京：中华书局，2012年，第4页。
② 《晦庵先生朱文公文集》卷十五之《经筵讲义》；《朱子全书》册20，第698页。

> 修”“家齐”、“国治”、“天下平”之效，则《大学》之道不在于书而在于我矣。①

《大学》一书朱子分“经”一章，“传”十章。所谓“然必先读经文，使之习熟，而‘纲领条目’罗列胸中，如指诸掌；然后博考传文，随事体察而实致其力，使吾所以‘明德’而‘新民’者无不‘止于至善’，而天下之人皆有以见其‘意诚’‘心正’‘身修’‘家齐’‘国治’‘天下平’之效”云云，则是以“纲领条目”统括《大学》全书，而“纲领条目”一语乃朱子所说。明显，加引号的语词为朱子所说的“三者”与“八者”，合而言之，则“三纲领八条目”（“三纲八目”）呼之即出。至于末句“《大学》之道不在于书而在于我矣”，结合朱子如下之论便可了然：

> 自天之生此民，而莫不赋之以仁、义、礼、智之性，叙之以君臣、父子、兄弟、夫妇、朋友之伦，则天下之“理”，固已无不具于一人之“身”矣。但以人自有生而有血气之身，则不能无气质之偏以拘之于前，而又有物欲之私以蔽之于后，所以不能皆知其性，以至于乱其“伦理”而陷于邪僻也。是以古之圣王设为“学校”以教天下之人，……八岁而入“小学”，十有五岁而入“大学”。必皆有以去其气质之偏、物欲之蔽，以“复其性”，以尽其伦而后已焉。②

① 《晦庵先生朱文公文集》卷十五之《经筵讲义》；《朱子全书》册20，第699页。

② 《晦庵先生朱文公文集》卷十五之《经筵讲义》；《朱子全书》册20，第691—692页。

人之“性”原出于“天”（天之“理”《性》），人所具之“理”即天之“理”（“人道”即“天道”），因“气质之偏以拘之”“物欲之私以蔽之”，则本原于天之“性”暗蔽而莫之知、晦焉而莫之明，故“圣人设为‘学校’以教之”，“小学”“大学”其制也。其旨则在“去其气质之偏、物欲之蔽”以“复其性”，以明其“理”（天理）。“小学”所教，即《小学》书所载；“大学”所学，即《大学》所言。真个践履此二书，身体之、力行之，则自然道向其本自于天的“性”（“理”）之“复”之“明”。因“书”而“性复”而“理明”，得其“性”（“理”）而忘其“书”，故曰：“《大学》之道不在于‘书’而在于我矣”，亦可言：“《小学》之道不在于‘书’而在于我矣。”

此言“自天之生此民，而莫不赋之以仁、义、礼、智之性”，正为《〈小学〉题辞》开篇四字格言式之表述“仁义礼智，人性之纲”。“君臣、父子、兄弟、夫妇、朋友之伦”，正是《小学》一书《明伦篇》所“明”之“伦”的五个面相。在此，朱子又一次将“小学”“大学”、《小学》与《大学》一体而论；并且是由“形而上”而“形而下”、由“天道”而“人道”、自“天性”而“人性”、自“天理”而“物（人）欲”之论述。

“叙之以君臣、父子、兄弟、夫妇、朋友之伦”，此五个方面乃是本文所提的“三纲九目”（“三纲领九条目”）之“九目”的“五目”。朱子做侍讲为宁宗讲《大学》，在阐述“三纲领”时有言：

> 德之在己而当明，与其在民而当新者，则又皆非人力之所为；而吾之所以明而新之者，又非可以私意苟且而为也。

是其所以得之于天、而见于日用之间者，固已莫不各有本然一定之则矣。以其义理精微之极，有不可得而名者，故姑以“至善”目之。而传所谓君之仁、臣之敬、子之孝、父之慈、与人交之信，乃“其目”之大者也。①

此与上段引文一样，皆出《经筵讲义》，故所论之思路、之取径与上段文字一致。依此，“君臣、父子、兄弟、夫妇、朋友之伦”乃“天理”所显现的“目之大者”（五伦之理亦“天理”之呈显、乃“天理”呈显之在人世《人事》的显著处，“伦理”即“天理”）。朱子已用“目”称之，则“五者”自当称“五目”（五伦）。

朱子以“三纲八目”统《大学》一书之旨，亦有学人将其移用于别书。晁公武《郡斋读书志》卷一载：

经部，其类十：一曰易类，二曰书类，三曰诗类，四曰礼类，五曰乐类，六曰春秋类，七曰孝经类，八曰论语类，九曰经解类，十曰小学类。孔氏之教，别而为六艺，数十万言，其义理之富至于不可胜原，然其要片言可断，曰：“修身而已矣”。修身之道，内之则本于正心、诚意、致知、格物，外之则推于齐家、治国、平天下。内外兼尽，无施而不宜。学者若以此而观六艺，犹坐璇玑以窥七政之运，无不合者。

晁氏为景迂（晁说之）之从子，当两宋之际；故年比朱子略先，自是不可能预知朱子“三纲八目”之说。但是详味此段

---

① 《晦庵先生朱文公文集》卷十五之《经筵讲义》；《朱子全书》册20，第694页。

文字，其意实则可以说是以“八条目”统“六经”（“六艺”）。“六艺，数十万言，其义理之富至于不可胜原”，故以“正心、诚意”等“八目”统领之。“八目”之作用可谓博且大矣。无怪乎征《尚书·舜典》“在璇玑玉衡，以齐七政”（在，察也。璇，美石。玑、衡，王者正天文之器可运转者。七政：日、月、五星，各异政。舜察天文，齐七政，以审己当天心与否[①]）之语而以“璇玑”比喻之。

如果说这里所述的“三纲八目”之移用于别处仅仅为“意”上的解读，那么下出之文字则是明文的记载。清人茅星来在《近思录集注序》中论道：

> 子朱子纂辑周、程、张四先生之书以为《近思录》，盖古圣贤穷理、正心、修己治人之要实具于此，而与《大学》一书相发明者也。故其书篇目，要不外“三纲领八条目”之间，而子朱子亦往往以《小学》并称，意可见矣。[②]

茅氏明确地将“三纲八目”移用于《近思录》，以之为此书的统领。且言及《小学》认为朱子《小学》《近思录》并称，则似乎又有将其移用于《小学》之意。《近思录》一书首“道体”终于“圣贤气象”，凡十四篇[③]。就篇章安排论，通常将其与《论语》相比，而此以《大学》“三纲八目”为说，其结构并不相类，盖就主旨而论。如果将其移用于《小学》一书，或者说启发于“三纲八目”之说而以“三纲九目”来统括《小

① 王先谦：《尚书孔传参正》，北京：中华书局，2011 年，第 78 页。

② 《朱子全书》册 13，第 293 页。

③ 可参《朱子语类》“《近思录》逐篇纲目”条；《朱子语类》卷一百五，第 2629 页。

学》一书，实则较当。

《小学》一书凡六篇：

立教，明伦，敬身，稽古，嘉言，善行。

又有内外之别，前四者：

立教，明伦，敬身，稽古。

属“内篇”，后二者属“外篇”。六篇之全书共三百八十五章（条），所涉之事上及尧舜下及时贤之论，包罗之广、拣择之精，正如朱子所期待，可堪久远之传。

“内篇”中“立教”“明伦”“敬身”三篇属于“言”；“稽古”一篇则是将此之“言”证实以先秦所涉贤圣之“行”。“外篇”中“嘉言”“善行”两篇，其篇名“言”与“行”已揭示出二者的关系：“嘉言”篇，载录秦汉以来（至朱子时代）贤人之“言”；“善行”篇，则证实以秦汉以来（至朱子时代）贤人之“行”。

如此所述，“内篇”四篇（立教，明伦，敬身，稽古）属“言”与“行”的关系。做为证实“言”的“稽古”篇，其所载之内容实际上聚焦于：立教，明伦，敬身。故而就实际内容而论，“内篇”四篇环绕于：立教，明伦，敬身。

“外篇”两篇（“嘉言”篇与“善行”篇），一属“言”，一为证实“言”的“行”。此之“言”“行”，时代为秦汉以降；其又属同一书的“外篇”，实则相当于“内篇”的续文；所以“言”（“嘉言”篇）的实际内容正如《小学》书中所揭示：广“立教”，广“明伦”，广“敬身”；“行”（“善行”篇）的实际所指为：实“立教”，实“明伦”，实“敬身”。故而“外篇”

两篇亦围绕于：立教，明伦，敬身。

综上，则《小学》一书虽然分为“内篇”“外篇”之两篇，进而又析为六篇，但实际所述之内容、之宏纲大旨却环绕于：

立教，明伦，敬身。

因此，启发于朱子《大学章句》中“三纲领”之说，本文以此（立教、明伦、敬身）为《小学》一书的“三纲领”（“三纲”）。

《大学章句》中朱子注“在明明德，在亲民，在止于至善”（“三纲领”）句曰：

止者，必至于是而不迁之意。至善，则事理当然之极也。言“明明德”、“新民”，皆当至于“至善”之地而不迁。盖必其有以尽夫天理之极，而无一毫人欲之私也。①

《经筵讲义》中载：

“明德”，“新民”固皆欲其“止于至善”。②

《大学》之“三纲领”，“明明德”“新民”二者最终归于“止于至善”（止至善）。陈选《小学集注》中注“立教篇”之篇题道：

此篇，述古圣人所以立极教人之法。其大目不出乎“立明伦之教”、“立敬身之教”而已。③

① 朱熹：《四书章句集注》，北京：中华书局，2012年，第3页。
② 《晦庵先生朱文公文集》卷十五之《经筵讲义》；《朱子全书》册20，第695页。
③ 陈选：《（精校）小学集注》，上海：昌文书局，1932年（民国二十一年），第1页。

据此可知《小学》之“三纲领”，“明伦”“敬身”二者可统摄于“立教”。

《大学》一书，“三纲领”之“明明德”与“新民”以“止至善”为至境，则“明明德”与“新民”便成为了有具体内容的实际论说处、践履处，即“八条目”是也。《小学》的“三纲领”以“立教”为统摄，则“明伦”“敬身”便成为了有实际内容且可论之、可力行之的下手处；这即是本文所提出的“三纲九目”之“九目”（“九条目”）。“九目”，大体可分为两部分。先来看第一部分：

> 孟子曰：人之有道也，饱食暖衣、逸居而无教，则近于禽兽。圣人有忧之，使契为司徒，教以人伦：父子有亲，君臣有义，夫妇有别，长幼有序，朋友有信。

本出《孟子·滕文公上》①，朱子调整后载入《小学·内篇·立教篇》第五章，即此之引文②。关键语为“父子有亲，君臣有义，夫妇有别，长幼有序，朋友有信”，朱子录入其五十岁所写的《白鹿洞书院揭示》中称之为“五教”③。所谓“五教”，也即是通常所称的“五伦”：父子，君臣、夫妇、长幼、朋友。《小学》“明伦”之内容即依此而五分之，所谓“明父子之亲”“明君臣之义”“明夫妇之别”“明长幼之序”“明朋友之交”。此之“五教”或“五伦”，即为“九目”的第一部分之内容（“五目”）。

---

① 朱熹：《四书章句集注》，北京：中华书局，2012 年，第 263 页。

② 《朱子全书》册 13，第 396 页。

③ 《晦庵先生朱文公文集》卷七十四之《白鹿洞书院揭示》；《朱子全书》册 24，第 3586 页。

《小学·内篇·敬身篇》朱子进一步分为四，将首十二章、次二十一章、次七章、次六章分别定为：

明心术之要；明威仪之则；明衣服之制；明饮食之节。

此四者：心术之要（心术）；威仪之则（威仪）；衣服之制（衣服）；饮食之节（饮食）。暂且借用孟子“四端”之名而称之。此为本文所使用的“四端”，也即“九目”的第二部分之内容。合以“五教”其数凡九，启发于朱子“八条目”之说，本文称其为“九条目”（“九目”）：

父子之亲（父子）；君臣之义（君臣）；夫妇之别（夫妇）；长幼之序（长幼）；朋友之交（朋友）；〇简括之而曰：“五教”（朱子之称）。

心术之要（心术）；威仪之则（威仪）；衣服之制（衣服）；饮食之节（饮食）；〇简括之曰：“四端”。（仅借孟子语，实则不同）

上所述可谓是“纲”与“目”的分论，现在合而论之。先来看朱子是如何阐述“三纲”与“八目”的关系。《大学章句》中朱子注“八目”道：

修身以上，明明德之事也。齐家以下，新民之事也。[①]

“修身以上，明明德之事也”意指：“格物”（格）、“致知”（致）、“诚意”（诚）、“正心”（正）、“修身”此五目，皆归属“明明德”；“齐家以下，新民之事也”指：“齐家”（齐）、“治

① 朱熹：《四书章句集注》，北京：中华书局，2012年，第4页。

国”（治）、“平天下”（平）此三目，属“新民”的范围。

《小学》“三纲九目”，“九目”之“五教”或“五伦”属“明伦”；“九目”之“四端”属“敬身”。

综言之，通过“小学”“大学”、《小学》《大学》之内容之结构的分析对比，不仅仅可以表明二者关系之密切，更为重要的是显示出：启发于朱子《大学》“三纲八目”之说，以“三纲九目”统括《小学》一书实非“凿空索引”。缘此，本书的主体部分将以“三纲九目”为主旨架构，来论述朱子《小学》一书的思想。

第五节 《小学》体现出的“知行观”：“知先行后，知行相须”

上节有述及“言”与“行”的问题，然并未展开，此节便详作讨论。此之问题与朱子的“知行观”相涉。《朱子语类》卷九《学三·论知行》中有比较集中的论述，且将朱子的“知行观”比较全面的呈现了出来。其第一条语录云：

> 知、行常相须，如目无足不行，足无目不见。论先后，知为先；论轻重，行为重。闳祖。①

此条语录为李闳祖戊申以后所闻，戊申年，朱子五十九岁。其亦为讨论朱子“知行观”而经常被征引的很重要的一条语录。其重要性在于，作为《朱子语类》以“论知行”标卷名的第一条语录，已将朱子的“知行观”以有似于命题的表述而和盘托

---

① 《朱子语类》卷九，第148页。

出。综括之即为：知先行后，知轻行重，知行相须。朱子所说之“知”乃知此理，“行”为行此理。先知此理方可行之，所谓“知先行后”。惟有行之方可使所知之理得以实现（完成），所谓“知轻行重”。所知是否真切须行来加以验证，知之切则行之笃，而行之弥笃、弥实则知之弥切、弥真，即“知行相须”。

此意，在同卷中朱子有极简的表达：

> 只有两件事：理会，践行。节。
>
> 圣贤千言万语，只是要：知得，守得。节。

同卷中，汪德辅问：“须是先知，然后行？”朱子答曰：

> 不成未明理，便都不持守了！

强调“相须”。又如同卷载：

> 致知、力行，用功不可偏。偏过一边，则一边受病。……论先后，当以致知为先；论轻重，当以力行为重。端蒙。

据此数条语录的讨论，可知在朱子学中“知行”之“知”可以具体指：“目见”“理会”“知得”“明理”“致知”；“知行”之“行”可指：“足行”“践行”“守得”“持守”“力行”，此已明显指向“工夫论”。

朱子对于自己的“知行观”不止是理论的阐释，更以经典中所载为证。或者说，以其“知行观”应用于古代经典的解读而以示自己持论之千古不谬。如同卷载：

> 圣贤说知，便说行。《大学》说“如切如磋，道学也”；便说“如琢如磨，自修也”。《中庸》说“学、问、思、

> 辨”，便说“笃行”。颜子说“博我以文”，谓致知、格物；“约我以礼”，谓“克己复礼”。泳。[1]

不足百字的一段引文却广引《学》《语》《庸》之文为证，以示已论之不误，已论与“圣贤说”相合如符契。因有朱子此之示范，故而便可以其“知行观”来审视《小学》一书。

《小学》一书正文前有《题小学》，此文前有《〈小学〉题辞》。此两篇文字前文已有征引和论述，就其内容而言，纳入“知行观”则属“知”。此“知”又当朱子所说的“理会”、“知得”，“知得”《小学》的重要性与主旨内容，进而去“理会”。朱子将其放在《小学》一书的最前面，正“知先行后”之意。此说或许会遭受质疑：任何一本书，其最前面的文字都有此意，岂不皆可如此分析之？其实不然，《题小学》《〈小学〉题辞》绝非一般文字，尤其是四字成句的后者。又或者，纵然赞同此质疑，但是就《小学》统体架构而言，纳入朱子的“知行观”则无可质疑。《小学·内篇·立教篇》篇端朱子所写的引道语有言：

> 则天明，遵圣法，述此篇，俾为师者“知”所以教，而弟子“知”所以学。

此意甚为明白，属“知”。《内篇·明伦篇》所说：

> 明父子之亲，明君臣之义，明夫妇之别，明长幼之序，明朋友之交。

《内篇·敬身篇》所言：

---

① 此上所征引的五条语录见《朱子语类》卷九，第148—149页。

明心术之要；明威仪之则；明衣服之制；明饮食之节。

这里的"明"，即朱子"知行"之"知"所指的"知得""明理"之意。至此，《小学·内篇》的前三篇（立教、明伦、敬身），其性质皆属"知"的范畴。

《内篇·稽古篇》篇端引道语：

摭往行，实前言，述此篇，使读者有所兴起。

这里已明言"行"，而"实前言"之"实"除了"证实"之义外，还有朱子"知行"之"行"所指的"践行""力行"、尤其是"力行"之义。可知《小学·内篇》四篇之结构，前三篇（立教、明伦、敬身）属"知"；后一篇（稽古）属"行"。"知先行后"，"行"其所"知"，二者"相须"为用。至于《小学·外篇》之《嘉言篇》与《善行篇》，其篇名便已揭示出此意，且上节已述，此不赘。

此将述者，乃是依《小学》之内容进一步来分析。《小学》一书共三百八十五章，此节不可能一一而论，故仅就相关篇章略举数例而论之。《小学·内篇·立教篇》第十一章：

兴于诗，立于礼，成于乐。①

此章以及接下来所征引的文字皆不作详析，因为：一方面，详细讨论将见本文的主体内容；一方面，于此节之论旨而言，详析无有帮助且会无益地增加篇幅歧出论旨。《内篇·稽古篇》有关"立教"之内容有载：

① 《朱子全书》册13，第397页。

孔子尝独立，鲤趋而过庭，曰：“学《诗》乎？”对曰“未也。”“不学《诗》，无以言。”鲤退而学《诗》。他日又独立，鲤趋而过庭，曰：“学《礼》乎？”对曰：“未也。”“不学《礼》，无以立。”鲤退而学《礼》。①

一为“言”，一为“实其所言”；一属“知”，一属“行”。《内篇·明伦篇》载：

大臣以道事君，不可则止。

《内篇·稽古篇》则“实其言”载：

箕子者，纣亲戚也。……纣为淫泆，箕子谏，纣不听而囚之……王子比干者，亦纣之亲戚也。见箕子谏不听而为奴……乃直言谏纣……乃遂杀王子比干，刳视其心。……微子曰：“父子有骨肉，而臣主以义属。故父有过，子三谏而不听，则随而号之。人臣三谏而不听，则其义可以去矣。”于是遂行。

《内篇·敬身篇》有载：

孔子曰：士志于道，而耻恶衣恶食者，未足与议也。

《内篇·稽古篇》“实其言”：

孔子曰：衣敝缊袍，与衣狐貉者立而不耻者，其由也与！②

综言之，《小学》一书无论就整体架构言、还是就内容分析

---

① 《朱子全书》册13，第423页。
② 此上四段引文分别见《朱子全书》册13，第406、426—427、419、430页。

之，无不渗透著朱子的“知行观”。

第六节 《小学》的性质：“修身大法”

《朱子语类》卷一百五有载：

> 修身大法，《小学》备矣；义理精微，《近思录》详之。闳祖。[①]

张伯行对此句评论道：

> 《小学》虽为小子而设，然修身之法，实备乎此；若义理之精微，莫详于《近思录》。学者循序以求之，则操功约而获益多，由此而至于圣贤，不难矣。[②]

可以说“修身大法，《小学》备矣”这句话，是对《小学》一书性质所作的最好的界定。而后世学人如张伯行衍其说，则有其必然矣。张氏评语中“若义理之精微，莫详于《近思录》”句，于原文增一“莫”字，则似乎给人以《小学》无有“义理”之感。然而前文已论，《小学》与《大学》所道者乃同一“理”。“修身大法”具体如何解读，兹所讨论则仍以朱子说为准。《朱子语类》卷七《学一·小学》中有载：

> 古人便都从“小学”中学了，所以大来都不费力，如礼乐射御书数，大纲都学了。及至长大，也更不大段学，便

---

① 《朱子语类》卷一百五，第2629页。
② 《濂洛关闽书》卷十八，清正谊堂全书本。

只理会穷理、致知工夫。而今自小失了，要补填，实是难。但须“庄敬诚实”，立其基本，逐事逐物，理会道理。待此通透，意诚心正了，就切身处理会，旋旋去理会礼乐射御书数。今则无所用乎御。如礼乐射书数，也是合当理会底，皆是切用。但不先就切身处理会得道理，便教考究得些礼文制度，又干自家身己甚事！贺孙。

“今昔对比”，古人设“小学”之意“而今自小失了”。既然“失了”，自然“要补填”，可是去古已远，古人之制也不必定能详细考得；加之时移世易，如“今则无所用乎御”而“礼乐射书数，也是合当理会底，皆是切用”。故而，“补填”则“实是难”。但是，“须‘庄敬诚实’，立其基本，逐事逐物，理会道理。待此通透，意诚心正了，就切身处理会，旋旋去理会礼乐射御书数”。所以关键在“庄敬诚实”，自兹而“立其基本”。“庄敬诚实”何所指？同卷又载：

古者，“小学”已自暗养成了，到长来，已自有圣贤坯模，只就上面加光饰。如今全失了“小学”工夫，只得教人且把“敬”为主，收敛身心，却方可下工夫。又曰：“古人小学教之以事，便自养得他心，不知不觉自好了。到得渐长，渐更历通达事物，将无所不能。今人既无本领，只去理会许多闲汩董，百方措置思索，反以害心。”贺孙。①

同书卷十七又载：

“持敬”以补“小学”之阙。“小学”且是拘检住身

① 此上两条叶贺孙所录语录见《朱子语类》卷七，第125页。

心，到后来“克己复礼”，又是一段事。德明。①

此处就很明显了，关键在古人有“小学工夫”，而今失了却要填补，则“只得教人且把‘敬’为主”；用“‘持敬’以补‘小学’之阙”。这也就是朱子学的“主敬（持敬）”工夫。“主敬工夫”以“收敛身心”，与古人通过“小学”之教“便自养得他心，不知不觉自好了”“且是拘检住身心”的功效一致。此意亦可证之下出语录：

> 小童添炭，拨开火散乱。先生曰：“可拂杀了，我不爱人恁地，此便是烧火不“敬”。所以圣人教小儿洒扫、应对，件件要“谨”。某外家子侄，未论其贤否如何，一出来便齐整，缘是他家长上元初教诲得如此。只一人外居，气习便不同。”义刚。②

“小学”所教，如“洒扫应对”，落脚点在“件件要谨”。“谨”也就是“烧火敬”的“敬”，接着，朱子现身说法以证其旨。下出语录，可以视为由“小学”进而言说到《小学》书：

> 问：“《大学》首云‘明德’，而不曾说‘主敬’，莫是已具于《小学》?”曰：“固然。自《小学》不传，伊川却是带补一‘敬’字。”可学。③

前文已述，“小学”一语于朱子而言，既指学校又指学校所教所学之内容，此之内容朱子已补辑出（因为古之“《小学》不

① 《朱子语类》卷十七，第370页。
② 《朱子语类》卷七，第127页。
③ 《朱子语类》卷十七，第370页。

传”)，即《小学》一书。结合此处所言，古人“小学”所教其功效可当“主敬”工夫，而其内容现在已具于朱子《小学》一书，则研习《小学》亦可当“主敬”。鉴于此，便可理解为何朱子会说“修身大法，《小学》备矣”这一非格言却有似格言之语。因为《小学》的地位可以相当于朱子学中“敬”的地位(此思想来源于伊川，如引文“自［古人］《小学》不传，伊川却是带补一‘敬’字”)，践习《小学》则有似于“主敬”。这也无怪乎朱子以及后学、后世学人，会如此那般地看重《小学》(如前文许鲁斋视之若“神明”)，也无怪乎重视《小学》的学人无一人视《小学》仅仅为童蒙书。

至此，所谓“修身大法”具体指“主敬”，而《小学》“敬身”的内容正当“主敬”(居敬)。但是，朱子又有言：

> 只于恭敬上用工夫，则又只是存养之事。……“敬”而不知“穷理”，却是都无事者矣。
>
> 学者若不“穷理”，又见不得道理。然去穷理，不“持敬”，又不得。不持敬，看道理便都散，不聚在这里。淳。
>
> “持敬”是“穷理”之本；穷得理明，又是养心之助。夔孙。
>
> 择之问：“且涵养去，久之自明。”曰：“亦须穷理。涵养、穷索，二者不可废一，如车两轮，如鸟两翼。”
>
> 涵养中自有穷理工夫，穷其所养之理；穷理中自有涵养工夫，养其所穷之理，两项都不相离。才见成两处，便不

得。贺孙。[1]

观此，朱子的意思很明确，除了“主敬”之外还需要“穷理”。“主敬”与“穷理”二者之关系，观此所论，亦明白无疑。“如车两轮，如鸟两翼”的譬喻，则将“主敬”与“穷理”的关系阐述的更显通俗易晓。再补语录一条，以尽朱子之意：

> 须动时做工夫，静时也做工夫。两莫相靠，莫使工夫间断，始得。……“涵养须用敬，进学则在致知”。若不能以敬养在这里，如何会去致得知。若不能致知，又如何成得这敬。[2]

“涵养须用敬，进学则在致知”，乃伊川语。王白田认为朱子自四十一岁时便拈出此语，定为其生平学问之大旨。诚然，其为朱子学问之大旨，也是朱子“工夫论”的完整表述。简括之，即是“居敬穷理”。

“修身大法”的具体真正所指，当为“居敬穷理”。那么“穷理”于《小学》而言，又是如何体现的？“穷理”，虽说是大到天地之高厚、小到一草一木，皆需要“穷”，然而朱子学中更多地指向伊川所说的“三端”之理：“或读书，讲明义理；或论古今人物，别其是非；或应接事物而处其当，皆穷理也。”[3]其中、尤其是“或读书，讲明义理”这一偏向于读书的“穷理”，如朱子《答刘子澄》第二书言：

---

① 此五段引文分别见《晦庵先生朱文公文集》卷五十六《答郑子上》第十书，《朱子全书》册23，第2681页；《朱子语类》卷九，第150—151页。

② 《朱子语类》卷四十五，第1161—1162页。

③ 《河南程氏遗书》卷十八；程颢、程颐：《二程集》，北京：中华书局，1981年，第188、193页。

程夫子曰“涵养须用敬，进学则在致知”，此二言者，体用本末，无不该备。试用一日之功，当得其趣。不然，空抱疑悔，不惟无益，反有害矣。夫涵养之功，则非他人所得与，在贤者加之意而已。若致知之事，则正须友朋讲学之助，庶有发明。不知今者见读何书？作如何究索？与何人辨论？惟毋欲速、毋蓄疑，先后疾徐、适当其可，则功日进而不穷矣。①

甲寅年（朱子六十五岁），朱子给宁宗的《行宫便殿奏劄二》中有言：

盖为学之道，莫先于穷理，穷理之要，必在于读书。读书之法，莫贵于循序而致精，而致精之本，则又在于居敬而持志。此不易之理也。②

据此两段引文，其意思非常明晰。前有论，朱子以《小学》《大学》所道之“理”则一，故而《小学》不仅仅是“事”亦含“理”（《小学》“明伦”的内容所明者即五伦之理“伦理”，其乃“天理”在人世所呈显的“大者”）。《小学》既然为“书”，研习此书自当是在“穷理”。再以“穷理之要，必在于读书”而言，《小学·外篇·嘉言篇》“广敬身”中之内容，自征引颜黄门（之推）“夫所以读书学问，本欲开心明目，利于行耳”条开始，广征伊川、横渠、吕居仁（本中）、明道等先生的相关之语而多达十一条（章）③；既论读书之重要、又指示读书

① 《晦庵先生朱文公文集》卷三十五，第1534页。
② 《晦庵先生朱文公文集》卷十四，第668页。
③ 《朱子全书》册13，第454—456页。

之法门，不可谓不念念于“读书穷理”也。伊川穷“三端”之理之说，此仅为一端，然而《小学》一书所录之语、所载古今人物故事，无不在展示古人如何“应接事物而处其当”、如何“论古今人物而别其是非”，可谓是以古人“已试之效验”来正面示范穷“三端”之理的余下“二端”之理①。

简言之，《小学》一书的性质：“修身大法”。具体而言，即指“居敬穷理”。

第七节　朱子对《小学》“六篇”的总论：“复其初心”

朱子一生纂辑之书甚众，依时间为序而举其著者：三十岁纂成《上蔡语录》，三十九岁成《程氏遗书》，四十三岁成《论孟精义》《资治通鉴纲目》《八朝名臣言行录》，四十四岁成《伊洛渊源录》《程氏外书》，四十六岁成《近思录》，五十八岁成《小学》，六十七岁成《仪礼经传通解》。问题是，朱子所编次的这些书能否作为研究朱子思想的文献？如果可以，那么在多大程度上是可行的？以编次书而言：一、编纂者需对所选编之内容有相当的了解；二、纂者需对原作者有相当的熟悉（生平、思想等）；三、纂者须有删削增损的标准或纂辑之主旨。据此而论，朱子所辑的这些书可谓无不符合。如《上蔡语录》，朱子在辑订时，凭借对上蔡学行的熟稔以芟除他所认定的非上蔡之语，事后

① “已试之效验”，语可见《汉书》卷三十《艺文志·儒家者流》所载：“孔子曰：‘如有所誉，其有所试。唐虞之隆，殷周之盛，仲尼之业，已试之效者也。”班固：《汉书》，北京：中华书局，1962 年，第 1728 页。

印证朱子不误，所削之语皆江民表语录。《仪礼经传通解》一书虽为黄勉斋、杨复补成，但纂次之主旨之架构皆为朱子所定，如《三礼》当以《仪礼》为经、《礼记》为传，《周礼》仅为纲领，朱子又写有《篇第目录序题》以叙次第及篇题之义。《资治通鉴纲目》一书，就三国而言，陈寿《三国志》以魏国为继汉之统（魏国为正统），朱子则远踵习凿齿《汉晋阳秋》之论，改以蜀国为继统者（《三国演义》以蜀国为正统，即袭朱子意）。再如扬雄事，朱子对司马温公所论提出异议“按温公旧例，凡莽臣皆书‘死’，如太师王舜之类，独于扬雄匿其所受莽朝官称而以‘卒’书，似涉曲笔，不免却按本例书之曰‘莽大夫扬雄死’，以为足以警夫畏死失节之流，而初亦未改温公直笔之正例也。”①依此而言，显然朱子之纂辑皆融入自己之思考之构想。从此角度而论，所纂之书也可谓一定程度上反映出朱子之思想。如果再结合书中朱子之按语或者朱子所认可而载入的他人之注评，则体现朱子思想之义将进一步增强。

尤有不同者，在这些纂辑之书中独《小学》一书除上述三方面之体现外，朱子又在此书的正文前书序文、书题辞、每篇的篇首前书道入语，篇中又对所选之语“皆以类从”而加以结语。道入语，可谓“提纲挈领”“钩玄提要”。故而，于朱子学而言，《小学》一书特别也。此节则聚焦道入语以论之。

---

① 《晦庵先生朱文公文集》卷三十七《答尤延之〈袤〉》；《朱子全书》册 21，第 1631 页。

一 《〈小学〉题辞》

《小学》之序（《题小学》），前文已论；再者，纂辑之书前有序文非《小学》独有，故兹从略。先来看《〈小学〉题辞》：

> 元亨利贞，天道之常；仁义礼智，人性之纲。①

这是首四句，极为重要，故引文止此先论之。《易·乾卦》云："乾，元亨利贞。"这便是"元亨利贞"的出处。《文言》解之曰："元者，善之长也。亨者，嘉之会也。利者，义之和也。贞者，事之干也。"在朱子之前，邢昺对此注曰："天之体性，生养万物，善之大者，莫善施生，元为施生之宗，故言元者善之长也。嘉，美也。言天能通畅万物，使物嘉美而会聚，故云嘉之会也。'利者，义之和也'者，言天能利益庶物，使物各得其宜而和同也。'贞者，事之干'者，言天能以中正之气成就万物，使物皆得干济。此明天之德也。天本无心，岂造元亨利贞之德也？天本无心，岂造元亨利贞之名也？但圣人以人事托之，谓此自然之功，为天之四德也。"② 邢氏已指出"此明天之德也"，"天之德"即"天道"。但并未涉及"仁义礼智"。《朱子语类》有载：

> 乾之"元亨利贞"，天道也，人得之，则为仁义礼智之

---

① 《朱子全书》册13，第394页。

② 参见《论语注疏》卷五《公冶长》"子贡曰：'夫子之文章，可得而闻也。'"章之疏文；邢昺：《论语注疏》（《十三经注疏》本），上海：上海古籍出版社，1997年，第2474页。

性。盖卿。佐录云：“天道流行是一条长连底，人便在此天道之中，各得一截子。”①

朱子明确表示其指“天道”，而“人得之，则为仁义礼智之性”。人之“性”本原于天之“道”，由“天道”而“人道”，“仁义礼智”乃“天道”在人世体现为“人道”的凸出显著者。朱子《周易本义》中有详明之论：

元者，生物之始，天地之德，莫先于此，故于时为春，于人则为仁，而众善之长也。亨者，生物之通，物至于此，莫不嘉美，故于时为夏，于人则为礼，而众美之会也。利者，生物之遂，物各得宜，不相妨害，故于时为秋，于人则为义，而得其分之和。贞者，生物之成。实理具备，随在各足，故于时为冬，于人则为智，而为众事之干。干，木之身而枝叶所依以立者也。“君子体仁足以长人，嘉会足以合礼，利物足以和义，贞固足以干事。”以仁为体，则无一物不在所爱之中，故足以长人。嘉其所会，则无不合礼。使物各得其所利，则义无不和。贞固者，知正之所在而固守之，所谓知而弗去者也，故足以为事之干。“君子行此四德者，故曰：‘乾：元、亨、利、贞’。”非君子之至健，无以行此，故曰“乾：元、亨、利、贞”。②

朱子虽在解《文言》语，却结合“仁义礼智”而论，这可视为他对《〈小学〉题辞》前四句的最佳阐述。《〈小学〉题辞》续载：

---

① 《朱子语类》卷二十八之“吉甫问性与天道”条，第725页。
② 见《周易文言传第七》；《朱子全书》册1，第146页。

> 凡此厥初，无有不善；蔼然四端，随感而见。爱亲敬兄，忠君弟长；是曰秉彝，有顺无强。惟圣性者，浩浩其天；不加毫末，万善足焉。众人蚩蚩，物欲交蔽；乃颓其纲，安此暴弃。惟圣斯恻，建学立师；以培其根，以達其支。小学之方，洒扫应对；入孝出恭，动罔或悖。行有余力，诵诗读书；咏歌舞蹈，思罔或逾。穷理修身，斯学之大；明命赫然，罔有内外。德崇业广，乃复其初；昔非不足，今岂有余。

"四端"非本文"三纲九目"中之"四端"，乃孟子之"四端"，即"恻隐之心，仁之端也；羞恶之心，义之端也；辞让之心，礼之端也；是非之心，智之端也。……人之有是四端也，犹其有四体也。有是四端而自谓不能者，自贼者也；……四端于我者，知皆扩而充之矣，若火之始然，泉之始达。苟能充之，足以保四海；苟不充之，不足以事父母"。朱子注曰：

> 恻隐、羞恶、辞让、是非，情也。仁、义、礼、智，性也。心，统性情者也。端，绪也。因其情之发，而性之本然可得而见，犹有物在中而绪见于外也。……四体，四支，人之所必有者也。自谓不能者，物欲蔽之耳。……扩，音廓。扩，推广之意。充，满也。四端在我，随处发见。知皆即此推广，而充满其本然之量，则其日新又新，将有不能自已者矣。能由此而遂充之，则四海虽远，亦吾度内，无难保者；不能充之，则虽事之至近而不能矣。此章所论人之性情，心之体用，本然全具，而各有条理如此。学者于此，反求默识而扩充之，则天之所以与我者，可以无不尽矣。程子曰：

“人皆有是心，惟君子为能扩而充之。不能然者，皆自弃也。然其充与不充，亦在我而已矣。”又曰：“四端不言信者，既有诚心为四端，则信在其中矣。”愚按：四端之信，犹五行之土。无定位，无成名，无专气。而水、火、金、木，无不待是以生者。故土于四行无不在，于四时则寄王焉，其理亦犹是也。①

朱子对“四端”的解释纳入其“心性论”，如所说的“心，统性情者也”②。“性”为“心”之“体”、又为“情”之体，“情”乃“性之动”③，即此处“人之性情，心之体用，本然全具，而各有条理如此”之意。“蔼然四端，随感而见”，正此引文中的“四端在我，随处发见”。“不加毫末，万善足焉”，即“人之所必有”。“众人蚩蚩，物欲交蔽；乃颓其纲，安此暴弃”即“自谓不能者，物欲蔽之耳”“不能然者，皆自弃也”。“惟圣斯恻，建学立师；以培其根，以达其支”，意指以便“四端在我，随处发见。知皆即此推广，而充满其本然之量，则其日新又新，将有不能自已者矣”。“小学之方，洒扫应对；入孝出恭，动罔或悖”句，朱子用“方”字以及接下来的“穷理修身，斯学之大”（偏指“大学”、《大学》），都表明“小学”不仅仅限

① 见《孟子·公孙丑上》之朱子注；朱熹：《四书章句集注》，北京：中华书局，2012年，第239—240页。

② 此本张横渠语，（见《张载集》之《性理拾遗》、《张子语录·后录下》），朱子赞到：伊川“性即理也”，横渠“心统性情”二句，颠扑不破！问性、情、心、仁。曰：“横渠说得最好，言：‘心，统性情者也。’孟子言：‘恻隐之心，仁之端；羞恶之心，义之端。’极说得性、情、心好。”参见：张载：《张载集》，北京：中华书局，1978年，第374、338—340页；《朱子语类》卷五，第93、92页。

③ 《朱子语类》载“性者，心之理；情者，性之动；心者，性情之主。德明”“性者，心之理；情者，心之动”；《朱子语类》卷五，第89、97页。

于“洒扫应对、入孝出恭”等童蒙之事（原本这些事人人皆当为之，成人不用“洒扫应对”？不须“孝恭”？），亦关乎“穷理修身”。

“昔非不足，今岂有余”即非有“外铄”我也，我固有之也。“德崇业广，乃复其初”句之“德崇业广”，《朱子语类》中有讨论：

问：“《小学》云：‘德崇业广。’”曰：“德是得之于心，业是见之于事。”焘。①

此之解释其实与“道”相涉。朱子注《论语·述而篇》“据于德”曰：

德者，得也，得其道于心而不失之谓也。得之于心而守之不失，则终始惟一，而有日新之功矣。②

“乃复其初”句，朱子在解释《大学》“明明德”时有如下之语：

明德者，人之所得乎天，而虚灵不昧，以具众理而应万事者也。但为气禀所拘，人欲所蔽，则有时而昏；然其“本体”之明，则有未尝息者。故学者当因其所发而遂明之，以“复其初”也。③

此是由“本体”讲到“工夫”，强调当“复其初”。“复其初”也是朱子所说的“复其性”（与李习之有不同），如朱子在

① 《朱子语类》卷一百五，第2245页。
② 朱熹：《四书章句集注》，北京：中华书局，2012年，第94页。
③ 朱熹：《四书章句集注》，北京：中华书局，2012年，第3页。

《经筵讲义》中说道：

> 自天之生此民，而莫不赋之以仁、义、礼、智之性，叙之以君臣、父子、兄弟、夫妇、朋友之伦，则天下之理，固已无不具于一人之身矣。但以人自有生而有血气之身，则不能无气质之偏以拘之于前，而又有物欲之私以蔽之于后，所以不能皆知其性，以至于乱其“伦理”而陷于邪僻也。是以古之圣王，设为“学校”以教天下之人，使自王世子、王子、公侯、卿大夫、元士之适子，以至庶人之子，皆以八岁而入“小学”，十有五岁而入“大学”，必皆有以去其气质之偏、物欲之蔽，以“复其性”。①

“复其初”的“初”字指“初心”。如朱子言：

> 昔人改“子谅”作“慈良”，看来“良”字却是人之“初心”。慈爱良善，便是“元者善之长”。孟子说“恻隐之心”，“人皆有不忍人之心”，皆是“这般心”。圣人教人，先要求“此心”，正为万善之总处。寓。②

“这般心”“此心”皆指“初心”，也即““恻隐之心”“人皆有不忍人之心”。《论语·八佾》“八佾舞于庭”章③，《朱子语类》中有问答：

> 问：“是可忍也，孰不可忍也?”曰：“季氏‘初心’也须知其为不安。然见这八佾人数热闹便自忍而用之。这便是

---

① 《晦庵先生朱文公文集》卷十五之《经筵讲义》；《朱子全书》册20，第691—692页。

② 《朱子语类》卷二十二，第509页。

③ 朱熹：《四书章句集注》，北京：中华书局，2012年，第61页。

遏绝“天理”，失其‘初心’也。”①

“失其‘初心’”意味着“遏绝‘天理’”，那么“复其初心”则是在“复天理”（存天理）。“心”“理”“性”三者关系密切，如朱子所言“心者，人之神明，所以具众理而应万事者也。性则心之所具之理””②，依此，则“复其初心”包含“复其性”之义。

讨论至此，可以说“复其初”即是“复其性”，更可以说是“复其初心”。

《〈小学〉题辞》续言：

> 世远人亡，经残教弛；蒙养弗端，长益浮靡。乡无善俗，世乏良材；利欲纷拏，异言喧豗。幸兹秉彝，极天罔坠；爰辑旧闻，庶觉来裔。嗟嗟小子，敬受此书；匪我言耄，惟圣之谟。

“世远人亡，经残教弛；蒙养弗端，长益浮靡”句，盖意指：古人学于“小学”（学校）大抵本有成文的研习内容（如《小学》书一类），然而迄至后世，惜时代久远其文本已“残”（盖指保留在别的经传文本中的“残章断句”），因此在一开始（童蒙时）便失其教法、失其涵养，至长尤甚，如“乡无善俗，世乏良材；利欲纷拏，异言喧豗”皆其表现也。故而朱子“补苴罅漏，张皇幽眇，寻坠绪之茫茫，独旁搜而远绍”③，精审慎

① 《朱子语类》卷二十五，第602页。

② 见《孟子·尽心上》首句之朱子注文；朱熹：《四书章句集注》，北京：中华书局，2012年，第356页。

③ 《韩愈集》卷十二《进学解》。

择经传诸子之言训成此《小学》一书，远慕圣人之法而近教时之士子，所谓“爰辑旧闻，庶觉来裔。嗟嗟小子，敬受此书；匪我言耄，惟圣之谟。”

二 《小学·内篇·立教篇》的“道语”

《小学·内篇·立教篇》篇端道入语云：

> 子思子曰：“天命之谓性，率性之谓道，修道之谓教。”则天明，遵圣法，述此篇，俾为师者知所以教，而弟子知所以学。①

子思之言本出《中庸》。《小学》此篇名曰“立教”，关于论“教”的“圣谟”，结合“道”“性”从形而上来论述者无越于子思此言，盖因此，朱子便征之录于此篇篇端。朱子注曰：

> 命，犹令也。性，即理也。天以阴阳五行化生万物，气以成形，而理亦赋焉，犹命令也。于是人物之生，因各得其所赋之理，以为健顺五常之德，所谓性也。率，循也。道，犹路也。人物各循其性之自然，则其日用事物之间，莫不各有当行之路，是则所谓道也。修，品节之也。性道虽同，而气禀或异，故不能无过不及之差，圣人因人物之所当行者而品节之，以为法于天下，则谓之教，若礼、乐、刑、政之属是也。盖人之所以为人，道之所以为道，圣人之所以为教，原其所自，无一不本于天而备于我。学者知之，则其于学知

---

① 《朱子全书》册13，第395页。

所用力而自不能已矣。故子思于此首发明之，读者所宜深体而默识也。①

朱子在此详论“性”、“道”（理）、“教”三者的关系，然推其本原则在于“天”，这正如朱子在《中庸章句》中对此章的总结“首［指《中庸》首章］明道之本原出于天而不可易”②，亦引文所言“盖人之所以为人，道之所以为道，圣人之所以为教，原其所自，无一不本于天而备于我”。既然“备于我”，人（我）之所生又“气禀或异，故不能无过不及之差”，故而“圣人因人物之所当行者而品节之，以为法于天下”。具体而言之，则有涉“工夫”：

“天命之谓性，率性之谓道，修道之谓教。”何也？曰：“天命之谓性”，浑然全体，无所不该也。“率性之谓道”，大化流行，各有条贯也。“修道之谓教”，克己复礼，日用工夫也。知全体，然后条贯可寻，而工夫有序。然求所以知之，又在日用工夫，下学上达而已矣。③

“下学上达”，“下学”即下学人事、学“圣人因人物之所当行者而品节之，以为法”的“法”，属此所言的“日用工夫”；“上达”即上达“天道”。据“‘修道之谓教’，克己复礼，日用工夫也”，则“工夫”具体指“克己复礼”。有此“工夫”，就“弟子知所以学”的“学”而言，则显著者在于“为学大益，在

① 朱熹：《四书章句集注》，北京：中华书局，2012 年，第 17 页。
② 朱熹：《四书章句集注》，北京：中华书局，2012 年，第 18 页。
③ 《晦庵先生朱文公文集》卷六十七《中庸首章说》；《朱子全书》册 23，第 3264 页。

自求变化气质”；就“师者知所以教”的“教”而论，圣人设“教”以“教化”之，“以先觉觉后觉”。如《大学章句序》所言：

> 盖自天降生民，则既莫不与之以仁义礼智之性矣。然其气质之禀或不能齐，是以不能皆有以知其性之所有而全之也。一有聪明睿智能尽其性者出于其闲，则天必命之以为亿兆之君师，使之治而教之，以复其性。①

《朱子语类》卷七《学一·小学》中有一条语录：

> “天命”，非所以教小儿。教小儿，只说个义理大概，只眼前事。或以洒扫应对之类作段子，亦可。每尝疑《曲礼》“衣毋拨，足毋蹶；将上堂，声必扬；将入户，视必下”等协韵处，皆是古人初教小儿语。《列女传》孟母又添两句曰：“将入门，问孰存。”淳。②

《小学》正文前的《〈小学〉题辞》以及此处所论的《小学·内篇·立教篇》篇端道入语，无不从“天道”“天理”“天命”而述至“人道”“人性”（人心）、“人事”（人世），可见此条语录所录（虽然又引《曲礼》《列女传》为证，此事前文已论）并不太符合《小学》书之实情③。如果一定要强为之解，那

① 朱熹：《四书章句集注》，北京：中华书局，2012年，第1页。

② 《朱子语类》卷七，第126页。

③ 《朱子语类》中某些语录在朱门弟子中已有争议，如陈北溪所录“《近思录》好看。《四子》，《六经》之阶梯；《近思录》，《四子》之阶梯。”黄勉斋在《复李公晦书》中有言：“真文所刊《近思》《小学》皆已得之，后语亦得拜读。先《近思》而后《四子》，却不见朱先生有此语，陈安卿所谓‘《近思》，《四子》之阶梯’，亦不知何所据。”可见黄勉斋对北溪所录已表示怀疑。参见：《朱子语类》卷一百五，第2629页；黄干：《勉斋先生黄文肃公文集》卷六。

么大概因为：朱子虽不大主张以“天命”（天道、天理）之类的形上者“教小儿”，但是不可以不使其知之，使“小儿”知有其事，即所谓“只说个义理大概”，毕竟“小儿”求知之欲求非一般之盛也。如《朱子行状》记朱子事：

> 先生幼颖悟庄重，甫能言，韦斋［朱子父亲，朱松］指天示之曰：“天也”。问曰：“天之上何物？”韦斋异之。

《朱子语类》载朱子之自道：

> 某五六岁时，心便烦恼：天体是如何？外面是何物？①

故而，朱子将“天道”“天命”“天理”“人性”等涉及形上者的文字载于《小学》一书的正文之前，不仅有欲使“小儿”先知之之意，盖亦有朱子亲历的“经验之谈”。

① 此两处引文可参见《朱子年谱》卷一；王懋竑：《朱熹年谱》，北京：中华书局，1998 年，第 2 页。〇第一处引文本见黄勉斋所写《朱子行状》，文字少异；此《行状》正式之全称为《朝奉大夫文华阁待制赠宝谟阁直学士通议大夫谥文朱先生行状》，此引用出《朱熹年谱》之《附录一》；王懋竑：《朱熹年谱》，北京：中华书局，1998 年，第 490 页。〇《朱子语类》引文原为：至之问：“康节说‘天开于子，地辟于丑，人生于寅’，是否？”曰：“模样也是如此。经世书以元统会，十二会为一元，一万八百年为一会，初间一万八百年而天始开，又一万八百年而地始成，又一万八百年而人始生。初间未有物，只是气塞。及天开些子后，便有一块渣滓在其中，初则溶软，后渐坚实。今山形自高而下，便似滲（义刚作“倾泻”）出来模样。”淳曰：“每常见山形如水漾沙之势，想初间地未成质之时，只是水。后来渐渐凝结，势自如此。凡物皆然。如鸡子壳之类，自气而水，水而质，尤分晓。”曰：“是。”淳问：“天有质否？抑只是气？”曰：“只似个旋风，下面软，上面硬，道家谓之‘刚风’。世说天九重，分九处为号，非也。只是旋有九重，上转较急，下面气浊，较暗。上面至高处，至清且明，与天相接。”淳问：“《晋志》论浑天，以为天外是水，所以浮天而载地，是否？”曰：“天外无水，地下是水载。某五六岁时，心便烦恼个天体是如何？外面是何物？”淳。《朱子语类》卷四十五，第 1156 页。

三　《小学·内篇·明伦篇》的“道语”

《小学·内篇·明伦篇》篇端道入语曰：

> 孟子曰：“设为庠序学校以教之，皆所以明人伦也。”稽圣经，订贤传，述此篇以训蒙士。①

此作为《内篇·明伦篇》的道入语，其实与前一篇（《内篇·立教篇》）最后一章（“子夏曰，贤贤易色”章）相衔接，因为此章朱子注文（见《论语集注》）里引游定夫（酢）之语的首句即为“三代之学，皆所以明人伦也。”② 此可见《小学》一书之篇次安排的“精心”之处。孟子语出《孟子·滕文公上》“滕文公问为国”章，此处引用已做了调整，与原文有一定距离。原文与此关系密切之语作“设为庠序学校以教之：庠者，养也；校者，教也；序者，射也。夏曰校，殷曰序，周曰庠，学则三代共之，皆所以明人伦也。人伦明于上，小民亲于下。有王者起，必来取法，是为王者师也。”朱子注曰：

> 庠以养老为义，校以教民为义，序以习射为义，皆乡学也。学，国学也。共之，无异名也。伦，序也。父子有亲，君臣有义，夫妇有别，长幼有序，朋友有信，此人之大伦也。庠序学校，皆以明此而已。……滕国褊小，虽行仁政，未必能兴王业；然为王者师，则虽不有天下，而其泽亦足以

① 《朱子全书》册 13，第 398 页。

② 《论语·学而》；朱熹：《四书章句集注》，北京：中华书局，2012 年，第 49—50 页。

及天下矣。圣贤至公无我之心，于此可见。[1]

“父子有亲……”云云本出《孟子》，已载入前篇（《小学·内篇·立教篇》）第五章[2]。结合孟子原文及朱子注文，可知“皆所以明人伦也”句意并非指“学校”的功能仅仅在“明人伦”，这仅仅为大者（引文中“大伦”）。如果相较于今日而论之，那么可以说其在强调“德育”相对于“智育”等的重要性、优先性、首要性，即通常所言“先学做人”；今日则是以“学知识”（智育）为先为重，“做人”（人品）转其次也。哀哉！王观堂先生尚且在言“无伟大之人格，而有伟大之作品者，未之有也”，距今不越百年而已。道语与前篇卒章（“子夏曰，贤贤易色”章）相承，朱子注文除引游定夫语外亦征吴棫说。其相关文字如下：

> 游氏曰：“三代之学，皆所以明人伦也。……学之为道，何以加此。……则古人之所谓学者可知矣……”吴氏曰：“子夏之言，其意善矣。然辞气之间，抑扬太过，其流之弊，将或至于废学。必若上章夫子之言，然后为无弊也。”

“上章夫子之言”指“子曰：‘弟子入则孝，出则弟，谨而信，泛爱众，而亲仁。行有余力，则以学文。’”此章已录入《小学·内篇·立教篇》，为第十章之文（《小学》中，此章亦在“子夏曰”章之前）[3]。朱子引游、吴氏二人之说正表明“尊德

---

① 朱熹：《四书章句集注》，北京：中华书局，2012年，第258—259页。
② 《朱子全书》册13，第396页。
③ 《朱子全书》册13，第397页。

性”与“道问学”乃自古为学之两途，当兼收并取不可偏废(亦“居敬穷理”所含之义)[①]。

“皆所以明人伦也”句中含“明伦”二字，正与篇名相应，兼解篇名之义：“明伦”即“明人伦”，而“人伦”之“大”者即：“父子有亲，君臣有义，夫妇有别，长幼有序，朋友有信”，这即是《明伦篇》的细目，亦本文“三纲九目”之“九目”中的“五目”（五教、五伦，“伦理”；“明伦”即“明理”“穷理”之体现）。

《朱子语类》有载：

> 问：“《小学·明伦》一篇，见得尽是节文事亲之实。”曰：“其中极有难行处。”曰：“爱敬与侻为一，自无难行。”曰：“此便是爱敬尺度。须是把他去量度，方见得爱敬。”侻。[②]

“爱敬与侻为一”的“侻”，即录者游侻（字和之)[③]。据此，朱子认为《小学·明伦篇》中所录之言语不必定能践履之

---

① 如朱子在《答项平父〈安世〉》第二书中所言：“大抵子思以来，教人之法惟以‘尊德性’‘道问学’两事为用力之要。今子静所说，专是尊德性事，而熹平日所论，却是问学上多了。所以为彼学者多持守可观，而看得义理全不子细，又别说一种杜撰道理遮盖，不肯放下。而熹自觉虽于义理上不敢乱说，却于要为己为人上多不得力，今当反身用力，去短集长，庶几不堕一边耳。”（《朱子全书》卷五十四，第2541页；《朱子年谱》卷二征引此信时，定其作于癸卯年，朱子五十四岁；王懋竑：《朱熹年谱》，北京：中华书局，1998年，第116—117页）〇朱子六十五岁时自朝而还，行至玉山县因邑宰司马迈之请而讲学于县庠（《朱子年谱》卷四，第251页）遂成《玉山讲义》一文，文中有载：“然圣贤教人，始终本末，循循有序，精粗巨细，无有或遗。故才‘尊德性’，便有个‘道问学’一段事，虽当各自加功，然亦不是判然两事也。”《晦庵先生朱文公文集》卷七十四；《朱子全书》册24，第3591页。

② 《朱子语类》卷一百五，第2628页。

③ 可参《朱子语类》之《朱子语录姓氏》，第17页。

实行之，其关键在于得其旨意而非在于古人所言之具体事实的“依样去做”。如事亲，非必如所言如何如何而去践行之，比如此篇第一章所载“《内则》曰：子事父母：鸡初鸣，咸盥漱，栉縰笄总，拂髦，冠緌缨，端韠绅，搢笏，左右佩用，逼屦着綦。”① 此于今人（朱子时人）而言，时已移世亦易、不必定能践履，但是其主旨在“爱敬”，人子事亲之行有“爱敬”则可也。

“述此篇以训蒙士”之“蒙士”，当解为：训“童蒙”，启“士子”。倘若仅以《小学》为“训童蒙”之书，则相较于朱子真正为“训童蒙”而设的作品《童蒙须知》（实则为一篇短文，故又作《训学斋规》，此可见朱子认为的“训童蒙”之书当如此简明）而论，二者孰是“训童蒙”之书则甚为明白显豁。在《童蒙须知》中，朱子认为读完此书（《童蒙须知》）再进一步读圣贤之书，以致：

> 恢大此心，进德修业，入于大贤君子之域，无不可者。②

这与朱子对《小学》一书的性质及研习此书所造的成就（成德成人《成圣成贤》）之论述，是一致的。

四　《小学·内篇·敬身篇》的“道语”

《小学·内篇·敬身篇》篇端道语云：

① 《朱子全书》册13，第398页。
② 《朱子全书》册13，第376页。

孔子曰：“君子无不敬也，敬身为大。身也者，亲之枝也，敢不敬与？不能敬其身，是伤其亲；伤其亲，是伤其本；伤其本，枝从而亡。”仰圣模，景贤范，述此篇以训蒙士。①

“孔子曰”句乃朱子征孔夫子语以解篇名“敬身”之义，或者说，其在表明“敬身”之名乃本于孔夫子。此句本出《礼记·哀公问》，因朱子将其载入《仪礼经传通解》卷四《内治篇》②，从而使得相关问题略显复杂，下面将稍做分析。

《内治篇》所载此处孔夫子语原文甚多，且朱子参考《孔子家语》与《礼记》而有所笔削。当然朱子是以《礼记》的文字为主，对于某些语句他则根据语境、凭依上下文，认为“以下句推之，《家语》为是”。至于整章，则正如朱子所注出的“此一章与《家语》小异，今从其长者”。在此章的文字中已讲到“天道”。此章之前的一章，朱子定其所说的主旨为“谨始”，属于“经”，而包含此处孔夫子语的后一章之性质为“传”，乃是进一步解释“谨始”的内容。

“谨始”这一章，朱子录《大戴记·保傅》中的内容作为开篇，其文曰：

《易》曰：“正其本，万物理。失之毫厘，差之千里。”故君子慎始也。《春秋》之元，《诗》之《关雎》，《礼》之《冠》《婚》，《易》之乾坤，皆慎始敬终云尔。……③

① 《朱子全书》册13，第415页。
② 《朱子全书》册2，第185页。
③ 《朱子全书》册2，第182页。

“故君子慎始也”此句，据《大戴礼记补注》，可知其亦为“易曰”的内容（易曰：“正其本，万物理。失之毫厘，差之千里。故君子慎始也。”）[①]。这里的《易》文，核之今《周易》却不见。李道平在《周易集解纂疏》卷九中疏解“利用安身，以崇德也”句时，引“正其本，万物理”并指出其出自《易》逸文[②]。《保傅》原注曰“据《易》说言也”。《大戴礼记补注》所补之注曰：“《易》说，《通卦验》文”。《周易述》卷二十一《易微言下》径言其为《大戴礼·保傅》，并指出刘子政《说苑》中有言“建其本而万物理”。今查《说苑》知出自卷三《建本篇》：“《易》曰：‘建其本而万物理，失之毫厘，差以千里’，是故君子贵建本而重立始。”可知“正其本”亦可作“建其本”，“故君子慎始也”亦可说“是故君子贵建本而重立始”。总之，对于《易》文，李道平言其为“逸文”则态度审慎，孔广森指其本自《通卦验》则指出了其出自《周易》纬书，惠定宇直陈其出《大戴记·保傅》则最为准确，且与朱子一致。

“正其本，万物理。失之毫厘，差之千里。故君子慎始也”作为“谨始”章的开篇，解答了为何要“谨始”（慎始），也给出了为何要“慎始敬终”的理由，而其关键则在于“正本”。此章的后一章，即包括此处孔夫子之言的一章作为“传”，其所说的“伤其亲，是伤其本；伤其本，枝从而亡”，正好相应于进一步解释“正其本，万物理……”这一句，并且在遵循“正其本，万物理”这一有似通则的陈述下将“本”具体解为“亲”。“伤其本，枝从而亡”，其更高的理由是“正其本，万物理。失之毫

① 孔广森：《大戴礼记补注》，北京：中华书局，2013 年，第 72 页。
② 李道平：《周易集解纂疏》，北京：中华书局，1994 年，第 640 页。

厘，差之千里。”既然如此，则需要“正本”、需要“慎始”、需要“慎始敬终”。虽然此意在《小学》篇端孔夫子语中没有明确出现，但是据此之分析，则当为潜在之意。

本出《礼记》的孔夫子之言，现以载入《仪礼经传通解》的文本为正而录其相关者如下：

> 孔子侍坐于哀公，哀公曰：“敢问人道谁为大？”孔子愀然作色而对曰：“……人道，政为大。”公曰：“敢问何谓为政？”孔子对曰：“政者，正也。君为正，则百姓从政矣。……古之为政，爱人为大；所以治爱人，礼为大；所以治礼，敬为大；……君子兴敬为亲；舍敬，是遗亲也。弗爱不亲；弗敬不正。爱与敬，其政之本与！……昔三代明王之政，必敬其妻子也，有道。妻也者，亲之主也，敢不敬与？子也者，亲之后也，敢不敬与？君子无不敬也，敬身为大。身也者，亲之枝也，敢不敬与？不能敬其身，是伤其亲；伤其亲，是伤其本；伤其本，枝从而亡。三者，百姓之象也。身以及身，子以及子，妃以及妃，君行此三者，则忾乎天下矣！大王之道也如此，国家顺矣。”公曰：“敢问何谓敬身？”孔子对曰：“君子过言，则民作辞；过动，则民作则。君子言不过辞，动不过则，百姓不命而敬恭，若是则可谓能敬其身；能敬其身，则能成其亲矣。”①

显然，此章作为“传”以解释“谨始”章，正相应于对“正其本，万物理。失之毫厘，差之千里。故君子慎始也”这句话的解读，且是从“为政”这一特殊的角度进行解读，也可以

① 《朱子全书》册2，第184—186页。

说是证明之、以鲁哀公问政于孔夫子的事例来证实之。朱子拣择后将其录入《小学·敬身篇》篇端，使其具有了比较普遍的意义（不再是专门针对“为政者”而言）。引文关键字眼除“正”外便是“爱与敬”，最后又聚焦于“敬”之一字。据孔夫子对“敬身”的解释，即“君子过言，则民作辞；过动，则民作则。君子言不过辞，动不过则”，“过言”“过动”皆是有失“中正”，“不过辞”“不过则”则是复归于“中正”。于朱子学而言，这可谓是“敬”（“主敬”“持敬”）的体现。如《朱子语类》载：

> “敬何以用工？”曰：“只是内无妄思，外无妄动。”柄。①

“过言”“过动”皆属这里的“妄动”，“不过辞”“不过则”则是“无妄动”。此条语录是朱子学“主敬”工夫的最为简明之表述。朱子对“敬”的经典解释为：

> 敬者，主一无适之谓。②

此解虽经典但不容易理解，不容易理解便意味着未能明确地指示学人以著实下手处。盖因此，《朱子语类》中便有进一步之解释：

> “持敬”之说，不必多言。但熟味“整齐严肃”，“严威俨恪”，“动容貌，整思虑”，“正衣冠，尊瞻视”此等数语，

---

① 《朱子语类》卷二十，第211页。

② 见《论语·学而》中朱子对“敬事而信”之“敬”的注解；朱熹：《四书章句集注》，北京：中华书局，2012年，第48页。

而实加工焉，则所谓“直内”，所谓“主一”，自然不费安排，而身心肃然，表里如一矣。升卿。①

“直内”指《周易 · 坤卦 · 文言》的“敬以直内”。“主一”即“敬者，主一无适”之“主一”。“严威俨恪”“动容貌，整思虑”“正衣冠，尊瞻视”此等数语，皆可见《小学》。

综之，《小学 · 内篇 · 敬身篇》之“敬身”主旨指向于朱子学的“主敬”（持敬），这与前文所论《小学》的性质即“修身大法”（具体为“居敬穷理”）是相合的，因为其正相应于“居敬”。如周所知，“敬”是彻上彻下、贯通动静、义兼内外的工夫，其必然贯彻于“穷理”中。不过，其不能代替“穷理”。从动静、已发未发的角度论，“主敬”乃静中工夫、未发工夫；“穷理”则为动中工夫、已发工夫。基于此，如果再结合许鲁斋对此篇（《敬身篇》）之结构的分析，那么不仅可得朱子之意旨，更可见此意旨的具体表现：

敬身之目，其别有四：心术、威仪、衣服、饮食。心术正乎内，威仪正乎外，则敬身之大体得矣。其衣服、饮食，所以奉身也。苟不制之以义，节之以礼，将见其所以养人者反害于人也。分而言之，心术、威仪，修德之事也；衣服、饮食，克己之事也。统而言之，皆敬身之要也。盖惟敬身，故于父子、君臣、夫妇、长幼、朋友之间，无施而不可。此古人修身，必本于敬矣。②

① 《朱子语类》卷二十，第 211 页。

② 《小学集注》卷三《内篇 · 敬身》；陈选：《（精校）小学集注》，上海：昌文书局，1932 年（民国二十一年），第 22 页。

“君臣”“父子”等等涉及前一篇（《明伦篇》），这又可见《小学》一书的篇第安排前后相承。

五　《小学·内篇·稽古篇》的“道语”

《小学·内篇·稽古篇》篇端道入语：

> 孟子道性善，言必称尧舜。其言曰：“舜为法于天下，可传于后世。我犹未免为乡人也，是则可忧也。忧之如何？如舜而已矣。”摭往行，实前言，述此篇使读者有所兴起。①

首句出自《孟子·滕文公上》，朱子注曰：

> 道，言也。性者，人所禀于天以生之理也，浑然至善，未尝有恶。人与尧舜初无少异，但众人汩于私欲而失之，尧舜则无私欲之蔽，而能充其性尔。故孟子与世子言，每道性善，而必称尧舜以实之。欲其知仁义不假外求，圣人可学而至，而不懈于用力也。门人不能悉记其辞，而撮其大旨如此。程子曰：“性即理也。天下之理，原其所自，未有不善。喜、怒、哀、乐未发，何尝不善。发而中节，即无往而不善；发不中节，然后为不善。故凡言善恶，皆先善而后恶；言吉凶，皆先吉而后凶；言是非，皆先是而后非。”②

“其言曰”句出《孟子·离娄下》孟子曰：“君子所以异于人者，以其存心也。君子以仁存心，以礼存心。”③ 朱子注曰：

① 《朱子全书》册13，第422页。
② 朱熹：《四书章句集注》，北京：中华书局，2012年，第254页。
③ 朱熹：《四书章句集注》，北京：中华书局，2012年，第303—304页。

以仁礼存心，言以是存于心而不忘也。

续曰：“仁者爱人，有礼者敬人。”朱子注：

此仁礼之施。

曰：“爱人者人恒爱之，敬人者人恒敬之。”朱注：

此仁礼之验。

曰：“有人于此，其待我以横逆，则君子必自反也：我必不仁也，必无礼也，此物奚宜至哉？”朱注：

横逆，谓强暴不顺理也。物，事也。

曰：“其自反而仁矣，自反而有礼矣，其横逆由是也，君子必自反也：我必不忠。”朱注：

忠者，尽己之谓。我必不忠，恐所以爱敬人者，有所不尽其心也。

曰：“自反而忠矣，其横逆由是也，君子曰：‘此亦妄人也已矣。如此则与禽兽奚择哉？于禽兽又何难焉？’”朱注：

奚择，何异也。又何难焉，言不足与之校也。

曰：“是故君子有终身之忧，无一朝之患也。乃若所忧则有之：舜人也，我亦人也。舜为法于天下，可传于后世，我由未免为乡人也，是则可忧也。忧之如何？如舜而已矣。若夫君子所患则亡矣。非仁无为也，非礼无行也。如有一朝之患，则君子不患矣。”朱注：

乡人，乡里之常人也。君子存心不苟，故无后忧。

如前所论，《小学·内篇》凡四篇即《立教篇》《明伦篇》《敬身篇》《稽古篇》，前三篇与最后一篇如以朱子“知行观”来看待，则有似“知”与“行”的关系，这正如“摭往行，实前言”此句所示。可以说前所言（前三篇之内容）之“理”绝非蹈空之语、绝非难行之训告，《稽古篇》所载皆为力行此“理”的范例、楷模，也正因为躬践之、力行之，最终方得以成德成人，成贤成圣（如尧舜）。后世之人既知之，岂能不躬行之、力践之、效法之？所谓“使读者有所兴起”，正此意也。此句大抵有似于《康诰》“作新民”之义，朱子解为“鼓之舞之之谓作，言振起其自新之民也”①。

既然此篇与之前的篇章关系如此，那么实际内容所表达之意旨则一致。观首句所言以及朱子之注解，再核以前三篇之道入语，可谓若合符契。《朱子语类》有载：

> 先生下学，见说《小学》，曰：“前贤之言，须是真个躬行佩服，方始有功。不可只如此说过，不济事。”淳。②

《小学》之《立教篇》《明伦篇》《敬身篇》三篇所载正是“前贤之言”，《稽古篇》所录即前贤（圣）“真个躬行佩服”者。“方始有功”句，盖指力行之以成德成人、成圣成贤（尧舜等）。“不可只如此说过，不济事”，即当“鼓之舞之”“有所兴起”，身体之力行之。

---

① 朱熹：《四书章句集注》，北京：中华书局，2012 年，第 5 页。
② 《朱子语类》卷七，第 127 页。

六 《小学·外篇》的“道语”

《小学·外篇》篇端道入语曰：

《诗》曰：“天生烝民，有物有则，民之秉彝，好是懿德。”孔子曰“为此诗者，其知道乎！故有物必有则。民之秉彝也，故好是懿德。”历传记，接见闻，述嘉言，纪善行，为《小学》外篇。[1]

《诗》文出《诗·大雅·烝民》篇。前两句，朱子有论：

《诗》曰：“天生烝民，有物有则。”周子曰：“无极之真，二五之精，妙合而凝。”所谓真者，理也；所谓精者，气也。所谓则者，性也；所谓物者，形也。上下千有余年之间，言者非一人，记者非一笔，而其说之同如合符契，非能牵联配合而强使之齐也。此义理之原，学者不可不察。[2]

周子即周濂溪（敦颐），其语出《太极图说》[3]，所言乃宇宙万物的创生（宇宙生成论），朱子将其与“天生烝民”合并而论，认为“此义理之原”，从而将濂溪所言之源头上泝之《诗》。

道语本出《孟子·告子上》“公都子曰，告子曰‘性无善无不善也’”章[4]，朱子注有言：

---

① 《朱子全书》册13，第433页。

② 《晦庵先生朱文公文集》卷五十八《答黄道夫》；《朱子全书》册23，第2756页。

③ 周敦颐：《周敦颐集》，北京：中华书局1990年，第5页。

④ 朱熹：《四书章句集注》，北京：中华书局，2012年，第334—335页。

物，事也。则，法也。夷，《诗》作彝，常也。懿，美也。有物必有法：如有耳目，则有聪明之德；有父子，则有慈孝之心，是民所秉执之常性也，故人之情无不好此懿德者。以此观之，则人性之善可见，而公都子所问之三说，皆不辩而自明矣。

朱子注引伊川之言道：

性即理也，理则尧舜至于途人一也。才禀于气，气有清浊，禀其清者为贤，禀其浊者为愚。学而知之，则气无清浊，皆可至于善而"复性"之本，汤武身之是也。孔子所言下愚不移者，则自暴自弃之人也。……论性不论气，不备；论气不论性，不明，二之则不是。

朱子又引横渠之语云：

形而后有气质之性，善反之则天地之性存焉。故气质之性，君子有弗性者焉。

朱子评论道：

程子此说才字，与孟子本文小异。盖孟子专指其发于性者言之，故以为才无不善；程子兼指其禀于气者言之，则人之才固有昏明强弱之不同矣，张子所谓气质之性是也。二说虽殊，各有所当，然以事理考之，程子为密。盖气质所禀虽有不善，而不害性之本善；性虽本善，而不可以无省察矫揉之功，学者所当深玩也。

至此，再来看朱子语"上下千有余年之间，言者非一人，记者非一笔，而其说之同如合符契，非能牵联配合而强使之齐也。”可以依此而补论到，自删《诗》之孔子始，“上下千有余年之间”，继而周子（濂溪）、张子（横渠）、程子（明道、伊川）、朱子（晦翁），“言者此数人，记者此数笔，而其说之同如合符契，非能牵联配合而强使之齐也”（道统之传）。

观此所述《小学·外篇》之道入语，将其与上所论述《小学·内篇》四篇的道入语以及《〈小学〉题辞》所言相较，即可概见：所述之旨皆是由“形上”而“形下”、自“天道”（天理、理、天命）进而“人道”（人性、性、心）、从宇宙之创生到人物之生、从“天命之性”而“气质之性”，凸出“学”“道问学”“明理”“穷理”与“涵养工夫”“尊德性”“敬”“主敬”，最终指向“复其性”“复其初”“复其初心”，以至成人、成贤、成圣（“士希贤、贤希圣、圣希天”，本濂溪语，顺序有改动，已载入《小学·外篇·嘉言篇》①）。

朱子四十六岁时与吕伯恭合纂成《近思录》一书，就“道体”这一卷言，朱子不赞成将其置于《近思录》之首，然而吕伯恭却辩道：

> 或疑首卷阴阳变化性命之说，大抵非始学者之事。祖谦窃尝与闻次缉之意。后出晚进于义理之本原，虽未容骤语，苟茫然不识其梗概，则亦何所底止？列之篇端，特使之知其名义，有所向望而已。②

有鉴于此，最终成书的《近思录》首卷便是“道体”。所以

① 《朱子全书》册13，第450页。

② 见吕伯恭为《近思录》所写的序文（《吕祖谦全集》所收《近思录》之《吕序》）；吕祖谦：《吕祖谦全集》，杭州：浙江古籍出版社，2008年，册2，第2页。

如此，盖因伯恭所言亦合朱子之意，如上文已征引的语录所载：

> “天命”，非所以教小儿。教小儿，只说个义理大概，只眼前事。

朱子此言即伯恭语“或疑首卷阴阳变化性命之说，大抵非始学者之事……后出晚进于义理之本原，虽未容骤语，苟茫然不识其梗概，则亦何所底止？列之篇端，特使之知其名义，有所向望而已。”

《近思录》以“道体”为首卷。如果借用“道体”一词，那么可以说《小学》一书之开端（《〈小学〉题辞》）便言“道体”，每篇之篇端（“道语”）便言“道体”。《近思录》“道体”卷皆周、张、程四先生之言，而《小学》道语所涉“道体”者皆为朱子之论。

另外，以《小学》一书正文篇章的“开篇”与“结篇”而论：

> 《内篇·立教篇》“首章”与“卒章”：“《列女传》曰”，“子夏曰”。
>
> 《内篇·明伦篇》“明父子之亲”的“首章”与“卒章”：“《内则》曰”，“孔子曰”；
>
> “明君臣之义”的“首章”与“末第三章”：“《礼记》曰”，“孟子曰”；
>
> “明夫妇之别”的“首章”与“末第二章”：“《曲礼》曰”，“孔子曰”；
>
> “明长幼之序”的“首章”与“卒章”：“孟子曰”，“《论语》曰”；

“明朋友之交”的“首章”与“卒章”：“曾子曰”，“《曲礼》曰”；

“通论”的“首章”与“卒章”：“孔子曰”，“荀子曰”。

《内篇·敬身篇》“明心术之要”的“首章”与“末第二章”：“《丹书》曰”，“孔子曰”；

“明威仪之则”的“首章”与“卒章”：“《冠义》曰”，“《射义》曰”；

“明衣服之制”的“首章”与“卒章”：“《士冠礼》曰”，“孔子曰”；

“明饮食之节”的“首章”与“卒章”：“《曲礼》曰”，“孟子曰”。

此上为《小学·内篇》“立教”“明伦”“敬身”三篇之大体的篇章结构，其属“言”。接着看“实前言”的《稽古篇》之篇章架构：

《内篇·稽古篇》“立教”的“首章”与“卒章”：“太任、文王之母”，“孔子谓伯鱼”；

“明伦”的“首章”与“卒章”：“虞舜父顽”，“孔子曰”；

“敬身”的“首章”与“卒章”：“孟子曰”，“孔子曰”。

《小学》一书的《内篇》广征经传，所涉皆先秦贤圣君子之言之事之行。据此对《内篇》篇章结构的简单排比，可知朱子主于孔孟，几皆以孔孟之言之行来统结篇文。《小学·内篇》止此，继之以《外篇》：

> 《外篇·嘉言篇》“广立教”的“首章”与“末第二章”：“张横渠曰”，“胡文定曰”；
>
> 《外篇·嘉言篇》“广明伦”之“广父子之亲”的“首章”与“卒章”：“司马温公曰”，“伊川曰”；
>
> “广明伦”之“广君臣之义”的“首章”与“卒章”：“《吕氏童蒙训》曰”，“《吕氏童蒙训》曰”；
>
> “广明伦”之“广夫妇之别”的“首章”与“末第三章”：“王吉曰”，“伊川曰”；
>
> “广明伦”之“广长幼之序”的“首章”与“卒章”：“《颜氏家训》曰”，“横渠曰”；
>
> “广明伦”之“广朋友之交”的“首章”与“卒章”：“伊川曰”，“《吕氏童蒙训》曰”；
>
> “广明伦”之“通论”的“首章”与“卒章”：“范文正公曰”，“司马温公曰”。

此上为《外篇·嘉言篇》“广立教”“广明伦”两个部分的篇节结构。《吕氏童蒙训》的作者为吕居仁（名本中，人称“大东莱先生”，乃吕原明（希哲）之孙（原明为伊川的弟子）；宋代东莱吕氏谱系：吕夷简→吕公著→吕原明→吕好问→吕居仁；吕原明→吕好问→，→，→吕伯恭（祖谦，“小东莱先生”）。“王吉”，即前汉以传《齐论语》名家的“王阳”（名吉，字子阳）[1]，尝为昌邑王刘贺之师。《颜氏家训》的作者为颜黄门

① 参《汉书》卷三十《艺文志》；班固：《汉书》，北京：中华书局，1962 年，第 1717 页。

(名之推，颜师古之父)，乃颜渊的三十五世孙。

> 《外篇·嘉言篇》“广敬身”之“广心术之要”的“首章”与“末第二章”：“董仲舒曰”，“横渠曰”；
>
> “广敬身”之“广威仪之则”的“首章”与“卒章”：“吕原明曰”，“吕原明曰”；
>
> “广敬身”之“广衣服之制、饮食之节”的“首章”与“卒章”：“张思叔《座右铭》曰”，“范益谦《座右戒》曰”；
>
> “广敬身”之“通论为学之道”的“首章”与“卒章”：“胡五峰曰”，“明道曰”。

张思叔（名绎），伊川的重要弟子（尝记伊川言行一编，名曰《师说》[①]）。范益谦，范醇夫（祖禹）之子；范醇夫为司马温公弟子（温公与醇夫之从祖范镇，相交甚笃），吕公著之壻。此为《外篇·嘉言篇》“广敬身”这一部分的具体架构。至此，《外篇·嘉言篇》“广立教”、“广明伦”、“广敬身”三部分之大体架构如上，其属“言”，继而来看证实此“言”、力“行”此“言”的《外篇·善行篇》：

> 《外篇·善行篇》“实立教”的“首章”与“末章”：“吕原明之成德”，“明道先生教人”。
>
> 《外篇·善行篇》“实明伦”之“实父子之亲”的“首章”与“末章”：“江革少失父”，“伊川先生家治丧”；
>
> “实明伦”之“实君臣之义”的“首章”与“末章”：

① 《伊洛渊源录》卷十二；《朱子全书》册12，第1079页。

“霍光出入禁闼小心谨慎”，“吕原明自少守官处”；

“实明伦”之“实夫妇之别”的“首章”与“末章”：“汉陈孝妇”，“唐奉天窦氏二女幼有志操”；

“实明伦”之“实长幼（兄弟）之序”的“首章”与“末章”：“缪彤少孤”，“晁氏以道申戒子弟皆有法度”；

“实明伦”之“实朋友之交”的内容：“吕原明闻之”。

此为《外篇·善行篇》“实立教”“实明伦”的内容之篇章次第。江革，东汉人（事可见：《后汉书》卷三十九《江革传》；温公《家范》卷四《子上》；吕伯恭《少仪外传》卷上[①]）。缪彤，亦东汉人（《后汉书》卷八十一《独行传·缪彤传》）[②]。晁以道，司马温公弟子，有《古易》一书[③]；朱子《周易本义》主张恢复古本《周易》，已受此书影响，朱子亦为此书写有《跋》[④]。

《外篇·善行篇》“实敬身”之“实心术之要”的“首章”与“末章”：“第五伦”，“司马温公”；

“实敬身”之“实威仪之则”的“首章”与“末章”：“管宁”，“徐积”；

“实敬身”之“实衣服之制”章：“文中子”；

“实敬身”之“实饮食之节”的“首章”与“末章”：

---

① 范晔：《后汉书》，北京：中华书局，1965 年，第 1302—1303 页；吕祖谦：《吕祖谦全集》，杭州：浙江古籍出版社，2008 年，册 2，第 8 页。

② 范晔：《后汉书》，北京：中华书局，1965 年，第 2685 页。

③ 参《宋元学案》卷二十二《景迂学案》；黄宗羲：《宋元学案》，北京：中华书局，1986 年，第 859 页。

④ 参《朱子年谱》卷二；王懋竑：《朱熹年谱》，北京：中华书局，1998 年，第 82—84 页。

“柳玭”，“汪信民”。

《外篇·善行篇》“实敬身”的篇章架构大体如此。第五伦事迹具《后汉书》卷四十一《第五伦传》，朱子已载入《资治通鉴纲目》①。管宁之事出《三国志》卷十一《魏书·管宁传》注文中所引皇甫谧《高士传》所记②，《朱子语类》中朱子与弟子对此已有讨论且朱子很赞赏管宁③。徐积，胡安定的弟子。文中子，朱子尝论之曰：“孟子说才……汉魏以来，忽生文中子，已不多得”④，“王通见识高明，如说治体处极高，但于本领处欠”⑤。柳玭，唐柳公绰之孙。汪信民（名革），吕原明的弟子。

朱子《小学》一书之《外篇》“嘉言”“善行”两篇博引汉

① 范晔：《后汉书》，北京：中华书局，1965年，第1395页；《资治通鉴纲目》卷十“丙戌（86年），三年……五月，司空伦罢”之注载此事；《朱子全书》册8，第640页。

② 陈寿：《三国志》，北京：中华书局，1982年，第359页。

③ 问：“盘坐，于理有害否？”曰：“古人席地亦只是盘坐，又有跪坐者。寓录云：“古人亦只跪坐，未有盘坐。”君前臣跪，父前子跪，两膝头屈前着地，观画图可见。古人密处未见得，其疏即是如此。寓录云：“古人樽节处，自如此密。”管宁坐一木榻，积五十年未尝箕股，其榻上当膝处皆穿。今人有椅子，若对宾客时，合当垂足坐；若独居时，垂足坐难久，盘坐亦何害？”淳。寓录少异。（《朱子语类》卷九十一，第2332—2333页）可知朱子与门弟子对此已有讨论，亦可知朱子赞赏管宁的同时又不株守，且因其时椅子之为日常坐具，而主张因时因情而礼变。

④ “孟子说才……汉魏以来，忽生文中子，已不多得。至唐有退之，所至尤高。大抵义理之在天地间，初无泯灭。今世无人晓此道理，他时必有晓得底人。”《朱子语类》卷五十九，第1384页。

⑤ 子升问仲舒、文中子。曰：“仲舒本领纯正……王通见识高明，如说治体处极高，但于本领处欠。如古人‘明德、新民、至善’等处，皆不理会，却要斗合汉魏以下之事整顿为法，这便是低处。要之，文中论治体处，高似仲舒，而本领不及；爽似仲舒，而纯不及。”因言：“魏征作《隋史》，更无一语及文中，自不可晓。尝考文中世系，并看阮逸、龚鼎臣《注》，及《南史》《刘梦得集》，次日因考文中世系，四书不同，殊不可晓。”又检《李泰伯集》，先生因言：“文中有志于天下，亦识得三代制度，较之房魏诸公文，稍有些本领，只本原上工夫都不曾理会。若究其议论本原处，亦只自老庄中来。”木之。《朱子语类》卷一百三十七，第3260页。

以来贤人君子之言行事迹，据此所述《外篇》两篇的篇章架构，可知其篇章中的选语并非简单地按时间顺序选录（如然，则胡五峰、吕原明不当排在明道前）而是以“北宋五子”及其相与者为主来统结篇章之旨，此中又以二程尤其是伊川为宗（吕原明为伊川弟子；汪信民为原明弟子；吕居仁为原明之孙，属“家学”）。

《内篇》《外篇》合而观之，即就《小学》全书而论，可见朱子于先秦时以孔孟为主，汉以降则聚焦于“北宋五子”及其相与者而又以二程为宗。这大抵在揭橥：一、朱子已将“道统之传”潜融于《小学》一书；二、已将程朱之论、程朱之学融贯于《小学》书中。

第二章 《小学》的“立教”思想

《小学》一书分《内篇》《外篇》两篇，本文以“三纲九目”为主旨架构而进行论述的主体部分之内容，在具体论述过程中为免于枝蔓之弊，便遵从由《内篇》而《外篇》的次第以行文。此章专论“三纲九目”之“三纲”的“立教”这一纲。如前所述，“立教”者，立明伦之教，立敬身之教。据此，则本章固当以此二者来分节，然而就朱子所编次的内容论，其已明示“胎教”“家庭之教”“学校之教”等（此亦体现着“明伦”：父子之亲、君臣之义、夫妇之别、长幼之序、朋友之交，及“敬身”：心术之要、威仪之则、衣服之制、饮食之节）。故而此章之分节便遵从之，略分为两节：“胎教”；“家庭之教”与“学校之教”。

第一节 “胎教”：教之本源

前论《小学》各篇的“道语”（包括《〈小学〉题辞》），已知朱子“道语”之设意在“道体”，由“形而上”而“形而下”、依“天道”而论“人道”，其用意在于使“蒙士”先知“义理大概”。如果说“道语”的“义理大概”指向于明天地、万物、人何以成其为天地、万物、人的所以然之故（本体）以及宇宙万物的创生，那么《小学》正文开篇所言之“胎教”则是在述“人”的直接创生，在回答“我从哪里来”的问题（“孃胎里来”）。这也再次揭橥出朱子对《小学》一书的谋篇布局可谓“用心良苦”（“用心良苦却成空”，《小学》一书无人知）。

《小学·内篇·立教篇》首章：

> 《列女传》曰：古者，妇人妊子，寝不侧，坐不边，立不跸，不食邪味，割不正不食，席不正不坐，目不视邪色，耳不听淫声，夜则令瞽诵诗，道正事。如此，则生子形容端正，才过人矣。[①]

本出《列女传·母仪·周室三母》，朱子录之于此已有删削，盖一使其齐整、一使其就简，以便于诵习。朱子亦载入《仪礼经传通解》卷三《内则》篇[②]，可见朱子对此章的重视之一斑。朱子之所以会征引《列女传》之文，这与他对此书的态度相关。《朱子文集》中《与陈丞相（陈俊卿）别纸》有言：“手书《列女传》数条，以遗其家人，此殆有先识者。然其所以拳拳于此，亦岂有他，正以人伦风教为重，而欲全之闺门耳，伏惟相公深留意焉。”[③] 书《列女传》中语以劝说（具体内容不可考），可知朱子对此书的重视。在《仪礼经传通解》中，朱子以

① 《朱子全书》册13，第395页。
② 《朱子全书》册2，第168页。
③ 《晦庵先生朱文公文集》卷二十六；《朱子全书》册21，第1174页。

首句至“道正事”为“经”，此后为“传”，并明确指出此之所说为“胎教”。

《仪礼经传通解》卷四《内治》篇中，朱子转录《大戴记》一段文字（亦见贾谊《新书》）可以与此章相参证，其文曰：

《青史氏之记》曰：古者胎教之道，王后腹之七月，而就宴室。太师持铜而御户左，太宰持升而御户右，太卜持蓍龟而御堂下，诸官皆以其职御于门内。比三月者，王后所求声音非礼乐，则太师抚乐而称不习。所求滋味者非正味，则太宰荷升不敢煎调，而曰：“不敢以待王太子”。①

除却此处所言的对象仅指“王后”而勿论，就内容言，其与《小学》所载相合。“声音非礼乐……不习”即“耳不听淫声”，“滋味者非正味……不敢煎调”即“不食邪味，割不正不食”。若再参之以《论语·乡党篇》相应之语，则可以说这不止是对“妊子之妇人”而言的，亦是有道之君子所当为。如所言“食饐而餲，鱼馁而肉败，不食。色恶，不食。臭恶，不食。失饪，不食。不时，不食。割不正，不食。”②

“坐不边”之“坐”非今日之“坐”，观朱子《跪坐拜说》即可明“古人之坐者，两膝着地，因反其跖而坐于其上，正如今之胡跪者。其为肃拜，则又拱两手而下之至地也。其为顿首，则又以头顿于手上也。其为稽首，则又却其手而以头着地，亦如今之礼拜者。皆因跪而益致其恭也。”③“夜则令瞽诵诗，道正事”句，为何是“无目者”之

① 《朱子全书》册 2，第 190 页。
② 朱熹：《四书章句集注》，北京：中华书局，2012 年，第 120 页。
③ 《晦庵先生朱文公文集》卷六十八；《朱子全书》册 23，第 3290 页。

“瞽”?《阴符经·下篇》有言:“瞽者善听,聋者善视。”朱子注云:“瞽听、聋视,用志不分也,一可当十。”[①]因此可知,“令瞽诵诗”不是说必定要“无目者”来“诵诗”,其旨在于“用志不分”“专心致志”。

《小学》此章在《列女传》《仪礼经传通解》中还有后文:

> 故妊子之时,必慎所感。感于善则善,感于恶则恶。人生而肖万物者,皆其母感于物,故形音肖之。

刘子政此说,如果参之郑康成对“格物”的注解则语意将更为显豁。郑注曰:“格,来也。物,犹事也。其知于善深,则来善物;其知于恶深,则来恶物。言事缘人所好来也。”[②]“感”有似于“知”。刘氏一方面从“感”的角度解释了为何“生子形容端正,才过人矣”,一方面也强调了“妊子之母”在妊娠期间言行之“正”对于出生子之形容端“正”的重要性。不止《列

① 参见朱子《阴符经注》;《朱子全书》册13,第516页。〇朱子对于道经如《周易参同契》《阴符经》写有《周易参同契考异》和《阴符经注》。这不仅仅体现出朱子对道经的积极态度,更显示出他“学者”的本色,求真求实。盖为了求真求实而又恐人非议其以儒者之身份治“异端”之学,故而隐其真名代之以“空同道士邹䜣”之署名。清人周中孚在《郑堂读书记》卷六十九中对于朱子的《阴符经注》已有论曰:“朱子考诸本之同异,刊定其文而为之注,以见其学之无所不通,不仅谈养生而注《参同契》也。此本题为‘空同道士邹䜣’撰,与《参同契》同例,盖以旁涉异端,非儒家之正轨,所以隐其名氏,而托诸廋辞欤?则何如不作之为高矣。”周氏此论不失为的当,末句“何如不作之为高矣”盖以为朱子何不出真名转而能高大“其学之无所不通”,亦全谢山赞朱子“致广大、综罗百代”之意。《周易参同契考异》、《阴符经注》(周氏所论附于此书之后,第522页。)两书参见《朱子全书》册13;全氏语见《宋元学案·晦翁学案》;黄宗羲:《宋元学案》,北京:中华书局,1986年,第1495页。周中孚:《郑堂读书记》(卷六十九《道家类》),上海:上海书店出版社,2009年,第1110页。

② 参见《礼记正义》卷六十《大学》;孔颖达:《礼记正义》(《十三经注疏》本),上海:上海古籍出版社,1997年,第1673页。

女传》这样强调，朱子在《仪礼经传通解》卷四《内治篇》中转引《大戴记》之文有云：

> 凤皇生而有仁义之意，虎狼生而有贪戾之心，两者不等，各以其“母”。呜呼，戒之哉！无养乳虎，将伤天下，故曰素成。胎教之道，书之玉板，藏之金匮，置之宗庙，以为后世戒。①

以“凤皇”“虎狼”为喻，颇为切当。盖望“子”为“凤皇”，“母”先以“凤皇”自视自处，方可得“凤皇子”；反之，如自为“虎狼”之言行则有“虎狼之子也”，而“仁义”之“心”殄灭矣。“胎教之道”，可不谨乎？

因“胎教”而“生子形容端正，才过人矣”，朱子亦有述。朱子在所写的游定夫（游酢）之从妹的《墓志铭》中说道：

> 娠子则必端居静室，焚香读儒佛书，不疾呼，不怒视，曰：“此古人胎教之法也。”故其子生皆贤材。②

据同文中所记，游定夫之从妹生黄中、黄章，中、章二人皆进士及第，以政绩、德行闻于世，可证所谓“其子生皆贤材”也。

接着来看“实前言”的《小学·内篇·稽古篇》相应之章，即首章：

> 太任，文王之母，挚任氏之中女也，王季娶以为妃。太任之性，端一诚庄，惟德之行。及其娠文王，目不视恶色，

---

① 《朱子全书》册 2，第 182 页。
② 《晦庵先生朱文公文集》卷九十一；《朱子全书》册 24，第 4212 页。

> 耳不听淫声，口不出敖言。生文王而明圣，太任教之以一而识百，卒为周宗。君子谓太任为能胎教。①

这是以文王之母太任事来实前言“胎教”之不诬、之可行，其行之有效、可得文王这般之圣王，岂能不使“读者有所兴起”乎？

此章与《立教篇》首章的出处相同，即《列女传·母仪·周室三母》，且《立教篇》首章之文，《列女传》在后续的文字中已明确说到“文王母可谓知肖化矣”，即已用文王母来证实其所言。朱子将其载于《稽古篇》，可谓是一面遵从刘子政之意，一面顾及自己编纂之旨：先知后行、知行相须，着实工夫力行之，以成贤成圣（如文王般）。

《仪礼经传通解·内治篇》中朱子引《国语·周语》相涉之语，其中有“昔挚、畴之国也，由大任。”朱子注曰：“挚、畴二国，任姓，奚仲、仲虺之后，大任之家也。大任，王季之妃，文王之母。《诗》云：‘挚仲氏任。’又曰：‘思齐大任，文王之母’”②，据此可知《列女传》文字之所本，也可知文王之母太任早在《诗经》的时代就已被称颂。《列女传·母仪·周室三母》其“颂”曰：

> 周室三母，大姜任姒，文武之兴，盖由斯起。大姒最贤，号曰文母。三姑之德，亦甚大矣！

“周室三母”即：太姜、太任、太姒。此处讨论的是太任，余下二人之事同样值得列出，以便明“胎教”，实前言。《仪礼

---

① 《朱子全书》册13，第422页。
② 《朱子全书》册2，第182页。

经传通解·内治篇》载：

> 周太姜者，王季之母，有吕氏之女。太王娶以为妃。生太伯、仲雍、王季。贞顺率道，靡有过失。太王谋事迁徙，必与太姜。君子谓太姜广于德教。……太姒者，武王之母，禹后有莘姒氏之女，仁而明道。文王嘉之，亲迎于渭，造舟为梁。及入，太姒思媚太姜、太任，旦夕勤劳，以进妇道。太姒号曰文母，文王治外，文母治内。太姒生十男：长伯邑考、次武王发、次周公旦、次管叔鲜、次蔡叔度、次曹叔振铎、次霍叔次成叔处、次康叔封、次聃季载。太姒教诲十子，自少及长，未尝见邪僻之事。及其长，文王继而教之，卒成武王、周公之德。武王后曰邑姜，太公之女也。妊成王于身，立而不跛，坐而不差，笑而不喧，独处而不倨，虽怒而不詈，胎教之谓也。①

这里又增加了成王母邑姜，言其善“胎教”生子若成王之贤。此处不仅言涉“胎教”，亦涉及子出生后的后续之教。《稽古篇》第二章言孟母事，虽然文中有“吾闻古有胎教”一语，但是实际内容已逸出“胎教”的范围，故而并入下节讨论。

第二节　“家庭之教”与“学校之教”：教之发越

前言“胎教”，妊娠十月，似当生矣。故而承接之文首句即是“凡生子”，此属《小学·内篇·立教篇》第二章之文：

---

① 《朱子全书》册2，第192—193页。

《内则》曰：凡生子，择于诸母与可者，必求其宽裕慈惠、温良恭敬、慎而寡言者，使为子师。子能食食，教以右手；能言，男“唯”女“俞”；男鞶革，女鞶丝。六年，教之数与方名。七年，男女不同席，不共食。八年，出入门户及即席饮食，必后长者，始教之让。九年，教之数日。十年，出就外傅，居宿于外，学书计，衣不帛襦袴。礼帅初，朝夕学幼仪，请肄简谅。十有三年，学乐诵诗舞《勺》。成童，舞《象》，学射御。二十而冠，始学礼，可以衣裘帛，舞《大夏》。惇行孝弟，博学不教，内而不出。三十而有室，始理男事。博学无方，孙友视志。四十始仕，方物出谋发虑，道合则服从，不可则去。五十命为大夫，服官政。七十致事。女子十年不出，姆教婉娩听从。执麻枲，治丝茧，织纴组紃，学女事，以共衣服。观于祭祀，纳酒浆笾豆菹醢，礼相助奠。十有五年而笄，二十而嫁。有故，二十三而嫁。聘则为妻，奔则为妾。①

亦载《仪礼经传通解》卷三《内则篇》②。关于《内则》一篇，先来看朱子将其纂入《仪礼经传通解》时所做的评论：“此《小戴》第十二篇，盖古经也。郑氏以为记男女居室事父母、舅姑之法，以闺门之内礼仪可则，故曰《内则》。今按：此必古者学校教民之书，宜以次于《昏礼》，故取以补经而附以传记之说云。”③ 朱子视《内则》之说不仅涉及“家庭”（家庭之教），亦关涉“学校之教”。故而，《小学·立教篇》首涉“胎教”、次

① 《朱子全书》册13，第395—396页。
② 《朱子全书》册2，第169—175页。
③ 参见《仪礼经传通解》之《篇第目录》；《朱子全书》册2，第32页。

“家教”、次“学校之教”。此之次第，不止依此可推知，亦可就接着所述而见其端倪。载《仪礼经传通解·内则篇》中的此章，起句至“使为子师”朱子以为所言为“生子”之事，此后为“教子”之事，且前接“胎教”，可见《立教篇》开篇之两章乃是：由“胎教”而“生子”而“教子”。

朱子在《大学章句序》《经筵讲义》中皆言“八岁入小学，十五入大学”[①]，而《小学》此章却详言为学的年龄（不同年龄所学之内容）：自出生始，六岁、七岁、八岁、九、十、十三、二十……至七十岁。实际上在朱子看来，这并不必定如此。如按年龄学诗、学礼、学乐等等，朱子明确地表示异议，并谨遵孔夫子《论语》“兴于诗、立于礼、成于乐”（已载入《小学·立教篇》，见下文第十一章）之教而论道：

> 《内则》：十年学幼仪，十三学乐诵诗，二十而后学礼。则此三者，非“小学”传授之次，乃“大学”终身所得之难易、先后、浅深也。[②]

“此三者”指《论语》“兴于诗、立于礼、成于乐”之“诗”、“礼”、“乐”，非“十年……十三……二十……如此传授之次”、乃“大学终身所得之难易、先后、浅深也”，即是说孔夫子此言的“诗”、“礼”、“乐”之排序并非就学龄而言，乃是就其内容之“难易、先后、浅深”而论的。先及“诗”、次“礼”次“乐”，乃是由“易”而“难”、由“浅”至“深”，

① 朱熹：《四书章句集注》，北京：中华书局，2012年，第1页；《晦庵先生朱文公文集》卷十五之《经筵讲义》，《朱子全书》册20，第692页。

② 见《论语·泰伯》“兴于诗、立于礼、成于乐”章朱子之注文；朱熹：《四书章句集注》，北京：中华书局，2012年，第105页。

亦如朱子读书法的名言“宁下毋高，宁拙毋巧，宁近毋远”[①]，强调“循序渐进”“不可躐等”而非不追求“高远”（如《小学·外篇·嘉言篇》录明道之言曰：“君子教人有序，先传小者近者，而后教以大者远者。非是先传以近小，而后不教以远大也”[②]）。“大学终身”句，既言“终身”则并非自“大学”时方开始学，“小学”“大学”皆当学，且是自始至终念兹在兹。对此，《小学·外篇·善行篇》“实立教”的内容中载：

---

① 《朱子语类》载：“读书，须是遍布周满。某尝以为宁详毋略，宁下毋高，宁拙毋巧，宁近毋远。方子。”〇“德之看文字尖新，如见得一路光明，便射从此一路去。然为学读书，宁详毋略，宁近毋远，宁下毋高，宁拙毋巧。若一向罩过，不加子细，便看书也不分晓。然人资质亦不同，有爱趋高者，亦有好务详者。虽皆有得，然详者终是看得溥博浃洽。又言：“《大学》等书，向来人只说某说得详，如何不略说，使人自致思？此事大不然。人之为学，只是争个肯不肯耳。他若无得，不肯向这边，略亦不解致思；他若肯向此一边，自然有味，愈详愈有意味。”《朱子语类》卷十、卷一百一十六，第165、2792—2793页。

② 《朱子全书》册13，第456页。〇《论语·子张》篇载：子游曰：“子夏之门人小子，当洒扫、应对、进退，则可矣。抑末也，本之则无。如之何？”子夏闻之曰：“噫！言游过矣！君子之道，孰先传焉？孰后倦焉？譬诸草木，区以别矣。君子之道，焉可诬也？有始有卒者，其惟圣人乎！”朱子注曰：“子游讥子夏弟子，于威仪容节之间则可矣。然此‘小学’之末耳，推其本，如‘大学’正心诚意之事，则无有。……倦，如诲人不倦之倦。区，犹类也。言君子之道，非以其末为先而传之，非以其本为后而倦教。但学者所至，自有浅深，如草木之有大小，其类固有别矣。若不量其浅深，不问其生熟，而概以高且远者强而语之，则是诬之而已。君子之道，岂可如此？若夫始终本末一以贯之，则惟圣人为然，岂可责之门人小子乎？程子曰：‘君子教人有序，先传以小者近者，而后教以大者远者。非先传以近小，而后不教以远大也。’又曰：‘洒扫应对，便是形而上者，理无大小故也。故君子只在慎独。’又曰：‘圣人之道，更无精粗。从洒扫应对，与精义入神贯通只一理。虽洒扫应对，只看所以然如何。’又曰：‘凡物有本末，不可分本末为两段事。洒扫应对是其然，必有所以然。’又曰：‘自洒扫应对上，便可到圣人事。’愚按：程子第一条，说此章文意，最为详尽。其后四条，皆以明精粗本末。其分虽殊，而理则一。学者当循序而渐进，不可厌末而求本。盖与第一条之意，实相表里。非谓末即是本，但学其末而本便在此也。”自“小学”而“大学”，其“只一理”，“学者当循序而渐进”、“君子在慎独”（主敬涵养）、“便可到圣人事”（成德成人、成圣成贤）。朱熹：《四书章句集注》，北京：中华书局，2012年，第191页。

明道先生教人，自致知至于知止，诚意至于平天下，洒扫应对至于穷理尽性，循循有序。病世之学者，舍近而趋远，处下而窥高，所以轻自大而卒无得也。[①]

就"小学"、"大学"而言，此之"洒扫应对""穷理尽性"正好与之相应。"自致知至于知止，诚意至于平天下"，相应于《大学》的"格物""致知""诚意""正心"以至于"平天下"皆当"止于至善"，且是"循循有序"、由"近而远""自下而高"，反之则"轻自大而卒无得也"。

关于学龄，原本文献所载就不一致。《仪礼经传通解》卷十八《保傅篇》"古者王子年八岁而出就外舍"条[②]，其注有载："《白虎通》曰：'八岁入小学，十五入大学。'是也。此太子之礼。《尚书大传》曰：'公卿之太子，大夫元士嫡子，年十三始入小学，见小节而践小义。年二十入大学，见大节而践大义。'此王子入学之期也。又曰：'十五年入小学，十八入大学'者，谓诸子姓既成者，至十五入小学，其早成者，十八入大学。《内则》曰：'十年，出就外傅，居宿于外，学书计'者，谓公卿以下教子于家也。"据此所述，则入学年龄之不同与"天子、诸侯、卿大夫、士、庶人"的阶层划分相关，也体现着西周的"封建制"（封土建侯）。但是，时代已异、礼乐也已崩坏，付诸实情则"八岁入小学，十五入大学"盖"是也"，比较通行也。对此，可以举例一条以概括之。《朱子语类》载：

问《小学》"舞勺舞象"。曰："勺是周公乐，象是武王

① 《朱子全书》册13，第461页。
② 《朱子全书》册2，第591—592页。

乐。”曰：“注：‘勺，籥也。’是如何？”曰：“而今也都见不得。”淳。①

语录所论正是《小学·立教篇》此章中“十有三年，学乐诵诗舞《勺》。成童，舞《象》”句。“而今也都见不得”，盖指其随着时世的变迁渐失可行性，进而至于其详亦不可知。当然，此章的大体内容都是可取的，可详之如下所述。

《朱子语类》载：

问：“‘衣不帛襦袴’，恐太温，伤阴气也。”曰：“是如此。今医家亦说小儿子不要太暖。《内则》亦是小儿不要着好物事。”璘。②

以“今医家说”印证。“衣不帛襦袴”指“小儿子不要太暖”“不要着好物事”［不要穿的太好，对应于“不帛”，盖不用“帛”而用“布”（麻）；襦，上衣；袴（裤），下衣］。《朱子语类》中讨论《小学》书的部分载：

问：“女子亦当有教。自《孝经》之外，如《论语》只取其面前明白者教之，何如？”曰：“亦可。如曹大家《女戒》、温公《家范》，亦好。”义刚。③

大抵因为《立教篇》此章之文兼男女而言，至章末则皆关于“女子”，故此方有“女子亦当有教”的问语。据朱子的回答，女子显然是“有教”。女子与男子一样都应当受教育学习经

① 《朱子语类》卷一百五，第2627页。
② 《朱子语类》卷一百五，2627。
③ 《朱子语类》卷七，第127页。

典（《论语》《孝经》。《女戒》《家范》不属古人讲的“经”，但可视为后世所谓的“经典”），而不是如《立教篇》此章所说的女子所学止“执麻枲，治丝茧，织纴组紃”等等之事。相类之论，如朱子在《与建宁傅守劄子》中所言：

前日所禀《弟子职》、温公《杂仪》谨纳上，字已不少，似可便刊。《女诫》本传中有一序，恐可并刊。此印行纸内上数幅，字数疏密，须令作一样写乃佳。仍乞早赐台旨，当不日而就也。刻成之日，当以《弟子职》《女诫》各为一帙，而皆以《杂仪》附其后。盖男女之教虽殊，此则当通知者，使其流行，亦辅成世教之一事也。①

朱子已选录《弟子职》中的文字录入《小学·立教篇》，司马温公《居家杂仪》的文字，《小学》亦有选录。另外，朱子《家礼》中亦载温公《杂仪》。朱子既言“男女之教虽殊”，又不得不转换话锋，承认“当通知”，毕竟有助于“辅成世教”。从“男女”天生的、固有的身体结构之不同而言，“男女”之教有不同则本无可厚非，更何况朱子认为女子亦当“讲学”（论见上文；朱子欲编书教“女子”，其中最后一卷名曰“讲学”）。

《小学·立教篇》此章“教”的内容或者“学”的内容，用朱子的话概括之则最终便落到“穷理”上，如下出两条讨论《小学》此章的语录所言：

问：“《小学》举《内则》篇‘四十始仕，方物出谋、发虑。’先生注云：‘方物出谋，则谋不过物；方物发虑，

① 《晦庵先生朱文公文集》卷二十五；《朱子全书》册21，第1121页。

> 则虑不过物。’请问‘不过物’之义？”曰：“方物谋虑，大概只是随事谋虑。”植。
>
> “方物出谋、发虑。”方，犹对也。只是比并那物，如穷理一般也。淳。①

“穷理”，朱子已明示。将“穷理”一语放回语录中，则“方物谋虑，大概只是随事谋虑”这句话的意思就更明确了，即“大概只是随事而穷其理”（《补格物传》“即物而穷其理也”之义②）。

至此，再以《仪礼经传通解》中朱子所征引的程子之言来讨论《小学》此章。程子曰：

> 古者八岁入小学，十五入大学。择其才可教者聚之，不肖者复之农亩。盖士农不易业，既入学则不治农，然后士农判。古之士者，自十五入学至四十方仕，中间自有二十五年学，又无利可趋，则所“志”可知。须去趋善便自此“成德”。后之人自童稚间已有汲汲趋利之意，何由得向善？其古人必使四十而仕，然后“志”定。只营衣食却无害，惟利禄之诱最害人。③

明显，程子认定“八岁入小学”一直学到四十“方仕”，此间何龄学何则不必定如《小学》此章所言。“古之士者，自十五入学至四十方仕，中间自有二十五年学，又无利可趋，则所‘志’可知”，即“学而优则仕”、所“志”在学以成圣（如：“圣可学乎？曰：可。”），也即此处的“成德”。“惟利禄之诱最

① 此两条语录见《朱子语类》卷一百五，第2627页。
② 朱熹：《四书章句集注》，北京：中华书局，2012年，第7页。
③ 《仪礼经传通解》卷九《学制》；《朱子全书》册2，第380页。

害人”，职是之故，如《小学·外篇·善行篇》“实立教”中所载之事便是在扭转此害人之颓势：

> 安定先生胡瑗，字翼之，患隋唐以来仕进尚文辞而遗经业，苟趋禄利。及为苏、湖二州教授，严条约，以身先之，虽大暑，必公服终日，以见诸生，严师弟子之礼。解经至有要义，恳恳为诸生言其所以治已而后治乎人者。学徒千数，日月刮劘，为文章，皆傅经义，必以理胜，信其师说，敦尚行实。后为太学，四方归之，庠舍不能容。其在湖学，置经义斋，治事斋。经义斋者，择疏通有器局者居之。治事斋者，人各治一事，又兼一事，如治民、治兵、水利、算数之类。其在太学，亦然。其弟子散在四方，随其人贤愚，皆循循雅饬，其言谈举止，遇之不问可知为先生弟子。其学者相与称“先生”，不问可知为胡公也。①

亦见朱子所纂的《五朝名臣言行录》卷十《安定胡先生》②。“经义斋”，择疏通有器局者居之；“治事斋”，人各治一事，又兼一事，如治民、治兵、水利、算数之类。此即“所以治己而后治乎人”，通经以致用。同此《善行篇》“实立教”中载：

> 伊川先生看详学制，大槩以为学校礼义相先之地，而月使之争，殊非教养之道，请改试为课。有所未至，则学官召而教之，更不考定高下。制尊贤堂，以延天下道德之士。镌解额，以去利诱。省繁文，以专委任。励行检，以厚风教。及置待宾、吏师斋，立观光法。如是者，亦数十条。③

---

① 《朱子全书》册 13，第 460 页。
② 《五朝名臣言行录》卷十《安定胡先生》；《朱子全书》册 12，第 314—320 页。
③ 《朱子全书》册 13，第 461 页。

“改试为课”则不再明确地“量化”学习成绩，因为学以“明道”，以成就“道德之士”，以“励行检，厚风教”。

“惟利禄之诱最害人”句，亦指科举取士害人，因为其“夺志”。如朱子言：

> 今人却是倒置。古人学而后仕，今人却反仕而后学。其未仕也，非不读书，但“心”有所溺，圣贤意思都不能见。“科举也是夺志”。今既免此，亦须汲汲于学。为学之道，圣经贤传所以告人者，已竭尽而无余，不过欲人“存此一心”，使自家“身有主宰”。今人驰骛纷扰，一个“心”都不在躯壳里。孟子曰：“学问之道无他，求其放心而已。”又曰：“存其心，养其性，所以事天也。”学者须要识此。”道夫。[1]

朱子已言“科举夺志”，这本身又来自程子，如“程先生有言：‘科举之业不恐妨功，惟恐夺志。’”[2] 观朱子此处所论，其意已非常清楚。加引号的文字指示着朱子学的存养工夫论，即“主敬”工夫。若与上述“穷理”相结合而言，则“居敬穷理”是也。将此放入《小学》此章的原文，即“博学无方，孙友视志。四十始仕，方物出谋发虑，道合则服从，不可则去”此句中，则可理解为：博学无常，惟善是师；逊友而视其志，惟善是取；其学已成，涵养有定；从事政事，随事而应对之、穷其理之当；与吾道合则从之，道不同则不相为谋；绝不“辱食自矜”“曲学阿世”；绝不枉道屈从（“不如是，道不尊”，尊道也）。

《小学·外篇·嘉言篇》“广立教”的内容中，朱子引明道语曰：

---

① 《朱子语类》卷一百二十，第2905—2906页。

② 问科举之业妨功。曰：“程先生有言：‘不恐妨功，惟恐夺志。’若一月之间著十日事举业，亦有二十日修学。若被他移了志，则更无医处矣！”大雅。参见《朱子语类》卷十三，第246页。

忧子弟之轻俊者，只教以经学念书，不得令作文字。子弟凡百玩好，皆夺志。至于书札，于儒者事最近，然一向好著，亦自丧志。①

可知关于“夺志”的问题明道亦有论述，且论述的比较具体，直接针对“儒者”。对此，可以再引三条语录以见其义，《朱子语类》载：

谢显道初见明道，自负该博，史书尽卷不遗一字。明道曰：“贤却记得许多，可谓玩物丧志！”

明道以上蔡记诵为玩物丧志，盖为其意不是“理会道理”，只是夸多斗靡为能。若明道看史不差一字，则意思自别。此正“为己”“为人”之分。贺孙。

元昭告归。……曰：如今人读史成诵，亦是玩物丧志。②

可知“夺志”即“玩物丧志”。依朱子，“志”为“心之所之”③。学在“为已”，“心”当“之”于此。“理会道理”，即“穷理”。“为人”即表现为“夸多斗靡”，此时“心”为外物所牵引则“志”以不再止于当止之地。这也涉及“立志”，《小学·外篇·嘉言篇》“广立教”的内容中有载：

胡文定公《与子书》曰：立志以明道，希文自期待。立心以忠信，不欺为主本。行已以端庄，清慎见操执。④

① 《朱子全书》册13，第434页。

② 《朱子语类》卷九十七、卷九十五、卷一百二十，第2496、2448、2904页。

③ 如朱子对《论语·里仁》篇“苟志于仁矣”之“志”字的注解；朱熹：《四书章句集注》，北京：中华书局，2012年，第69页。

④ 《朱子全书》册13，第438页。

见刘子澄《戒子通录》卷六《胡文定》。胡文定（安国）“立志以明道”一语，可谓将“立志”“为己之学”说尽了。《内篇·立教篇》此章“请肄简谅”（简，书篇；谅，信实）句，与“立心以忠信，不欺为主本”对读，则语意不仅明白且深切。

不过，“惟利禄之诱最害人”，自古已然。如班孟坚云：

> 自武帝立五经博士，开弟子员，设科射策，劝以官禄，讫于元始，百有余年，传业者浸盛，支叶蕃滋，一经说至百余万言，大师众至千余人，“盖禄利之路然也”。初，《书》唯有欧阳，《礼》后，《易》杨，《春秋公羊》而已。至孝宣世，复立大小夏侯《尚书》，大小戴《礼》，施、孟、梁丘《易》，《穀梁春秋》。至元帝世，复立京氏《易》。平帝时，又立《左氏春秋》、《毛诗》、逸《礼》、《古文尚书》，所以罔罗遗失，兼而存之，是在其中矣。①

《小学·内篇·立教篇》第三章：

> 《曲礼》曰：幼子常视毋诳。立必正方，不倾听。②

首句亦见《仪礼经传通解》卷三《内则篇》朱子以其属“教子”，与前章同③。整章可见《仪礼经传通解》卷十《少仪篇》，属“品节”之事④。可知，朱子认为“教子”要使其有

---

① 《汉书》卷八十八《儒林传·赞曰》；班固：《汉书》，北京：中华书局，1962年，第3620—3621页。〇《经学历史》之《经学昌明时代》中载方苞之论曰“诱以利禄，儒之途通而其道亡。”皮鹿门辩道：“方氏持论虽高，而三代以下既不尊师，如汉武使束帛加璧安车驷马迎申公，已属旷世一见之事。欲兴经学，非道以利禄不可。古今选举人才之法，至此一变，亦势之无可如何者也。”依程朱之论而言，则皮氏转不及方氏。参见：皮锡瑞：《经学历史》，北京：中华书局，1959年，第73页。

② 《朱子全书》册13，第396页。

③ 《朱子全书》册2，第173、175页。

④ 《朱子全书》册2，第413、415页。

“品”有“节”。此章本出《曲礼》，朱子在《仪礼经传通解·篇第目录》中对《曲礼》评论道：“此《小戴记》之第一篇，言委曲礼仪之事，所谓‘曲礼三千’者也。其可随事而见者，已包在经礼三百篇之内矣。此篇乃其杂碎首尾出入诸篇、不可随事而见者，故合而记之，自为一篇。而又多为韵语，使受者得以讽于口而存诸心。盖《曲礼》之记也，戴氏编礼时已亡逸，故特因其首章之幸存者，而杂取诸书所引、与它记之相似者，以补续之。然其文亦多错乱，不甚伦贯，今颇厘而析之。”① 朱子所述戴圣补续《曲礼》之事，亦类于朱子纂《小学》一书。

据《仪礼经传通解》：“视，今之‘示’字。小未有所知，常示以正物以正教之，无诳欺”。“习其端正。疏曰：立宜正乡一方，不得倾头属听左右也”②。陈选注：“常视毋诳，教之以诚也。立必正方、不倾听，教之以敬也。”③ “诚”、“敬”、“正”，即此章之旨。

《立教篇》第四章：

> 《学记》曰：古之教者，家有塾，党有庠，术有序，国有学。④

已入《仪礼经传通解》卷十六《学记篇》⑤。《资治通鉴纲目》卷三十九下亦有援引。依《通解》（《仪礼经传通解》将简称《通解》）：“塾，音熟。术，读为遂。门侧之堂谓之塾。古者，二十五家为闾，同共一巷，巷首有门，门边有塾。里中之老有道德者，

① 《朱子全书》册2，第36—37页。
② 《朱子全书》册2，第173、413页。
③ 陈选：《（精校）小学集注》，上海：昌文书局，1932年（民国二十一年），第3页。
④ 《朱子全书》册13，第396页。
⑤ 《朱子全书》册2，第537页。

为左右师，坐于两塾。民在家之时，朝夕出入，恒受教于塾。五百家为党，万二千五百家为遂，遂在远郊之外。国谓天子所都，及诸侯国中。”① “术，当为遂，声之误也。古者，仕焉而已者，归教于闾里，朝夕坐于门。门侧之堂谓之塾。《周礼》：‘五百家为党，万二千五百家为遂。党属于乡，遂在远郊之外’。”②

《通解·篇第目录》中解《学记篇》曰：“《小戴》第十八篇，言古者学校教人传道授业之次序、与其得失兴废之所由，盖兼大小学而言之。旧注多失其指，今考横渠张氏之说，并附己意以补其注云。”③ 《小学·立教篇》由此章而明确地转入“学校之教”，凭朱子此处所言，可知“学校之教”不止于“传道受业”亦关乎“得失兴废”之原由，即亦关乎天下国家之存亡、关乎人民百姓之利。故而不可仅仅止于书斋、“学校”，“国事家事天下事事事关心”。当如上所述胡安定“经义斋，治事斋”所为，亦如朱子饯别陈北溪（淳）时《朱子语类》中之所记：

> 诸友揖退，先生留淳独语，曰：“何故无所问难？”淳曰：“数日承先生教诲，已领大意，但当归去作工夫。”曰：“此别定不再相见。”淳问曰：“己分上事已理会，但应变处更望提诲。”曰：“今且当理会常，未要理会变。常底许多道理未能理会得尽，如何便要理会变！圣贤说话，许多道理平铺在那里，且要阔着心胸平去看，通透后自能应变。不是硬捉定一物，便要讨常，便要讨变。今也须如僧家‘行脚’，接四方之贤士，察四方之事情，览山川之形势，观古今兴亡治乱得失之迹，这道理方见得周遍。‘士而怀居，不

① 《朱子全书》册2，第380—381页。
② 《朱子全书》册2，第537页。
③ 《朱子全书》册2，第38页。

> 足以为士矣！’不是块然守定这物事在一室，关门独坐便了，便可以为圣贤。自古无不晓事情底圣贤，亦无不通变底圣贤，亦无关门独坐底圣贤，圣贤无所不通，无所不能，那个事理会不得？……若只守个些子，捉定在那里，把许多都做闲事，便都无事了。如此，只理会得门内事，门外事便了不得。所以圣人教人要博学！二字力说。”①

朱子即将与自己的高足陈北溪告别，这算是临别赠言。朱子告诉北溪当效仿僧家“行脚”。当然，因为北溪家居福建漳州，与朱子居所建阳相距邈远，加上有家要养，所以很难常侍朱子身边，也不易出户观天下之形胜。故而，朱子才告诫北溪仿“行脚”，不要仅止于其门户乡党之间②。但是，按照朱子对“行脚”的描述，其更为重要的意义显然不在此。所述“接四方之贤士”

---

① 此条语录文字甚多，“二字力说”句后续道：“须是‘博学之，审问之，慎思之，明辨之，笃行之’。子曰：‘我非生而知之者，好古敏以求之者也。’‘文武之道，布在方册’；‘在人，贤者识其大者，不贤者识其小者。夫子焉不学？而亦何常师之有’！圣人虽是生知，然也事事理会过，无一之不讲。这道理不是只就一件事上理会见得便了。学时无所不学；理会时，却是逐件上理会去。凡事虽未理会得详密，亦有个大要处；纵详密处未晓得，而大要处已被自家见了。今公只就一线上窥见天理，便说天理只恁地样子，便要去通那万事，不知如何得。萃百物，然后观化工之神；聚众材，然后知作室之用。于一事一义上，欲窥圣人之用心，非上智不能也。须撒开心胸去理会。天理大，所包得亦大。且如五常之教，自家而言，只有个父子夫妇兄弟；才出外，便有朋友，朋友之中，事已煞多；及身有一官，君臣之分便定，这里面又煞多事，事事都合讲过。他人未做工夫底，亦不敢向他说。如吾友于己分上已自见得，若不说与公，又可惜了！他人于己分上不曾见得，泛而观万事，固是不得。而今已有个本领，却只捉定这些子便了，也不得。如今只道是持敬，收拾身心，日用要合道理无差失，此固是好。然出而应天下事，应这事得时，应那事又不得。学之大本，《中庸》《大学》已说尽了。《大学》首便说‘格物致知’。为甚要格物致知？便是要无所不格，无所不知。物格知至，方能意诚、心正、身修，推而至于家齐、国治、天下平，自然滔滔去，都无障碍。”义刚同。《朱子语类》卷一百一十七，第2830—2832页。

② 朱子与陈淳饯行时已道：“安卿［陈淳］更须出来行一遭，村里坐，不觉坏了人。”见：《朱子语类》卷一百一十七“先生饯席”条，第2832页。

云云，正是“格物穷理”之体现[①]，是伊川所说穷“三端”之理、穷“大到天地之高厚、小到一草一木”之理的体现[②]，亦是圣人教人“博学”之体现（“二字力说”，即是在强调“博学”（穷理）的重要，《中庸》“博学之”）[③]。

---

① “格物穷理”本朱子之语；见：《朱子语类》卷一百五“《近思录》逐篇纲目”条，第2629页。

② “三端”之理指：“或读书，讲明义理；或论古今人物，别其是非；或应接事物而处其当，皆穷理也。”朱子所述“行脚”，主要相应于后“二端”。《河南程氏遗书》卷十八；程颢、程颐：《二程集》，北京：中华书局，1981年，第188、193页。

③ 朱子亦有言：“吾儒之学，则居敬为本，而穷理以充之。”［《朱子语类》卷一百二十六，第3016页。《论语·为政》，朱子之《集注》亦有载：“君子大居敬而贵穷理也”。整句之意正是伊川“涵养须用敬，进学则在致知”之意；王白田（王懋竑）认为，朱子自四十一岁时拈出伊川此语而定为其生平学问之大指。参见：朱熹：《四书章句集注》，北京：中华书局，2012年，第58页。《河南程氏遗书》卷十八；程颢、程颐：《二程集》，北京：中华书局，1981年，第188页。王懋竑：《朱熹年谱》，北京：中华书局，1998年，第320页。］所以“格物穷理”只是“吾儒之学”的一部分，朱子对“行脚”的赞赏更多的也是就此部分而言的。不过，“行脚”不仅仅可以转益多师，还可以让人于社会人事、艰途丛林中磨炼自己的身心，这也是工夫。〇朱子赞赏“行脚”，让陈淳仿而行之，是有其前提的。［胡适先生已明确指出“朱子对‘行脚’深深欣赏”（见其1953年所刊的英文文章 *Ch' an*（*Zen*）*Buddhism in China*：*Its History and Method*），但略显遗憾的是胡先生尚未述及朱子欣赏的“前提”以及“行脚”与“格物”的关系。参见：胡适：《胡适英文文存》（周质平编），北京：外语教学与研究出版社，2012年，第二册，第363页。］这前提即是“己分上事已理会”，即是修己之工夫已经落实的有些分数了。修己工夫，在朱子学中主要指“主敬涵养”之工夫，易晓之解即是“内无妄思、外无妄动”、整思虑齐容貌，心主宰身、心身为一，［《朱子语类》卷十二载：问：“敬何以用工？”曰：“只是内无妄思，外无妄动。”所说“内外”正相应于“心身”，整思虑，齐容貌。《大学》“正心”之“心”，朱子注曰：“心者，身之所主也。”《语类》载：“心，主宰之谓也。”参见：《朱子语类》卷十二、卷五，第211、94页；朱熹：《四书章句集注》，北京：中华书局，2012年，第3页。］个体之主体性得以建立而呈显真实之我。这便是为何朱子会接着说“如吾友于己分上已自见得，若不说与公，又可惜了！他人于己分上不曾见得，泛而观万事，固是不得。而今已有个本领，却只捉定这些子便了，也不得。如今只道是‘持敬’，收拾身心，日用要合道理无差失，此固是好。然出而应天下事，应这事得时，应那事又不得。”北溪已有修己工夫，故而“行脚”“泛而观万事”是必要的；反之，则不可。如朱子言“心若不存，一身便无所主宰。”“人心，万事之主；走东走西，如何了得！”“才出门，便千岐万辙，若不是自家有个主宰，如何得是！”综言之，惟当“居敬穷理”是也。语录之文参见：《朱子语类》卷十二，第199页。

自“家有塾”后，载《通解》卷九《学制》，属“法制名号之略”，句下朱子小注曰：

古者教人，其立法大意皆万世通行，不可得而变革者，学者不可不知。若其名号位置节文之详，则自经言之外，出于诸儒之所记者，今皆无以考其实矣。①

《立教篇》第五章云：②

孟子曰：人之有道也，饱食暖衣、逸居而无教，则近于禽兽。圣人有忧之，使契为司徒，教以人伦：父子有亲，君臣有义，夫妇有别，长幼有序，朋友有信。

本出《孟子·滕文公上》。此章前文已有论述，此略述一二。原文：“后稷教民稼穑，树艺五谷，五谷熟而民人育。……放勋曰：‘劳之来之，匡之直之，辅之翼之，使自得之，又从而振德之。’圣人之忧民如此，而暇耕乎？”省略号的部分正此章之文。朱子注曰：

言水土平，然后得以教稼穑；衣食足，然后得以施教化。……然言教民，则亦非并耕矣。……人之有道，言其皆有“秉彝之性”也。然无教则亦放逸怠惰而失之，故圣人设官而教以人伦，亦因其“固有者”而道之耳。《书》曰：‘天叙有典，敕我五典五惇哉。’此之谓也。……尧言，劳者劳之，来者来之，邪者正之，枉者直之，辅以立之，翼以行之，使自得其“性”矣。又从而“提撕警觉”以加惠焉，

① 《朱子全书》册 2，第 380、383 页。
② 《朱子全书》册 13，第 396 页。

不使其放逸怠惰而或失之。①

“固有者”即“秉彝之性”，即“仁义礼智，我固有之，非由外铄我也”、人性乃天所赋予，即所谓“天命之谓性”（《立教篇》“道语”，《〈小学〉题辞》“仁义礼智，人性之纲”）。“道”即“道”，此“固有者”须后天诱发引道而出，须着实工夫（“提撕警觉”乃朱子学“敬”的工夫用语）从而“使自得其性矣”，即“复其性”。这也是圣人设“教”的指向处。

此章可见《通解》卷九《学义篇》，朱子以其属“明人伦之义”②。朱子在《白鹿洞书院揭示》中有言：“父子有亲，君臣有义，夫妇有别，长幼有序，朋友有信。右五教之目，尧舜使契为司徒，敬敷五教，即此是也。”③ 孟子所说的“五伦”即此“五教”，故而下章便言“尧舜使契为司徒”之事以承接之。在分析下章前，先来看《小学·外篇·嘉言篇》“广立教”中所载：

> 古灵陈先生为仙居，令教其民曰：为吾民者，父义、母慈、兄友、弟恭、子孝，夫妇有恩，男女有别，子弟有学，乡闾有礼。贫穷患难，亲戚相救，婚姻死丧，邻保相助。无堕农业，无作盗贼，无学赌博，无好争讼，无以恶陵善，无以富吞贫。行者让路，耕者让畔，斑白者不负戴于道路，则为礼义之俗矣。④

---

① 朱熹：《四书章句集注》，北京：中华书局，2012年，第263页。
② 《朱子全书》册2，第401—402页。
③ 《晦庵先生朱文公文集》卷七十四；《朱子全书》册24，第3586页。
④ 《朱子全书》册13，第438页。

陈古灵（古灵，村名。本名襄，字述古，宋福州人）所言可谓是孟子说的推衍，“善教得民”，俗美风醇矣。

《立教篇》第六章载：

> 舜命契曰：“百姓不亲，五品不逊。汝作司徒，敬敷五教，在宽。”命夔曰：“命汝典乐，教胄子，直而温，宽而栗，刚而无虐，简而无傲。诗言志，歌永言，声依永，律和声。八音克谐，无相夺伦，神人以和。”①

原出《尚书·舜典》，朱子载入《通解》卷九《学制篇》，属“法制名号之略”，与《立教篇》第四章同②。《朱子文集》中对此有稍详的解释：

> 亲，相亲睦也。五品，父子、君臣、夫妇、长幼、朋友五者之名位等级也。逊，顺也。司徒，掌教之官。敷，布也。五教，父子有亲，君臣有义，夫妇有别，长幼有叙，朋友有信。以五者“当然之理”而为教令也。敬，敬其事也。圣贤之于事，虽无所不“敬”，而此又事之大者，故特以敬言之。宽裕以待之也。盖五者之“理”，出于“人心之本然”，非有强而后能者。

这是在解释“五品”“五教”，以其“理”出于“人心之本然”，如前章所述的“固有者”。亦凸出“敬”的地位，所谓“圣贤之于事，无所不敬”。继续道：

> 自其拘于气质之偏，溺于物欲之蔽，始有昧于其理，而

① 《朱子全书》册13，第396页。
② 《朱子全书》册2，第379—380页。

不相亲爱，不相逊顺者。于是因禹之让，又申命契仍为司徒，使之敬以敷教，而又宽裕以待之。使其优柔浸渍，以渐而入，则其天性之真，自然呈露不能自已，而无迫切虚伪、免而无耻之患矣。孟子所引尧言劳、来、匡、直、辅、翼，使自得之，又从而振德之，亦此意也。①

所言孟子之事，正见上章。此处所言乃圣人“以先觉觉后觉”，使其著实践履而自去其“气质之偏，物欲之蔽”，而有以“自然呈露其天性之真”（“复性”）。“诗言志”云云，朱子解到：

孔子曰：“兴于诗，成于乐。”盖所以荡涤邪秽，斟酌饱满，动荡血脉，流通精神，养其中和之德，而救其气质之偏者也。心之所之谓之志，心有所之必形于言，故曰“诗言志”。既形于言，则必有长短之节，故曰“歌永言”。既有长短，则必有高下清浊之殊，故曰“声依永”。

继而进一步析论道：

声者，宫、商、角、徵、羽也。大抵歌声长而浊者为宫，以渐而清且短则为商、为角、为徵、为羽，所谓“声依永”也。既有长短清浊，则又必以十二律和之，乃能成文而不乱。假令黄锺为宫，则大簇为商，姑洗为角，林锺为徵，南吕为羽。盖以三分损益，隔八相生而得之，余律皆然，即《礼运》所谓“五声六律十二管，还相为宫”，所谓

① 《晦庵先生朱文公文集》卷六十五，《朱子全书》册23，第3170页；亦可参《书集传·舜典》（蔡沈撰，朱熹授旨；朱杰人、严佐之、刘永翔主编），上海：华东师范大学出版社，2010年，第17页。

> “律和声”也。人声既和，乃以其声被之八音而为乐，则无不谐协，而不相侵乱失其伦次。可以奏之朝廷，荐之郊庙，而神人以和矣。圣人作乐以“养情性”，育人材，事神只，和上下，其“体用”功效，广大深切乃如此。今皆不复见矣，可胜叹哉！①

上述朱子之论虽然对于此章的理解颇为有助，但是无如《朱子语类》中之详析为更加简明且意旨凸出，故而参伍以求其旨可尽。语录云：

> 问：“礼书学礼，首引舜命契为司徒，敷五教；命夔典乐，教胄子两条。文蔚窃谓，古人教学不出此两者。契敷五教，是欲使人‘明于人伦’，‘晓得这道理’；夔典乐教胄子，是欲使人‘养其德性’，而‘实有诸己’，此是一篇纲领。”曰：“固是如此。后面只是明此一意：如大司徒之教，即是契敷教事；大司乐之教，即是夔乐事。”

此章的主旨已明：1.“明于人伦”“晓得这道理”（“明理”）；2.“养其德性”“实有诸己”（“存养”“持守”）。这正相当于“道问学”与“尊德性”，“穷理”与“持敬”（居敬穷理）。朱子继续详析道：

> “直而温，宽而栗”，直与宽本自是好，但济之以温与栗，则“尽善”。至如“刚”、“简”二字，则微觉有弊，故戒之以“无虐”“无傲”，盖所以防其失也。某所以特与

① 《晦庵先生朱文公文集》卷六十五，《朱子全书》册23，第3172页；亦见《书集传·舜典》，蔡沈：《书集传》，上海：华东师范大学出版社，2010年，第19页。

分开，欲见防其失者，专为刚、简而设；不蒙上直、宽二句。“直”“宽”，但曰“而温”“而栗”，至“刚”“简”，则曰“无虐”“无傲”，观其言，意自可见。

可谓是“直而温，宽而栗，刚而无虐，简而无傲”四句话的肎綮至精切当之释。续道：

文蔚曰：“教以人伦者，固是又欲‘养其德性’。要‘养德性’，便只是下面‘诗言志，歌永言，声依永，律和声’四句上。”曰：“然。讽诵歌咏之间，足以‘和其心气’，但上面三句抑扬高下，尚且由人；到‘律和声’处，直是不可走作。所以咏歌之际，深足‘养人情性’。至如播之金石，被之管弦，非是不和，终是不若人声‘自然’。故晋人孟嘉有言‘丝不如竹，竹不如肉’，谓‘渐近自然’。至‘八音克谐，无相夺伦，神人以和’，此是言祭祀燕享时事，又是一节。”文蔚。①

此进一步解释“养其德性”“养人情性”。至于对“自然”的强调，盖如上章“因其固有者而道之耳”的意思一致，即“性情”为固有而非外铄，诱发引道以出之可也。《小学·外篇·嘉言篇》“广立教”中有载：

《杨文公家训》曰：童稚之学，不止记诵。养其良知、良能，当以先入之言为主。日记故事，不拘今古，必先以孝弟忠信礼义廉耻等事，如黄香扇、枕陆绩怀橘、叔敖阴德、子路负米之类，只如俗说，便晓此道理。久久成熟，德性若

① 《朱子语类》卷八十四，第2189页。

自然矣。[1]

见《戒子通录》卷五《家训杨文公》。据杨文公（名亿，字大年，谥文，宋浦城人）此说，“久久成熟，德性若自然”的关键在养的是“良知、良能”。此二语本出《孟子·尽心上》，朱子注“良者，本然之善也。程子曰：‘良知良能，皆无所由；乃出于天，不系于人。’……爱亲敬长，所谓良知良能者也”[2]。正因为此，因为养的是“良知、良能”，故而不必定诗书，其他有助于养此者、比如“故事”皆可矣。（1. 黄香尽心养亲，暑则扇枕席，冬则以身温被。2. 陆绩年六岁见袁术，术出橘，绩怀三枚，拜辞堕地。术曰：“陆郎作宾客而怀橘乎？”绩跪答曰：“欲归遗母。”术大奇之。3. 叔敖为儿时出游见两头蛇，杀而埋之。归而泣，母问其故。对曰：“闻见两头蛇者死，向者见之，恐去母而死也。”母曰：“蛇今安在？”曰：“恐他人又见，杀而埋之矣。”母曰：“吾闻有阴德者，天报以福，汝不死也。”及长，为楚相。4. 子路尝曰：“昔事二亲，常食藜藿，为亲负米百里之外。亲没之后，为楚大夫，从车百乘，积粟万锺。累茵而坐，列鼎而食，虽欲食藜藿，为亲负米，何可得也？”[3]）

《立教篇》第七章云：

《周礼·大司徒》：以乡三物教万民而宾兴之：一曰六德，知、仁、圣、义、忠、和；二曰六行，孝、友、睦、婣、任、恤；三曰六艺，礼、乐、射、御、书、数。以乡八

---

① 《朱子全书》册 13，第 434 页。
② 朱熹：《四书章句集注》，北京：中华书局，2012 年，第 360 页。
③ 事可参陈选：《(精校)小学集注》，上海：昌文书局，1932 年，第 12—13 页。

刑纠万民：一曰不孝之刑，二曰不睦之刑，三曰不姻之刑，四曰不弟之刑，五曰不任之刑，六曰不恤之刑，七曰造言之刑，八曰乱民之刑。①

起句至“书数”，见《通解》卷七《乡饮酒礼篇》之注文②。全章载《通解》卷九《学制篇》，属“教民之法”③，与前章同在一篇，且相承接。之前的数章语出《礼记》，此章出《周礼》，而本文此节一再出现的《仪礼经传通解》（简称《通解》）实主《仪礼》，此三者即《三礼》。关于《三礼》，朱子有自己的主张（前文略有涉及），此处稍作详陈以便本文行文之需要。朱子在《乞修三礼劄子》中写道：

六经之道同归，而礼乐之用为急。遭秦灭学，礼乐先坏。汉晋以来，诸儒补缉，竟无全书。其颇存者，《三礼》而已。《周官》一书，固为礼之“纲领”，至其仪法度数，则《仪礼》乃其“本经”，而《礼记》《郊特牲》《冠义》等篇，乃其“义说”耳。④

对《仪礼》《周礼》《礼记》之性质做出界定，分别为：“本经”（经），“纲领”，“义说”（传）。这算是统论，至于具体篇章，《朱子语类》有问答：

问礼书。曰：“惟《仪礼》是古全书。若《曲礼》《玉藻》诸篇，皆战国士人及汉儒所裒集。《王制》《月令》

① 《朱子全书》册13，第379页。
② 《朱子全书》册2，第263页。
③ 《朱子全书》册2，第383—384、388页。
④ 《晦庵先生朱文公文集》卷十四；《朱子全书》册20，第687页。

> 《内则》是成书。要好，自将说礼物处，如《内则》《王制》《月令》诸篇附《仪礼》成一书，如中间却将《曲礼》《玉藻》又附在末后；不说礼物处，如《孔子闲居》《孔子燕居》《表记》《缁衣》《儒行》诸篇，却自成一书。《乐记》文章颇粹，怕不是汉儒做，自与《史记》《荀子》是一套，怕只是荀子作。《家语》中说话犹得，《孔丛子》分明是后来文字，弱甚。天下多少是伪书，开眼看得透，自无多书可读。”贺孙。①

此可谓是朱子对礼书篇章的辨伪。朱子推定：《乐记》为荀子“作”；《曲礼》《玉藻》是战国士人及汉儒所“裒集”；《王制》《月令》《内则》是“成书”（内容自足）；《孔子闲居》《孔子燕居》《表记》《缁衣》《儒行》诸篇，却“自成一书”（内容联系紧密）。至于《孔子家语》中说话“犹得”，即指其有值得采用之内容；“《孔丛子》分明是后来文字，弱甚”，即指其乃伪书无疑。《朱子语类》又载：

> 《周礼》自是全书。如今礼书欲编入，又恐分折了《周礼》，殊未有所处。因说：“《周礼》只是说礼之“条目”，其间煞有文字，如八法、八则、三易、三兆之类，须各自别有书。”子升问：“《仪礼》传记是谁作？”曰：“传是子夏作，记是子夏以后人作。”子升云：“今礼书更附入后世变礼亦好。”曰：“有此意。”木之。②

此推定《仪礼》的“传”与“记”分别是：子夏与子夏以

---

① 《朱子语类》卷八十四，第2187页。
② 同上。

后人作。这些“作者”，盖即为上条引文中“战国士人及汉儒所裒集”的内容之实际来源处。“后世变礼”云云，盖意指：不必定要“墨守”，所谓“时为大”、因时制度之意。朱子有言：

学礼，先看《仪礼》。《仪礼》是全书，其他皆是讲说。如《周礼》《王制》是制度之书，《大学》《中庸》是说“理”之书。①

观此可知本在《礼记》中的《学》《庸》二篇（第四十二篇、三十一篇），为何会被宋代“理”学家如程朱所重视，因为其是说“理”之书。盖亦正如《宋史·道学传序》所综括的：“仁宗明道初年，程颢及弟颐实生，及长，受业周氏，已乃扩大其所闻，表章《大学》《中庸》二篇，与《语》《孟》并行，于是上自帝王傅心之奥，下至初学入德之门。融会贯通，无复余蕴。迄宋南渡，新安朱熹得程氏正传，其学加亲切焉。大抵以格物致知为先，明善诚身为要。”

现在回到《小学》此章。首句，朱子之注（《通解》中）曰：

物，犹事也。兴，犹举也。三事教成，乡大夫举其贤者能者，以饮酒之礼宾客之，既则献其书于王。

“六德”，朱子解曰：

知，谓明于事。仁，谓爱人以及物。圣，谓通而先识。义，谓能断时宜。忠，谓言以中心。和，谓不刚不柔。

① 《朱子语类》卷八十七，第2225页。

“六行”，朱注：

孝，谓善事父母。友，谓善于兄弟。睦，谓亲于九族。渊，谓亲于外亲。任，谓信于友道。恤，谓赈于忧贫。

“六艺”，《通解》中有注文：

艺，者理之寓于事者也。……礼以制中，乐以道和，射以观德行，御以正驰驱，书以见心画，数以尽物变，皆至理所寓而日用不可缺者也。

“纠万民”句，朱子云：

纠，犹割察也，谓察取乡中八种之过而断割其罪也。

“一曰不孝之刑”云云，朱子解：

不弟，谓不敬师长。……讹言惑众……乱名改作，执左道以乱政也。①

《朱子语类》中有相涉之语录：

问：“《小学·立教篇》，《大司徒》六行：孝、友、睦、婣、任、恤。后面‘八刑纠万民’，却无不友之刑，虽有不弟之刑。又注（本文案：“注”见《周礼》卷三，乃郑康成注）云：‘不敬师长。’如何?”曰：“也不须恁地看。且看古之圣人教人之法如何，而今全无这个。且‘天降下民，作之君，作之师’，作之君，便是作之师。”倪。②

所疑问处虽然朱子没有正面回答，但是《中庸》二十章有

① 《朱子全书》册2，第383—384页。
② 《朱子语类》卷一百五，第2627页。

载“不顺乎亲，不信乎朋友矣”①，这可以算是答案之所在。能“孝”能“睦”等等，则必能“友”。

《立教篇》第八章：

> 《王制》曰：乐正崇四术，立四教，顺先王诗书礼乐以造士。春秋教以礼乐，冬夏教以诗书。②

载《通解》卷九《学制篇》，属“教学之通法”。与前章同在《学制》，前后相承。所谓“通法”，即“幼者，教之于小学；长者，教之于大学。”③ 所教无越乎诗书礼乐圣人之道。伊川曰：“孟子论三代之学，其名与《王制》所记不同，恐汉儒所记未必是也。”④ 此对《王制》表示怀疑，尊信孟子。陈选《小学集注》注云：“四术，诗书礼乐；四教，春夏秋冬。……古人之教，虽曰四时各有所习，其实亦未必截然弃彼而习此。恐亦互言耳，非春秋不可教诗书，冬夏不可教礼乐也。”⑤ 此合朱子之意，研习诗书礼乐岂能如此死执于季节（已非“通法”之“通”）。

《立教篇》第九章：

> 《弟子职》曰：先生施教，弟子是则。温恭自虚，所受是极。见善从之，闻义则服。温柔孝弟，毋骄恃力。志毋虚邪，行必正直。游居有常，必就有德。颜色整齐，中心必式。夙兴夜寐，衣带必饬。朝益暮习，小心翼翼。一此不懈，是谓学则。⑥

---

① 朱熹：《四书章句集注》，北京：中华书局，2012 年，第 31 页。
② 《朱子全书》册 13，第 397 页。
③ 《朱子全书》册 2，第 394、400 页。
④ 见《论孟精义》卷五；《朱子全书》册 7，第 701 页。
⑤ 陈选：《（精校）小学集注》，上海：昌文书局，1932 年，第 4 页。
⑥ 《朱子全书》册 13，第 397 页。

此章见《通解》卷十《弟子职》，属“学则”[①]。亦可见《朱子文集》卷六十六《读管氏弟子职》一文[②]。《通解·篇第目录》对《弟子职》的评论：“此《管子》之全篇，言童子入学受业事师之法。今分章句，参以众说，补其注文，以附于经。”[③]《大学章句序》中言：“若《曲礼》《少仪》《内则》《弟子职》诸篇，固小学之支流余裔。”[④]《答潘恭叔》第八书言：“《管子·弟子职篇》，亦合附入《曲礼》类”[⑤]。《朱子语类》则载：

> 《弟子职》一篇，若不在《管子》中，亦亡矣。此或是他存得古人底，亦未可知。或是自作，亦未可知。窃疑是他作内政时，士之子常为士，因作此以教之。想他平日这样处都理会来。然自身又却在规矩准绳之外！义刚。[⑥]

朱子推断《管子·弟子职篇》为管子“自作”。不过朱子对管子其人评价并不高，往往“管商”合称（商鞅）[⑦]，以其为

① 《朱子全书》册2，第407页。
② 《晦庵先生朱文公文集》卷六十六；《朱子全书》册23，第3213页。
③ 《朱子全书》册2，第36页。
④ 朱熹：《四书章句集注》，北京：中华书局，2012年，第1页。
⑤ 《晦庵先生朱文公文集》卷五十；《朱子全书》册22，第2313页。
⑥ 《朱子语类》卷七，第128页。
⑦ 问四子言志。曰：“曾点与三子，只是争个粗细。曾点与漆雕开，只是争个生熟。曾点说得惊天动地，开较稳贴。三子在孔门岂是全不理会义理。只是较粗，不如曾点之细。”又曰：“子路使民，非若后世之孙吴；冉有足民，非若后世之管商。”○因问陆子静，云：“这个只争些子，才差了便如此。他只是差过去了，更有一项，却是不及。若使过底，拗转来却好；不及底，趱向上去却好。只缘他才高了，便不肯下；才不及了，便不肯向上。过底，便道只是就过里面求个中；不及底，也道只就不及里面求个中。初间只差了些子，所谓‘差之毫厘，缪以千里’！”又曰：“如伯夷之清，柳下惠之和，孟子便说道‘隘与不恭，君子不由’。如孔子说‘逸民：伯夷叔齐’，这已是甚好了；孔子自便道：‘我则异于是，无可无不可。”又曰：“某看近日学问，高者便说做天地之外去，卑者便只管陷溺；高者必入于佛老，卑者必入于管商。定是如此！定是如此！”贺孙。见：《朱子语类》卷四十、一百二十四，第1029、2979—2980页。

“谋利计功”、行“霸术”之代表。然而，朱子对《管子·弟子职》却因其内容之善而评价甚高，以至于不得不为管子作此篇文字之事给予“设身处地之解”，所谓“窃疑是他作内政时，士之子常为士，因作此以教之”。既然能写出这样的文字，则其人当亦如其文所示，即“想他平日这样处都理会来”，然而“人”并不如其“文”，所谓“自身又却在规矩准绳之外！”

“毋骄恃力”，朱子解为“骄而恃力，则羝羊触藩”。“志毋虚邪”之“虚”、“中心必式”之“式”，朱子解“虚，谓虚伪”“式，法也”。“温恭自虚，所受是极”句，《读管氏弟子职》中释道：“必虚其心，然后能有所容。极，谓尽其本原也。”此解须结合《朱子语类》而观：

> 《弟子职》“所受是极”云受业去后，须穷究道理到尽处也。“毋骄恃力”，如恃气力欲胡乱打人之类。盖自小便教之以“德”，教之以尚德不尚力之事卓①

朱子对“极”字的解释，明显是本著他对“格物”的解释而来的：“格，至也。物，犹事也。穷至事物之理，欲其极处无不到也。”“物格者，物理之极处无不到也。”“所谓致知在格物者，言欲致吾之知，在即物而穷其理也。”②“尚德不尚力”，盖如《孟子·公孙丑上》所言：“以力假仁者霸，霸必有大国，以德行仁者王，王不待大。汤以七十里，文王以百里。以力服人者，非心服也，力不赡也；以德服人者，中心悦而诚服也，如七十子之服孔子也。《诗》云：‘自西自东，自南自北，无思不服。’此之谓也。”朱子注曰：“力，谓土地甲兵之力。假仁者，

---

① 《朱子语类》卷七，第128页。
② 朱熹：《四书章句集注》，北京：中华书局，2012年，第4、7页。

本无是心，而借其事以为功者也。霸，若齐桓晋文是也。以德行仁，则自吾之得于心者推之，无适而非仁也。……赡，足也。……王霸之心，诚伪不同。故人所以应之者，其不同亦如此。邹氏曰：‘以力服人者，有意于服人，而人不敢不服；以德服人者，无意于服人，而人不能不服。从古以来，论王霸者多矣，未有若此章之深切而著明也。’”① 据此可知，“德”与“力”正关涉“王霸”（核心是“仁”）。这也无怪乎朱子评管仲“自身又却在规矩准绳之外矣”，因为管子写的《弟子职》“尚德”，既然“尚德”则正可以“以德行仁者王”，然而他却相齐桓公行“霸术”②。《朱子文集》卷五十九《答陈与叔（梦良）》一书中，陈氏论道：

> 梦良窃意，《弟子職》一章，自“先生施教，弟子是则”以下，似言学莫先于立教云云；自“志无虚邪”以下，又详言其学之之功如此云云。

朱子批语道：

① 朱熹：《四书章句集注》，北京：中华书局，2012年，第236—237页。

② 管仲相桓公之改制，正如今学人之论：其为未竟之事业，因为整体改制仅实现了一半，即“衣食足”“仓廪实”，至于后一半“知荣辱”“知礼节”则有待施行（天不假年，管仲已卒）。〇另外，行“霸术”，管仲受到称赞，杨龟山认为：“夫子大管仲之功而小其器。盖非王佐之才，虽能合诸侯、正天下，其器不足称也。道学不明，而王霸之略混为一途。故闻管仲之器小，则疑其为俭，以不俭告之，则又疑其知礼。盖世方以诡遇为功，而不知为之范，则不悟其小宜矣。”（见《论语·八佾》“管仲之器小哉”章）。《论语·宪问》载：子路曰：“桓公杀公子纠，召忽死之，管仲不死。”曰：“未仁乎？”子曰：“桓公九合诸侯，不以兵车，管仲之力也。如其仁！如其仁！”朱子注云：“九，《春秋传》作‘纠’，督也，古字通用。不以兵车，言不假威力也。如其仁，言谁如其仁者，又再言以深许之。盖管仲虽未得为仁人，而其利泽及人，则有仁之功矣。”参见：朱熹：《四书章句集注》，北京：中华书局，2012年，第67、154页。

此说得之，然亦本无奥义，不必如此之详也。[①]

然而，观朱子《弟子职》的注以及语录之讨论，显然他自己已求其“奥义”，如“必虚其心”、“尽其本原”、“须穷究道理到尽处”之类。度朱子之意，盖深刻道理不必在童蒙时详析而言，所谓“知个义理大概”（见前文），止教与他包含此些道理之言语，待他“习与智长”则自然会渐次知之，甚至笃行之。

《立教篇》第十章曰：

孔子曰：弟子入则孝，出则弟，谨而信，泛爱众而亲仁，行有余力，则以学文。[②]

出《论语·学而》。朱子《集注》云：

谨者，行之有常也。信者，言之有实也。泛，广也。众，谓众人。亲，近也。仁，谓仁者。余力，犹言暇日。以，用也。文，谓诗书六艺之文。程子曰：“为弟子之职，力有余则学文，不修其职而先文，非为己之学也。”尹氏曰：“德行，本也。文艺，末也。穷其本末知所先后，可以入德矣。”洪氏[③]曰：“未有余力而学文，则文灭其质；有余力而不学文，则质胜而野。”愚谓力行而不学文，则无以考圣贤之成法、识事理之当然，而所行或出于私意，非但失之于野而已。[④]

“德行，本也。文艺，末也。穷其本末，知所先后，可以入德矣”，与前章“尚德”之说相承接。洪兴祖从“文质”的角度

① 《晦庵先生朱文公文集》卷五十九；《朱子全书》册23，第2816—2817页。
② 《朱子全书》册13，第397页。
③ 洪兴祖，丹阳人；参见赵顺孙《四书纂疏》。
④ 朱熹：《四书章句集注》，北京：中华书局，2012年，第49页。

进行解读，朱子赞成的同时又有进一步的推阐。据朱子之论，则本章在于“德”与“文”、“行”（力行）与“知”（学文）的并重、相须为用。

《立教篇》第十一章：

> 兴于诗，立于礼，成于乐。[①]

本出《论语·泰伯》。此章以及上一章皆载入《通解》卷九《学义篇》，属“明教学之序”[②]。“兴于诗”句，朱子注云：

> 兴，起也。《诗》本性情，有邪有正，其为言既易知，而吟咏之间，抑扬反复，其感人又易入。故学者之初，所以兴起其好善恶恶之心，而不能自已者，必于此而得之。

与此前《立教篇》第六章所论相合。“立于礼”句，朱子注：

> 礼以恭敬辞逊为本，而有节文度数之详，可以固人肌肤之会，筋骸之束。故学者之中，所以能卓然自立，而不为事物之所摇夺者，必于此而得之。

“成于乐”，朱子解到：

> 乐有五声十二律，更唱迭和，以为歌舞八音之节，可以养人之性情，而荡涤其邪秽，消融其查滓。故学者之终，所以至于义精仁熟，而自和顺于道德者，必于此而得之，是学之成也。

---

① 《朱子全书》册 13，第 397 页。
② 《朱子全书》册 2，第 404—405 页。

此是详解为何要以“乐”言“成”，因为其可以“养人之性情，荡涤其邪秽，消融其查滓”（与前《立教篇》第六章意思一致），“学者”终身从事之将至于“义精仁熟”、自然而然地和顺于“天之道”、“己之德”（朱子解“德”：“德者，得也；得其‘道’于心而不失之谓也。”①），此乃“学之成”，也即“德之成”（“成德”）。朱子继续道：

> 按《内则》，十年学幼仪，十三学乐诵诗，二十而后学礼。则此三者，非小学传授之次，乃大学终身所得之难易、先后、浅深也。程子曰：“天下之英才不为少矣，特以道学不明，故不得有所成就。夫古人之诗，如今之歌曲，虽闾里童稚，皆习闻之而知其说，故能兴起。今虽老师宿儒，尚不能晓其义，况学者乎？是不得兴于诗也。古人自洒扫应对，以至冠、昏、丧、祭，莫不有礼。今皆废坏，是以人伦不明，治家无法，是不得立于礼也。古人之乐：声音所以养其耳，采色所以养其目，歌咏所以养其性情，舞蹈所以养其血脉。今皆无之，是不得成于乐也。是以古之成材也易，今之成材也难。”②

自按语至“浅深也”句，其解释见此前《立教篇》第二章的论述。程子之言的主旨在“特以道学不明，故不得有所成就”此句，其背后隐含着“学以成德、成贤、成圣”之义。职是之故，“学”尤为重要。但“学”之类甚众，如“异端之学”亦

① 《论语·述而》“据于德”句朱子注文；朱熹：《四书章句集注》，北京：中华书局，2012年，第94页。

② 朱熹：《四书章句集注》，北京：中华书局，2012年，第105页。

是学①。所以此“学”必是“道学”（孔孟之道）方足以成就

---

① 《论语·为政》“攻乎异端，斯害也已”章，［将“攻”解为“攻击”，则《论语》此章之意有二：1、“攻击异端，是有害的”；2、“攻击异端，异端之害方可停止”。据朱子对“辟佛”的态度，第2解显然与其态度不合；第1解虽含有不要“攻击异端”之义，已与朱子态度相合，但一方面字面已明确说道“攻击异端”，一方面并没有暗含“不攻击异端”后则该归于何处。朱子解“攻”为“专治”，则显然指向于劝勉学者归向于“专治圣人之道”。第1解，董平师讲授《论语》之盛而所闻者如斯，师指出朱子之解重在劝勉学者回归儒家之道；第2解，清人钱大昕在《十驾斋养新录》卷三“攻乎异端”条已有较详之辨析，非但指出宋人孙奕于《示儿编》中已有此解，亦指出萧梁任昉于《王文宪集序》已有此意，同时，钱氏亦看到了朱子解“攻”为“专治”乃是因袭何晏《论语集解》中解“攻”为“治”。不过，钱氏并不以朱子之解为长，反以为孙奕之说“胜于古注”、且与《论语》“鸣鼓而攻之”义相合。参见：钱大昕：《十驾斋养新录》（杨勇军整理），上海：上海古籍出版社，2011年，第41页。］朱子在《答宋深之》书中（“排佛、老……。近似之说，固应辨析，以晓未悟，然须自见得己分上道理极分明，然后可以任此责；如其未然，而欲以口舌校胜负，恐徒起纷竞之端，而卒无益于道术之明暗也。孟子论乡原乱德之害，而卒以君子反经为说，此所谓上策莫如自治者。况异端邪说，日增月益，其出无穷，近年尤甚，盖有不可胜排者。惟吾学既明，则彼自灭熄耳。此学者所当勉，而不可以外求者也。……相望数千里，会见无期，惟千万力学自爱”。《晦庵先生朱文公文集》卷五十八；《朱子全书》册23，第2774—2775页。）所说之“排佛”“胜排”之“排”，显然是“排斥、觗排”之义，也是“攻击”之义，而朱子解“攻乎异端”之“攻”为“专治”则并不表示他不知“攻击”这一常见易晓之义。朱子所以舍此易晓之义而取“专治”这一曲折之解，正是因为他不太主张觗排佛家而更倾向于“自治”“明吾道”。此章解为“专治异端、是有害的”，则显然是劝勉学者舍弃异端（“异端，非圣人之道，而别为一端”）而“专治”于“吾儒圣人之道”。参见：朱熹：《四书章句集注》，北京：中华书局，2012年，第57页。《小学·外篇·嘉言篇》有载明道之语：“道之不明，异端害之也。昔之害近而易知，今之害深而难辨。昔之惑人也，乘其迷暗；今之入人也，因其高明。自谓之穷神知化，而不足以开物成务；言为无不周遍，实则外于伦理；穷深极微，而不可以入尧舜之道。天下之学，非浅陋固滞，则必入于此。自道之不明也，邪诞妖妄之说竞起，塗生民之耳目，溺天下于污浊，虽高才明智，胶于见闻，醉生梦死，不自觉也。是皆正路之蓁芜，圣门之蔽塞，辟之而后可以入道。”（《朱子全书》册13，第456—457页。此条亦收入《近思录》卷十四“圣贤气象”，其表明“读书”为学之目的在于成圣成贤。《朱子全书》册13，第248—249页。）与朱子对佛家之态度相较，则明道之态度略显激烈，如“是皆正路之蓁芜，圣门之蔽塞，辟之而后可以入道。”而朱子更主张“自治，明吾道”而非“辟之”、攻击之。兹再以朱子《答刘子澄》第二书中所述为证以结束此之讨论。此信中有载：“来书深以异学侵畔为忧，自是而忧之，则有不胜其

“天下之英才”。以古方今，古者“闾里童稚”皆习闻诗而知其说，今虽“老师宿儒，尚不能晓其义”；古者“自洒扫应对，以至冠、昏、丧、祭，莫不有礼”，且“人伦明”“治家之有法”，今皆废坏；古者“声音所以养其耳，采色所以养其目，歌咏所以养其性情，舞蹈所以养其血脉”，以至于“义精仁熟，而自和顺于道德”（朱子语），今皆无之。无之如何？恢复之也。如何恢复？讲明“道学”是也，必来此取法是也（盖有承继“道统”之意）。朱子《答潘恭叔》第九书中有载：

> “成于乐”，如学乐、诵诗、舞勺、舞象，岂不是学者事？舜命夔典乐教胄子，岂不是学者事？但渐次见效，直至圣人地位始可言成耳！[①]

“学乐诵诗”“舜命夔典乐教胄子”云云，见此前《立教篇》第二章、第六章之文以及相关析论。朱子在此明确地表示“循序渐进”进而“直至圣人地位”，即由“学”以成德成圣。

《立教篇》第十二章载：

> 《乐记》曰：礼乐不可斯须去身。[②]

忧者。惟能于讲学体验处加功，使吾胸中洞然无疑，则彼自不能为吾疾矣。若不求众理之明，而徒恃片言之守，则虽早夜忧虞，仅能不为所夺，而吾之胸中初未免于愦愦，则是亦何足道？愿老兄专以圣贤之言反求诸身，一一体察，须使一一晓然无疑，积日既久，自当有见。但恐用意不精，或贪多务广，或得少为足，则无由明尔。……今世学者，语高则沦于空寂，卑则滞于形器，中间正当紧要亲切合理会处，却无人留意。此道之所以不明不行，而邪说暴行所以肆行而莫之禁也。”参见：《晦庵先生朱文公文集》卷三十五；《朱子全书》册21，第1533—1534页。

①《晦庵先生朱文公文集》卷五十；《朱子全书》册22，第2316页。

②《朱子全书》册13，第397页。

见《通解》卷九《学义》，属“明礼乐之义”，且全录《乐记》“人生而静”章，亦见《通解》卷十四《礼乐记》①。对于《乐记》，上文已述，朱子推断其作为荀子，认为其内容“颇粹”。至于其“人生而静”一章，更是关涉“天理”“人欲”“天道”“人道”“动静”“性情”，尤其为理学家所重视。朱子便写有《乐记动静说》一文来专门阐述其旨②，且论述中引刘康公“人受天地之中以生”之语而一并讨论（刘康公语已录入《小学·内篇·稽古篇》，后文将详论）。

此章涉礼乐，其义盖不出上章所述，故而析论从略。

《立教篇》第十三章：

> 子夏曰：贤贤易色，事父母能竭其力，事君能致其身，与朋友交言而有信，虽曰未学，吾必谓之学矣。③

本出《论语·学而篇》，乃第七章。载入《小学·立教篇》，为卒章。《学而篇》中此章的上一章为“弟子入则孝”章，其为《立教篇》第十章。故而就此二章而言，《小学·立教篇》之次第遵从《论语·学而篇》。朱子注曰：

> 贤人之贤，而易其好色之心，好善有诚也。致，犹委也。委致其身，谓不有其身也。四者皆人伦之大者，而行之必尽其“诚”，学求如是而已。故子夏言有能如是之人，苟非生质之美，必其务学之至。虽或以为未尝为学，我必谓之已学也。游氏曰：“三代之学，皆所以明人伦也。能是四

① 《朱子全书》册2，第403—404、532页。
② 《晦庵先生朱文公文集》卷六十七；《朱子全书》册23，第3263页。
③ 《朱子全书》册13，第397页。

者，则于人伦厚矣。学之为道，何以加此。子夏以文学名，而其言如此，则古人之所谓学者可知矣。故《学而》一篇，大抵皆在于务本。”吴氏曰：“子夏之言，其意善矣。然辞气之间，抑扬太过，其流之弊，将或至于废学。必若上章夫子之言。然后为无弊也。”①

“吴氏”即吴棫，建安人，可参《四书纂疏》。据《四库提要》对吴棫《韵补》作的提要中说，吴氏著书有：《书裨传》《诗补音》《论语指掌考异续解》《楚辞释音》《韵补》。吴之论盖出自《论语指掌考异续解》。吴氏作为朱子居地的乡之前脩，在音韵学方面颇有发明，朱子所认为的《诗经》之古音（朱子所谓的“叶韵”）即多有发于吴氏。这也开启了后来陈第、顾亭林、江慎修、戴东原、段茂堂、高邮王氏父子的音韵研究。吴氏及朱子，功岂不钜哉，朱子对吴氏岂能小觑哉。朱子征引吴氏说，当是据之以批评子夏。《朱子语类》有载：

林一之问“贤贤易色”章。曰：“他是重其所重，轻其所轻，固为激切之辞，觉得那一边偏重。圣人言语便平，如曰：‘礼，与其奢也，宁俭；丧，与其易也，宁戚。’不说礼只专是俭，丧只专是戚也。”砥。②

此正吴氏之意。朱子出游、吴二氏之言，正如其所论：

圣贤教人，始终本末，循循有序，精粗巨细，无有或遗。故才“尊德性”，便有个“道问学”一段事，虽当各自

① 朱熹：《四书章句集注》，北京：中华书局，2012年，第49—50页。
② 《朱子语类》卷二十一，第502页。

> 加功，然亦“不是判然两事也”。……盖道之为体，其大无外，其小无内，无一物之不在焉。故君子之学，既能“尊德性”以全其大，便须“道问学”以尽其小。……学者于此，固当以“尊德性”为主，然于“道问学”，亦不可不尽其力。要当使之有以交相滋益，互相发明，则自然该贯通达，而于道体之全无欠阙处矣。①

“尊德性”与“道问学”乃自古为学之两途，当交相滋益、互相发明，不可偏废。朱子既然如此主张，便随即付诸践履。如前所述，“立教”即“立明伦之教”“立敬身之教”，而以子夏之言结束的《小学·内篇·立教篇》朱子认为不可“废学”（“道问学”不可或缺），故而《小学·外篇·嘉言篇》“广敬身”的部分自征录《颜氏家训》“夫所以读书学问”章开始，至明道云“君子教人有序，先传以小者近者，而后教以大者远者”及“道之不明”此一章而终篇，皆是论“读书学问”之事②。

至此，《小学·内篇·立教篇》已论述完（兼及《外篇》相涉内容）。接着便来看“实前言”的《小学·内篇·稽古篇》有关“立教”的内容，以见朱子之选语是如何证实前言的，古之贤圣君子是如何身体力行的。

《小学·内篇·稽古篇》第二章云：

> 孟轲之母，其舍近墓。孟子之少也，嬉戏为墓间之事，踊跃筑埋。孟母曰：“此非所以居子也。”乃去。舍市，其

---

① 《晦庵先生朱文公文集》卷七十四《玉山讲义》；《朱子全书》册 24，第 3591—3592 页。

② 《朱子全书》册 13，第 454—457 页。

嬉戏为贾衒。孟母曰：“此非所以居子也。”乃徙。舍学宫之旁，其嬉戏乃设俎豆，揖让进退。孟母曰：“此真可以居子矣。”遂居之。孟子幼时，问东家杀猪何为？母曰：“欲啖汝。”既而悔曰：“吾闻古有胎教，今适有知而欺之，是教之不信。”乃买猪肉以食之。既长就学，遂成大儒。①

出《列女传·母仪·邹孟轲母》。“孟子幼时”句之前，《列女传》续有载：

孟子长，学六艺，卒成大儒之名。……孟子惧，旦夕勤学不息，师事子思，遂成天下之名儒……颂曰：孟子之母，教化列分，处子择艺，使从大伦，子学不进，断机示焉，子遂成德，为当世冠。

“问东家杀猪何为”云云，见《韩诗外传》卷九：

孟子少时，东家杀豚，孟子问其母曰：“东家杀豚，何为？”母曰：“欲啖汝。”其母自悔而言曰：“吾怀妊是子，席不止，不坐；割不正，不食；胎教之也。今适有知而欺之，是教之不信也。”乃买东家豚肉以食之，明不欺也。《诗》曰：“宜尔子孙绳绳兮。”言贤母使子贤也。

《艺文类聚·豕》《太平御览·信》，皆已录入而文字小异。《太平御览》以此事属“信”，便已揭示其意旨。朱子载入《小学》，乃是结合了《韩诗外传》相涉之文，并有删削以使齐整，且已加入自己之言“既长就学，遂成大儒”。此语当为《列女传》“孟子长，学六艺，卒成大儒之名”“遂成天下之名儒”的

① 《朱子全书》册13，第422—423页。

简括。孟子因孟母之教（自“胎教”到“家庭之教”至“学校之教”），“遂成德”“遂成大儒”。如果说这里讲的是“母教子”，那么接下来两章则是在言“父教子”。

《小学·内篇·稽古篇》第三章：

孔子尝独立，鲤趋而过庭，曰：“学《诗》乎?”对曰“未也。”“不学《诗》，无以言。”鲤退而学《诗》。他日又独立，鲤趋而过庭，曰：“学《礼》乎?”对曰：“未也。”“不学《礼》，无以立。”鲤退而学《礼》。[①]

见《论语·季氏》[②]。原文“陈亢问于伯鱼曰：‘子亦有异闻乎?’对曰：‘未也。尝独立，鲤趋而过庭’”句已削去。“无以言”、“无以立”句，朱子注云：

事理通达而心气和平，故能言；品节详明而德性坚定，故能立。

“事理通达”相当于“道问学”“格物穷理”，“品节详明而‘德性’坚定德性”当“尊德性”“居敬”。

《小学·内篇·稽古篇》第四章：

孔子谓伯鱼曰：“女为《周南》《召南》矣乎?人而不为《周南》《召南》，其犹正墙面而立也与!”[③]

出《论语·阳货》。朱子注曰：

为，犹学也。《周南》《召南》，《诗》首篇名。所言皆

① 《朱子全书》册13，第423页。
② 朱熹：《四书章句集注》，北京：中华书局，2012年，第175页。
③ 《朱子全书》册13，第423页。

修身齐家之事。正墙面而立，言即其至近之地，而一物无所见，一步不可行。[1]

此教之实际所指为读书（圣人之经典）。在朱子学中，读书乃“格物穷理”之一端，属“道问学”之事，乃始下手处，极其重要。以之为《小学·稽古篇》“立教”部分的最后一章，正可以补《小学·立教篇》末章子夏语“抑扬太过，至于废学”的“流弊”。二者遥相呼应，合观则俱美。

如果再结合《稽古篇》第一章的内容（文王母）来看，则可以说，先母亲（文王母、孟母）之教后父亲之教（孔夫子），大抵暗示出：无论“胎教”还是“家庭之教”乃至于“学校之教”，母亲之重要性绝不弱于父亲。《小学·外篇·善行篇》“实立教”的内容中有述吕原明（希哲）之事：

吕荥公，名希哲，字原明，申国正献公之长子。正献公居家，简重寡默，不以事物经心。而申国夫人性严有法，虽甚爱公，然教公事事循蹈规矩。甫十岁，祁寒暑雨，侍立终日，不命之坐，不敢坐也。日必冠带以见长者。平居虽甚热，在父母长者之侧，不得去巾袜缚袴，衣服唯谨。行步出入，无得入茶肆酒肆。市井里巷之语，郑卫之音，未尝一经于耳。不正之书，非礼之色，未尝一接于目。……公德器成就大异众人。[2]

此已明确表示原明之母在其受教成德中的作用之重大。《小学·外篇》又载唐柳公绰（柳公权之兄）之妻，柳仲郢之母事：

① 朱熹：《四书章句集注》，北京：中华书局，2012 年，第 179 页。
② 《朱子全书》册 13，第 459 页。

公绰妻韩氏，相国休之曾孙。家法严肃俭约，为搢绅家楷范。归柳氏三年，无少长，未尝见其启齿。常衣绢素，不用绫罗锦绣。每归觐，不乘金碧舆，只乘竹兜子，二青衣步屣以随。常命粉苦参、黄连、熊胆和为丸，赐诸子，每永夜习学含之，以资勤苦。①

作为“子”的柳仲郢，后为山南、剑南、天平三道节度使。《稽古篇》“明伦”、“敬身”部分之内容涉及相关者有二事：1. 王孙贾事齐闵王，闵王为乱齐国之淖齿所杀，事至如此，贾却“失王之处”。其母之教曰：

女朝去而晚来，则吾倚门而望；女莫出而不还，则吾倚闾而望。女今事王，王出走，女不知其处，女尚何归？②

王孙贾由此“开悟”，入市召集四百人诛淖齿。2. 公父文伯盖出于“孝心”，不愿其母绩，其母则叹而教之曰：

鲁其亡乎！使僮子备官而未之闻邪？居，吾语女。民劳则思，思则善心生；逸则淫，淫则忘善；忘善则恶心生。沃土之民不材，淫也；瘠土之民莫不向义，劳也。是故王后亲织玄紞，公侯之夫人加以纮綖，卿之内子为大带，命妇成祭服，列士之妻加之以朝服，自庶士以下皆衣其夫。社而赋事，烝而献功，男女效绩，愆则有辟，古之制也。吾冀而朝夕脩我曰“必无废先人”，尔今曰“胡不自安”，以是承君之官，予惧穆伯之绝嗣也。③

① 《朱子全书》册13，第477页。
② 《朱子全书》册13，第428页。
③ 《朱子全书》册13，第430页。

如此明理通情、有理有据、深切著明之训教，无怪乎能教出公父文伯，也无怪乎载诸《国语》已“立言不朽”，传之后世，训教后人。《小学·外篇》中载司马温公之语，其中有言：

妇者，家之所由盛衰也。①

兹大抵已将女性（妻子、母亲）在家庭中之地位推到了极处②。

总言之，由上所述《小学·内篇·立教篇》及《内篇·稽古篇》“立教”的内容（亦及《外篇》），可知其篇中内容前后勾连，章节次序井井，并且与“道语”及《〈小学〉题辞》的内容相承接：由宇宙的创生而人的创生，由“胎教”而“家庭之教”而“学校之教”。其谋篇布局逻辑结构严密，如果借用朱子在《大学章句》里的话来表达，则可以说是：篇章节次“博

① 兹仅为部分文字，原为：“凡议婚姻，当先察其壻与妇之性行及家法如何，勿苟慕其富贵。壻苟贤矣，今虽贫贱，安知异时不富贵乎？苟为不肖，今虽富盛，安知异日不贫贱乎？妇者，家之所由盛衰也。苟慕一时之富贵而娶之，彼挟其富贵，鲜有不轻其夫而傲其舅姑，养成骄妒之性，异日为患，庸有极乎？借使因妇财以致富，依妇势以取贵，苟有丈夫之志气者，能无愧乎？”《朱子全书》册13，第445页。

② 萨孟武先生在《〈红楼梦〉与中国旧家庭》之《贾母在贾府中的地位》这一章中论道：我们不必讨论父权社会以前，是否尚有母权社会。换言之，在原始社会，女权是否比男权大些，我们无须研究。吾国古代大率是外事由男主之，内事由女主之。即《易经·家人卦》所说：“女正位乎内，男正位乎外。”亦即《礼记·内则》所说：“男不主内，女不主外。”“男子居外，女子居内。”此乃分工合作之意，本来没有平等不平等的意思。依《红楼梦》所述，家庭之内，女权似比男权为大。吾国于美国二百年建国纪念之时，送了一个大铜牌，内刻《礼运》中“大同”一段，美国人见中有“男有分，女有归”之句，谓其是男女不平等之语，拒绝放在公园之内。吾未见译文如何，其实，外国男女平权思想也不过开始于十九世纪之末而男女不平等的现象，在文字上尚留有遗迹。英语之 man，德语之 Mann，法语之 homme，均有两个意义，一指人类，二指男人。如是，则人类之中似不包括女人，换言之，女人乃不视为人类了。这比之“男有分，女有归”，到底哪一方更不平等？参见：萨孟武：《〈红楼梦〉与中国旧家庭》，北京：北京出版社，2016年，第53—54页。

引经传、若无统纪，然文理接续，血脉贯通，深浅始终，至为精密。”“蒙士”岂不“熟读详味之?”至于沉潜反复、躬践力行，其意其效“久当见之”①。这样的布局不止限于此篇，《小学》全书的架构亦如是。

《小学·立教篇》所立之教不出“立明伦之教”“立敬身之教”的范围。“明伦”所明之“伦”的大者即为“三纲九目”之“九目”中的“五目”，也即“五伦”（“五教”）。此乃“天道”（“天理”）在人世体现为“人道”的凸出显著者的重要方面（朱子称为“大伦”），即“伦理”（朱子用语）。“明伦”即是在“明理”，相应于朱子学的“穷理”（后文《小学》的“明伦”思想这一章会继续详论）；“敬身”则相应于“居敬”（“持敬”“主敬”；后文《小学》的“敬身”思想这一章将详论）。合起来即是“居敬穷理”，以此而“成德成人”（“成圣成贤”）。这是贯穿此处所论部分的主旨思想，也是贯穿《小学》一书的主旨思想（“居敬穷理”“成德成人”。故而《小学》一书，其架构是“三纲九目”；其主旨是“居敬穷理”“成德成人”。合起来，即本文用词“主旨架构”），是朱子将其思想融入《小学》一书的凸出表现者（下文主体部分的论述将会继续加强此观点。仅从“三纲九目”的“三纲”，即“立教”“明伦”“敬身”的术语之分析便已透露出这一主旨思想。“明伦”“敬身”统摄于“立教”，换言之，“立教”的实际内容仍是“明伦”“敬身”。“明伦”指向“明伦理”，相应于“穷理”；“敬身”之称已含“敬”，相应于“居敬”已比较明显）。

① 《大学》经一章之朱子总结语；朱熹：《四书章句集注》，北京：中华书局，2012年，第4页。

第三章 《小学》的“明伦”思想

依照“三纲九目”的主旨架构，此章所论属于“三纲”中的“明伦”这一纲，属于“九目”中的“五教”（“五伦”“五目”）：父子之亲（父子），君臣之义（君臣），夫妇之别（夫妇），长幼之序（长幼），朋友之交（朋友）。故而分节便依此，凡分为六节（添“通论”一节）。

第一节 父子之亲：爱、敬、谏（训）

《小学·内篇·明伦篇》“明父子之亲”中载：

《内则》曰：子事父母：鸡初鸣，咸盥漱，栉縰笄总，拂髦，冠緌缨，端韠绅，搢笏，左右佩用，逼屦着綦。妇事舅姑，如事父母：鸡初鸣，咸盥漱，栉縰笄总，衣绅，左右佩用，衿缨，綦屦，以适父母、舅姑之所。及所，下气怡声，问衣燠寒，疾痛苛痒，而敬抑搔之。出入则或先或后，而敬扶持之。进盥，少者奉槃，长者奉水，请沃盥，盥卒，授巾。问所欲而敬进之，柔色以温之，父母、舅姑必尝之而后退。男女未冠笄者，鸡初鸣，咸盥漱，栉縰拂髦，总角衿缨，皆佩容臭，昧爽而朝，问何食饮矣。若已食则退，若未食则佐长者视具。①

《内则》篇名上章已解释，此从略，后放此。此章为《内篇·明伦篇》“明父子之亲”中的第一章，详阅此段文字，真可谓“细致入微”。然而，子事父母、妇事舅姑真如此这般一一付诸践履？并且此篇之后的章节中亦多有如此之类。先来看一具体之例证：

“逼屦着綦。”綦，鞋口带也，古人皆旋系，今人只从简易，缀之于上，如假带然。②

鞋带及其系法古今已然不同，则其他可以概知。当然，就整章而言朱子已有明却的态度，如《朱子语类》所载：

问：“《小学·明伦》一篇，见得‘尽是节文’事亲之实。”曰：“其中‘极有’难行处。”曰：“爱敬与倪为一，自无难行。”曰：“此便是爱敬尺度。须是把他去量度，方见得爱敬。”倪。③

“极有难行处”这便是朱子对《小学·明伦》一篇的态度，此之“难行”的主要之表现便是“尽是节文”，即“多是细枝末节”。既然如此，则当得其“宏纲大旨”方可，此即“爱敬”二字。以“爱敬”为尺度，去度量日常事亲之行为，无论其行为

① 《朱子全书》册13，第398—399页。
② 《朱子语类》卷八十七，第2245页。
③ 《朱子语类》卷一百五，第2628页。

是“细枝末节”还是“粗枝大叶”，有无“爱敬”之灌注这是唯一的量度。这亦如孔夫子之言：“今之孝者，是谓能养。至于犬马，皆能有养；不敬，何以别乎？”朱子注曰：“言人畜犬马，皆能有以养之，若能养其亲而敬不至，则与养犬马者何异。甚言不敬之罪，所以深警之也。……世俗事亲，能养足矣。狎恩恃爱，而不知其渐流于不敬”①。

此章亦载《通解·内则》中，《小学·明伦篇》此章之下的四章皆载于《通解·内则》中，属于“事亲事长”②。依此，“爱敬”不仅限于事父母，亦当移于事长上。

《小学·明伦篇》的此章，与《通解·内则》中的文字颇有详略之不同。两“左右佩用”处皆省略具体“佩用”之物，盖一则删繁就简，一则去其重复语或者其物（子：左佩纷帨、刀、砺、小觿、金燧，右佩玦捍、管遰、大觿、木燧；妇：左佩纷帨、刀、砺、小觿、金燧，右佩箴管线纩、施縏袠、大觿、木燧。）于今已不易得而施行之。“问所欲而敬进之，柔色以温之”后省去“敬进”之物，其原由盖亦如此。朱子解全取郑康成注与孔颖达疏而稍有所改易，其改易最著处在注解之次第：先解字音、正字形，次解字义，次句义及统体推阐。此为朱子注书所遵循之通则。“逼屦着綦”之“綦”字，原疏：“皇氏云：屦头施系，以为行戒。或云：屦上有系，以结于足也。”此两说，朱子倾向于皇侃之说，并加按语道：“或说是为行戒者绚也”，以表明己意，进而以“见《冠礼》注”来证实己意。《冠礼》注文载《通解》卷一《士冠礼》“绚之言拘也，以为行戒，状如刀衣

① 《论语·为政》；朱熹：《四书章句集注》，北京：中华书局，2012年，第55—56页。

② 《朱子全书》册2，第137—141、145页。

鼻，在屦头”①。在朱子看来，鞋带不止于有使鞋束于脚而不致脱落的实用性以及装饰的美观性，亦有对脚之“行”的约戒。这正如他在《童蒙须知》中所说：

> 大抵为人，先要身体端正。自冠巾、衣服、鞋袜皆须收拾爱护，常令洁净整齐。我先人常训子弟云：“男子有三紧，谓头紧、腰紧、脚紧”。头谓头巾，未冠者总髻；腰谓以条或带束腰；脚谓鞋袜。此三者要紧束，不可宽慢，宽慢则身体放肆，不端严，为人所轻贱矣。②

《内篇·明伦篇》此章所言，也可以参之《小学·外篇·嘉言篇》“广父子之亲”中所载之内容，其前两章云：

> 司马温公曰：凡诸卑幼，事无大小，毋得专行，必咨禀于家长。
>
> 凡子受父母之命，必籍记而佩之，时省而速行之，事毕则返命焉。或所命有不可行者，则和色柔声，具是非利害而白之，待父母之许，然后改之。若不许，苟于事无大害者，亦当曲从。若以父母之命为非，而直行己志，虽所执皆是，犹为不顺之子，况未必是乎！③

相参而读，其强烈的“子”对“父”、“幼”对“长”、“下”对“上”的必须应当、听命服从之意，溢于言表。大抵因为朱子以《小学》一书乃在于“训蒙士”：训童蒙，启士子。“训”字已含“上”对“下”如何如何，则“下”对“上”便应当如何如何，而书中所载的圣贤君子之事迹也多为积极正面

① 《朱子全书》册 2，第 53 页。
② 《朱子全书》册 13，第 371 页。
③ 《朱子全书》册 13，第 440 页。

者，以便“听闻者”“研习者”“躬行者”之“效法”，为其“楷范”、知所“兴起”。当然，朱子完整的观点当结合下出引文而论。《外篇·嘉言篇》“广父子之亲”中，除这里征引的首二章外，其最后一章为：

> 司马温公曰：凡为家长，必谨守礼法，以御群子弟及家众。分之以职，授之以事，而责其成功。制财用之节，量入以为出，称家之有无以给。上下之衣食及吉凶之费，皆有品节，而莫不均一。裁省冗费，禁止奢华，常须稍存赢余，以备不虞。①

此处两段引文皆为司马温公之言，出自《温公书仪》卷四之《居家杂仪》。其开篇即是“凡为家长，必谨守礼法，以御群子弟及家众……”朱子《家礼·通礼》已备录之②，则显示出朱子赞同之意。将《外篇·嘉言篇》“广父子之亲”中的首二章与末章合起来看，则朱子之用意显豁明白。“凡为家长，必谨守礼法，以御群子弟及家众”，这是起句也可以说是前提：家长（父母等）“必须谨守礼法”，先以身作则、树立榜样，所谓“正己以正人”。易言之，“父”与“子”、“姑”与“妇”、“家长”与“诸卑幼”（子弟或子女）之名分、职责、权利、义务皆为相对而言，“素其位而行”（朱注：“因见在所居之位而为其所当为”）、各尽其名分，绝非仅仅针对某一方而言③。这不止是此节“明父子之亲”的“父子”关系当如此，后文君臣之义（君臣），夫妇之别（夫妇），长幼之序（长幼），朋友之交（朋

---

① 《朱子全书》册13，第448页。
② 《朱子全书》册7，第880—887页。
③ “素其位而行”语出《中庸》；朱熹：《四书章句集注》，北京：中华书局，2012年，第24页。

友），皆当如是。

如果论述止此，则似乎卑之无甚高论。且看《朱子语类》中之讨论：

> 郭兄问“莫不有以知夫‘所以然之故’，与其‘所当然之则’。”……曰：“‘所以然之故’，即是更上面一层。如君之所以仁，盖君是个主脑，人民土地皆属它管，它自是用仁爱。试不仁爱看，便行不得。非是说为君了，不得已用仁爱，自是“理”合如此。试以一家论之：为‘家长’者便用爱一家之人，惜一家之物，自是‘理’合如此，若天使之然……。①

“家长”与“家之人以及家之物”、“君”与“民以及土地

① 原语录为：郭兄问“莫不有以知夫所以然之故，与其所当然之则。”曰：“所以然之故，即是更上面一层。如君之所以仁，盖君是个主脑，人民土地皆属它管，它自是用仁爱。试不仁爱看，便行不得。非是说为君了，不得已用仁爱，自是理合如此。试以一家论之：为家长者便用爱一家之人，惜一家之物，自是理合如此，若天使之然。每常思量着，极好笑，自那原头来便如此了。又如父之所以慈，子之所以孝，盖父子本同一气，只是一人之身，分成两个，其恩爱相属，自有不期然而然者。其它大伦皆然，皆天理使之如此，岂容强为哉！且以仁言之：只天地生这物时便有个仁，它只知生而已。从他原头下来，自然有个春夏秋冬，金木水火土。初有阴阳，有阴阳，便有此四者。故赋于人物，便有仁义礼智之性。仁属春，属木。且看春间天地发生，蔼然和气，如草木萌芽，初间仅一针许，少间渐渐生长，以至枝叶花实，变化万状，便可见他生生之意。非仁爱，何以如此。缘他本原处有个仁爱温和之理如此，所以发之于用，自然慈祥恻隐。孟子说‘恻隐之端’，恻隐又与慈仁不同，恻隐是伤痛之切。盖仁，本只有慈爱，缘见孺子入井，所以伤痛之切。义属金，是天地自然有个清峻刚烈之气。所以人禀得，自然有裁制，便自然有羞恶之心。礼智皆然。盖自本原而已然，非旋安排教如此也。昔龟山问一学者：‘当见孺子入井时，其心怵惕、恻隐，何故如此？’学者曰：‘自然如此。’龟山曰：‘岂可只说自然如此了便休？须是知其所自来，则仁不远矣。’龟山此语极好。又或人问龟山曰：‘以先知觉后知，知、觉如何分？’龟山曰：‘知是知此事，觉是觉此理。’且如知得君之仁，臣之敬，子之孝，父之慈，是知此事也；又知得君之所以仁，臣之所以敬，父之所以慈，子之所以孝，是觉此理也。”僩。《朱子语类》卷十七，第383—384页。

等物”（“君”与“臣”），其职责、名分（“名分”即“名”与“分”，大抵相当于“身份”与相应身份所承担的“责任”以及应尽的“义务”）“自是理合如此”“若天使之然”，绝非人为。故而其终极根原在“天理”（理），其评判的标准也在此，一切以当不当“理”为标的。这也是朱子为何会有如下之论的缘由：

天命无妄；父母之命，有时而出于人欲之私。方。[①]

从“天命”的角度来解释“人子”（“人臣”）有时可以不听（违背）“父母”（“人君”）之“命”，毕竟与“天命”相比而言，父母（人君）之“命”具有相对性而天之“命”是绝对的。“天命”即“天理”，不听父母（人君）之“命”，乃是因为其“或出于人欲之私”，即不当“理”（这也是接下来所论的人子《人臣》为何要“谏”的“形而上”之理由）。“理”（“道”）的绝对性须与“天”合言才能成其绝对性，这即是董仲舒的名言所揭橥者：“道之大原出于天，天不变，道亦不变。”[②] 此言已被朱子简括于《中庸章句》中，以作为《中庸》首句“天命之谓性，率性之谓道，修道之谓教”的总结之言，即“首明道之本原出于天而不可易”[③]。这也为《宋史·道学传序》所引用，以赞周濂溪、张横渠对于“道学”（理学）之贡献：“千有余载，至宋中叶，周敦颐出于舂陵，乃得圣贤不传之学，作《太极图说》《通书》，推明阴阳五行之理，命于天而性于人者，了若指掌。张载作《西铭》，又极言理一分殊之旨。然

① 《朱子语类》卷九十八，第2522页。

② 参见《汉书》卷五十六《董仲舒传》中所载董仲舒《对册》；班固：《汉书》，北京：中华书局，1962年，第2518—2519页。

③ 朱熹：《四书章句集注》，北京：中华书局，2012年，第18页。

后道之大原出于天者，灼然而无疑焉。”① 综之，“道”（“理”）出于“天”，“天”不变则“道”自然不会变，其绝对性由“天”而定。于朱子而言，“天”乃亘古亘今、永恒不变，故而“理”亦如此，故而又可以说“天即理也”。那么，变者为何？《朱子语类》中有弟子问道：

天地会坏否？

朱子答曰：

不会坏。只是相将人无道极了，便一齐打合，混沌一番，人物都尽，又重新起。②

变者为人，天的“无道”正是人的“无道”引起的。或者说永恒不坏之“天道”（天理），因人不去将此“天道”转换为“人道”、不去努力将“天道”章显出来［比如前已论述，“天道”在人世体现出来的“大者”即如“五伦”（“伦理”）：父子有亲，君臣有义，夫妇有别，长幼有序，朋友有信（孟子语）；为人君止于仁，为人臣止于敬，为人子止于孝，为人父止于慈，与国人交止于信《大学》］，从而造成了人世的“无道”。一旦“阪上走丸”至不可转逆之时，即“人无道极了”，“天道”作为永恒秩序之形上本原便迸发而出，将“无道”（极端无序）之人间世“一齐打合，混沌一番，人物都尽，又重新起。”

《小学·内篇·明伦篇》“明父子之亲”（为免重复，此下

---

① 《宋史》卷四百二十七《道学传序》；脱脱等：《宋史》，北京：中华书局，1985年，册36，第12710页。

② 《朱子语类》卷一，第7页。

“明父子之亲”五字皆省略之）中续载：①

凡内外，鸡初鸣，咸盥漱，衣服、敛枕簟，洒扫室堂及庭，布席，各从其事。

将此与上章合观，再来看朱子的时代子妇事父母舅姑的实际情形若何。朱子在《张公行状》中写道：

娶蜀国夫人宇文氏，贤明淑顺，与公同志。事太夫人尽礼，鸡初鸣，已冠帔立寝前，俟太夫人寐觉。夜则俟太夫人寝，至息匀寐安乃去。食饮汤药，一一亲之。太夫人常曰：“吾儿孝，天赐贤妇，以成其心。”内外宗族敬仰无间言，起居饮食，亦皆如公，有常度不渝，相对如宾。公方贵，未尝言及宇文氏私门，每训诸子曰：“吾朝夕兢兢，履地如履冰，惟恐一言之失，一事之差。”盖其德诚足以配公焉。②

张公指张浚，张南轩之父。显然，并未如《内则》中那般“依样葫芦”，毕竟灌注“爱敬”可也。《孟子》中有言：“仁者爱人，有礼者敬人。爱人者人恒爱之，敬人者人恒敬之”③，此盖引文“事太夫人尽礼……内外宗族敬仰无间言”潜含之意。这也是有“德”的体现，所谓“其德诚足以配公”。不过，此类文字多有“张大其辞”之弊，不必尽信而得其意可也。

《内篇·明伦篇》续道：

① 《朱子全书》册13，第399页。

② 《晦庵先生朱文公文集》卷九十五下《少师保信军节度使魏国公致仕赠太保张公行状》下；《朱子全书》册25，第4441页。

③ 《孟子·离娄下》；朱熹：《四书章句集注》，北京：中华书局，2012年，第303页。

父母、舅姑将坐，奉席，请何乡。将衽，长者奉席，请何趾。少者执牀与坐。御者举几，敛席与簟，县衾，箧枕，敛簟而襡之。父母、舅姑之衣衾簟席枕几，不传；杖屦，只敬之，勿敢近；敦牟卮匜，非馂莫敢用；与恒饮食，非馂，莫之敢饮食。

在父母、舅姑之所，有命之，应唯敬对，进退周旋慎齐。升降出入揖游，不敢哕噫、嚏咳、欠伸、跛倚、睇视，不敢唾洟。寒不敢袭，痒不敢搔。不有敬事，不敢袒裼。不涉不撅。亵衣衾不见里。父母唾洟不见。冠带垢，和灰请漱。衣裳垢，和灰请浣。衣裳绽裂，纫箴请补缀。少事长，贱事贵，共帅时。

《曲礼》曰：凡为人子之礼，冬温而夏凊，昏定而晨省。出必告，反必面。所游必有常，所习必有业。恒言不称老。①

此三章，盖亦“极有难行处”。“不有敬事，不敢袒裼”句，朱子解曰：“此言必有敬事乃敢袒裼，无故而然，则反为不敬，故不敢也，与下句为一例”②。“不有敬事，不敢袒裼。不涉不撅”，看来此三句文义一样，古注误作两段解。言尊长之前有敬事，方敢袒裼。敬事，如习射之类。射而袒裼，乃为敬。若非敬事而以劳倦袒裼，则是不敬。惟涉水而后撅，若不涉而撅，则为不敬。如云“劳毋袒，暑毋褰裳”。若非敬事，虽劳亦不敢袒。惟涉水乃可褰裳，若非涉水。虽盛暑亦不敢褰裳也”③。朱子的

① 《朱子全书》册13，第399页。
② 《朱子全书》册2，第143页。
③ 《朱子语类》卷八十七，第2245—2246页。

关注点可谓是其思想的自然流露，如《朱子语类》载：[1]

> “敬”之一字，真圣门之纲领，存养之要法。一主乎此，更无内外精粗之间。

兹再以朱子为刘仲光的母亲丁氏写的《墓志铭》中所载之事略论一二：

> 宜人早归同郡刘君。刘君之为人，亦诚实无表襮，乐善爱士，起居有常，虽甚暑不袒裼，家无蒲博之具。喜赒人急，遇下有恩。然其居家严，未明而起，内外井井，教子弟尤有法，而宜人配之无遗德焉。

此为子（夫）之“贤”，居家有法度。续道：

> 始入门时，舅姑皆亡恙，晨昏无违礼。内睦娣姒，谋嫁诸姑，外接亲戚，辑邻里，恩义俱称，重轻有则，于是翕然称为贤妇。

妇之“贤”，能和睦家庭以及族人，友善亲戚邻里及乡党。

> 舅病痱，宜人侍养尤勤，羹非手调不进，舅亦非宜人所进不尝也。

妇之“贤”具体表现在事舅上。

> 姑为比丘尼，与宜人年相近。病，迎归，与共卧起，扶掖饮食，终岁忘劳。姑每感涕，谓曰：“病愈，当终身事汝如母。”临没，又谓曰：“即死，当报汝地下。幸复为人，

① 《朱子语类》卷十二，第210页。

愿为汝子孙，以事汝。”

妇之“贤”具体表现在事姑上，可谓“深爱”与“深敬”足以动人。

> 里人有子，好读书，欲为儒，而父难之。其母以告，宜人既好喻之，又资以金钱，使与其子俱试大学，以遂其志。其人后常以语人，且叹息曰：“今人不复有此风矣！”

正所谓“乐善爱士”。

> 大夫公既严于教子，宜人又能弥缝其间。教诸女以身为法，自未笄时，已令夙兴，备盥栉、奉药饵。夜尝躬视扃鐍、洒炀灶，辄令持烛行前。既笄，则教之酒浆烹饪盖藏之事，祭祀宾客之奉，且戒之曰：“尔曹毋厌吾言，异日当得蒙力耳。”以故，诸子皆以文行称，而女适人者亦能持其家。①

丁氏“家教”之严之善，子女后人受其惠者多。此等文字亦不必“尽信”。所以录之，在于表明：此处《小学·明伦篇》四章之内容，于朱子之世之实行的大抵概况如何；也在于表明：在古代大家庭、大家族的环境里，实际之子事父母、妇事舅姑大体何如。

《内篇·明伦篇》云：

> 《礼记》曰：孝子之有深爱者，必有和气；有和气者，必有愉色；有愉色者，必有婉容。孝子如执玉、如奉盈，洞

---

① 《晦庵先生朱文公文集》卷九十三《宜人丁氏墓志铭》；《朱子全书》册 25，第 4305—4307 页。

洞属属然，如弗胜、如将失之。严威俨恪，非所以事亲也。[①]

本出《礼记·祭义》。正如陈选注云：“不曰《祭义》而曰《礼记》者，以其言孝非言祭也。”[②]《论语·为政》“子夏问孝”章：“子夏问孝。子曰：‘色难。有事弟子服其劳，有酒食先生馔，曾是以为孝乎？’”[③] 朱子注文中已引用此段文字欲以收互相发明之效：“色难，谓事亲之际，惟色为难也。……盖孝子之有深爱者，必有和气；有和气者，必有愉色；有愉色者，必有婉容；故事亲之际，惟色为难耳，服劳奉养未足为孝也。……子游能养而或失于敬，子夏能直义而或少温润之色。各因其材之高下，与其所失而告之”。《朱子语类》有载：

杨尹叔问：“‘严威俨恪，非所以事亲也’，注‘恪’为‘恭敬’[④]，如何？”曰：“恭敬较宽，便都包许多，解‘恪’字亦未尽。恪，是恭敬中朴实紧切处，今且恁地解。若就恭敬说，则恭敬又别。恭主容，敬主事，如‘居处恭，执事敬’之类。”安卿问：“恪非所以事亲，只是有严意否？”曰：“太庄、太严厉了。”寓。[⑤]

朱子首先不满意于郑康成对“恪”字的注解，进而严格区分“恭”“敬”“恪”三者之义。如果“恭”“敬”二者相对而

① 《朱子全书》册13，第399页。
② 陈选：《（精校）小学集注》，上海：昌文书局，1932年，第7页。
③ 朱熹：《四书章句集注》，北京：中华书局，2012年。第56页。
④ 非朱子“注”，乃《礼记正义》卷四十七《祭义》之文；孔颖达：《礼记正义》（《十三经注疏》本），上海：上海古籍出版社，1997年，册下，第1594页。
⑤ 《朱子语类》卷一百五，第2627—2628页。

言，那么“恭”字从“心”，所指在“己”，具体指向自己的外在容貌；“敬”则是由此“己心”以应接事物而在事物上的体现。“恪”作为“恭敬中朴实紧切处”，即指“把持”太过，而一方面于“己”的容貌上“太庄”，一方面于应接事物时“太严”。故而可以说，子事父母、妇事姑舅及事长事上，不止要有“爱”与“敬”，更当要有“深爱”与“深敬”，这样才能有“和气”、有“愉色”、有“婉容”。

《内篇·明伦篇》载：

> 《曲礼》曰：凡为人子者，居不主奥，坐不中席，行不中道，立不中门。听于无声，视于无形。不登高，不临深，不苟訾，不苟笑。①

吕原明言：“孝子事亲，须事事躬亲，不可委之使令也。”尝说《穀梁》，言“‘天子亲耕，以供粢盛，王后亲蚕，以供祭服。国非无良农工女也，以为人之所尽，事其祖祢，不若以巳所自亲者也。’此说最尽事亲之道。”又说：“‘为人子者，听于无声，视于无形’，未尝顷刻离亲也。事亲如天，顷刻离亲，则有时而违天，天不可得而违。”②《中庸或问》载：“《礼》之事亲，而曰‘听于无声，视于无形’，盖不待其征于色、发于声，然后有以用其力也。”③ 朱子引此以阐明“莫见乎隐，莫显乎微”，接着说道：

---

① 《朱子全书》册13，第399页。

② 参《三朝名臣言行录》卷第八之二《崇政殿说书荥阳吕公》，亦见《伊洛渊源录》卷七《吕侍讲》；《朱子全书》册12，第644—645、1012页。

③ 参《四书或问》；《朱子全书》册6，第555页。

> 夫既已如此矣，则又以谓道固无所不在，而幽隐之间，乃他人之所不见，而已所独见；道固无时不然，巵细微之事，乃他人之所不闻，而已所独闻。是皆常情所忽，以为可以欺天罔人，而不必谨者，而不知吾心之灵，皎如日月，既已知之，则其豪发之间，无所潜遁，又有甚于他人之知矣。

“听于无声，视于无形”，朱子此解可谓“深切著明”。

《内篇·明伦篇》曰：

> 孔子曰：父母在，不远游，游必有方。①

朱子注云：“远游，则去亲远而为日久，定省旷而音问疏；不惟己之思亲不置，亦恐亲之念我不忘也。游必有方，如已告云之东，则不敢更适西，欲亲必知己之所在而无忧，召己则必至而无失也。范氏曰：‘子能以父母之心为心，则孝矣！’”②《延平答问》有载：

> 问：孟武伯问孝，子曰：“父母唯其疾之忧。”旧说孝子不妄为，非唯疾病然后使父母忧。熹恐夫子告孟孙之意不然。盖言父母之心，慈爱其子无所不至。疾病人所不免，犹恐其有之以为忧，则余可知也。为人子者知此，而以父母之心为心，则所以奉承遗体而求免于亏辱者，岂一端而已哉。此曾子所以战战兢兢、启手足而后知免焉者也。“不远游，游必有方”“不登高，不临深”，皆是此意。先生曰：“父母唯其疾之忧”，当如上所说为得之，旧说不直截。圣人之告人，使知所以自求者，惟深切庶可用力也。③

① 《朱子全书》册13，第400页。
② 朱熹：《四书章句集注》，北京：中华书局，2012年，第73页。
③ 《朱子全书》册13，第310页。

观此，则上章与此章相承接，所谓：“‘不远游，游必有方’‘不登高，不临深’，皆是此意”。

《内篇·明伦篇》曰：

> 《曲礼》曰：父母存，不许友以死。[1]

《论语》：子畏于匡，颜渊后。子曰：“吾以女为死矣。”曰：“子在，回何敢死？”《论语精义》卷六上伊川关于此章的解说有言：“亲在，不许友以死，如何？曰：有亲在，有可许友以死者，二人同行之事是也。有亲不在，不可许友以死者，如侠士以亲不在而为人报仇，甚非理也”[2] 朱子《集注》：“后，谓相失在后。何敢死，谓不赴斗而必死也。……先王之制，民生于三，事之如一。惟其所在，则致死焉。况颜渊之于孔子，恩义兼尽，又非他人之为师弟子者而已。即夫子不幸而遇难，回必捐生以赴之矣。捐生以赴之，幸而不死，则必上告天子、下告方伯，请讨以复雠，不但已也。夫子而在，则回何为而不爱其死，以犯匡人之锋乎？”其关键在于当不当“理”。

《内篇·明伦篇》：

> 曾子曰：孝子之养老也，乐其心，不违其志；乐其耳目，安其寝处，以其饮食忠养之。是故父母之所爱，亦爱之；父母之所敬，亦敬之。至于犬马尽然，而况于人乎？[3]

本出《礼记·内则》，朱子《家礼·通礼》已引之。不过，文字略有不同：“凡子事父母，乐其心，不违其志，乐其耳目，安其寝处，以其饮食忠养之。幼事长，贱事贵，皆仿此。”这是

① 《朱子全书》册 13，第 400 页。
② 《朱子全书》册 7，第 402 页。
③ 《朱子全书》册 13，第 401 页。

由曾子所言之“孝子”，扩大到后辈、晚辈侍奉尊长之行为。其载《通解》卷三《内则》[1]，朱子以之为“记”，即是对前文属“事亲事长”之事的解说。

《内篇·明伦篇》：[2]

> 曾子曰：父母爱之，喜而弗忘；父母恶之，惧而无怨。父母有过，谏而不逆。

载《通解》卷三《内则》，本《礼记·祭义》之文，“喜”作“嘉”[3]。《孟子·万章上》万章曰：“父母爱之，喜而不忘；父母恶之，劳而不怨。”[4] 可见，《小学》此章已参《孟子》万章之语。《孟子》所说乃舜事父母之事，强调要尽子职顺父母，不能因为父母不爱自己而怨父母。如朱子注文所说：自责不知己有何罪，非怨父母也。杨氏曰：“非孟子深知舜之心，不能为此言。盖舜惟恐不顺于父母，未尝自以为孝也；若自以为孝，则非孝矣。”《通解》卷三《内则》录《大戴礼记·曾子事父母》曰：[5]

> 单居离问于曾子曰：“事父母有道乎？”曾子曰：“有，爱而敬。父母之行，若中道则从，若不中道则谏，谏而不用，行之如由己。从而不谏，非孝也。谏而不从，亦非孝也，孝子之谏，达善而不敢争辩。争辩者，作乱之所由兴也。

① 《朱子全书》册2，第149页。
② 《朱子全书》册13，第401页。
③ 《朱子全书》册2，第151页。
④ 朱熹：《四书章句集注》，北京：中华书局，2012年，第307页。
⑤ 《朱子全书》册2，153。

此处曾子对事父母之孝子作了最好的解释，即“爱而敬”必须有“谏”。原注引《内则》以为说。此皆为朱子论子事父母须有“爱”有“敬”有“谏”的重要思想渊源。

《内篇·明伦篇》载：

> 《内则》曰：父母有过，下气怡色，柔声以谏。谏若不入，起敬起孝，说则复谏。不说，与其得罪于乡党州闾，宁孰谏。父母怒、不说，而挞之流血，不敢疾怨，起敬起孝。
>
> 《曲礼》曰：子之事亲也，三谏而不听，则号泣而随之。①

《小学·稽古篇》载微子之言曰：

> 父子有骨肉，而臣主以义属。故父有过，子三谏而不听，则随而号之。人臣三谏而不听，则其义可以去矣。②

《内则》之文见《通解》卷三《内则》属“事亲事长”③。《论语·里仁》“事父母几谏”章，朱子已引用④。朱子注：“此章与《内则》之言相表里。几，微也。微谏，所谓‘父母有过，下气怡色，柔声以谏也’。‘见志不从，又敬不违’所谓‘谏若不入，起敬起孝，悦则复谏’也。‘劳而不怨’所谓‘与其得罪于乡、党、州、闾，宁熟谏。父母怒不悦，而挞之流血，不敢疾怨，起敬起孝’也”。《朱子语类》解：

> 若或父母坚不从所谏，甚至怒而挞之流血，可谓劳苦，亦不敢疾怨，愈当起敬起孝。此圣人教天下之为人子者，不

---

① 《朱子全书》册 13，第 401 页。
② 《朱子全书》册 13，第 427 页。
③ 《朱子全书》册 2，第 144 页。
④ 朱熹：《四书章句集注》，北京：中华书局，2012 年，第 73 页。

惟平时有愉色、婉容，虽遇谏过之时，亦当如此；甚至劳而不怨，乃是深爱其亲也。[①]

当深爱其亲。

《内篇·明伦篇》曰：

父母有疾，冠者不栉，行不翔，言不惰，琴瑟不御，食肉不至变味，饮酒不至变貌，笑不至矧，怒不至詈。疾止，复故。[②]

《小学·外篇·善行篇》“实明伦”之“实父子之亲”中有载：

王祥性孝，蚤丧亲。继母朱氏不慈，数谮之，由是失爱于父，每使扫除牛下，祥愈恭谨。父母有疾，衣不解带，汤药必亲尝。……其笃孝纯至如此。[③]

正可以作为“父母有疾”，子当如何而为的例证。就《小学·内篇·明伦篇》“明父子之亲”的内容架构而言，以上所言乃父母在世之事；大抵依生、老、病（疾）的逻辑次序来分章排列。继而则言父母谢世后当如何事奉父母，其最主要最重大的表现便是“祭祀”父母。

《内篇·明伦篇》载：

《内则》曰：父母虽没，将为善，思贻父母令名，必果；将为不善，思贻父母羞辱，必不果。[④]

① 郑南升所录；《朱子语类》卷二十七，第704—705页。

② 《朱子全书》册13，第402页。

③ 本出《晋书》卷三十三《王祥传》，亦见《家范》卷五《子下》；《朱子全书》册13，第462页。

④ 《朱子全书》册13，第402页。

又载：

> 《祭义》曰：霜露既降，君子履之，必有凄怆之心，非其寒之谓也。春，雨露既濡，君子履之，必有怵惕之心，如将见之。①

朱子《楚辞集注》卷七《大招》中的注文已用引之②。朱子认为景差所作的《大招》：

> 其于“天道”之诎伸动静，盖若粗识其端倪；于国体时政，又颇知其所先后。要为近于儒者穷理经世之学。

朱子对此篇已给予理学视角的解读。“穷理经世之学”，岂不正是“道学”？参《宋史·道学传序》盖可知之：“迄宋南渡，新安朱熹得程氏正传，其学加亲切焉。大抵以格物致知为先，明善诚身为要，凡《诗》《书》六艺之文，与夫孔、孟之遗言，颠错于秦火，支离于汉儒，幽沉于魏晋六朝者，至是皆焕然而大明，秩然而各得其所……其于世代之污隆，气化之荣悴，有所关系也甚大。道学盛于宋……后之时君世主，欲复天德王道之治，必来此取法矣。”

《大招》首句“青春受谢，白日昭只。春气奋发，万物遽只。冥凌浃行，魂无逃只。魂魄归徕，无远遥只！”朱子注曰：

> 青，东方春位，其色青也。谢，去也，言玄冬谢去，而青春受之也。白日昭者，冬寒则日无光辉，故春气和暖，而后白日昭明也。只，语已词。遽，犹竞也。言春气奋发，而万物忽遽竞起而生出也。冥，幽暗也。凌，冰冻也。浃，周

① 《朱子全书》册13，第402页。
② 《朱子全书》册19，第155—156页。

洽也。言春气既发，幽暗冰冻之地，无不周浃而流行，故魂魄之已散而未尽者，亦随时感动而无所逃，于是及此时而招之，欲其无远去而即归来也。《祭义》所谓“春，雨露既濡，君子履之，必有怵惕之心，如将见之。故禘有乐以迎其来”，意亦如此。非尝覃思于有无动静之间者，不能知也。读者宜深玩之。

《祭义》此章所言，朱子以之与“招魂”“魂魄”“鬼神”联系起来。“鬼神”，朱子的解释为“以二气言，则鬼者阴之灵也，神者阳之灵也。以一气言，则至而伸者为神，反而归者为鬼，其实一物而已。……鬼神无形与声，然物之终始，莫非阴阳合散之所为”①。“魂魄”，朱子解为“须知魂是气之神、魄是体之神，可也。……月之不受日光处，其魄也。故十六以后谓之生魄。其受日光处，则其阳气之明也，故初二、三以后，谓之生明”②。“禘有乐以迎其来”之“禘”，朱子释到：“禘是追远之中又追远，报本之中又报本。……圣人制祭祀之意深远，非常人所能知。自祖宗以来，千数百年，元是这一气相传。德厚者流光，德薄者流卑。”③ 正因为朱子的看法如此，所以才以《大招》“非尝覃思于有无动静之间者，不能知也”“其于天道之诎伸动静，盖若粗识其端倪”“近于儒者穷理经世之学”。

职是之故，可以说朱子对《祭义》此章的解读，旨在于察“天道造化”之所为以审慎于人事，慎终追远。这也从“形而

---

① 《中庸章句》第十六章“鬼神之为德”；朱熹：《四书章句集注》，北京：中华书局，2012 年，第 25 页。

② 《晦庵先生朱文公文集》卷五十七《答陈安卿》；《朱子全书》册 23，第 2745 页。

③ 周明作所录：《朱子语类》卷二十五，第 616—617 页。

上”的角度解释了“父母没”后为何要“祭祀”父母。于此再补语录一条以证之：

天地阴阳生死昼夜鬼神，只是一理。若明祭祀鬼神之理，则治天下之理，不外于此。①

这也印证了“穷理经世之学”。

《内篇·明伦篇》：

《祭统》曰：君子之祭也，必身亲莅之。有故，则使人可也。

《祭义》曰：致齐于内，散齐于外。齐之日：思其居处，思其笑语，思其志意，思其所乐，思其所耆。齐三日，乃见其所为齐者。祭之日，入室，僾然必有见乎其位；周还出户，肃然必有闻乎其容声；出户而听，忾然必有闻乎其叹息之声。是故先王之孝也，色不忘乎目，声不绝乎耳，心志耆欲不忘乎心。致爱则存，致悫则著，著、存不忘乎心，夫安得不敬乎？②

所言有似于《论语·八佾》“祭如在，祭神如神在。子曰：‘吾不与祭，如不祭’”。朱子《集注》云：

程子曰：“祭，祭先祖也。祭神，祭外神也。祭先主于孝，祭神主于敬。”愚谓此门人记孔子祭祀之诚意。……言己当祭之时，或有故不得与，而使他人摄之，则不得致其如在之诚。故虽已祭，而此心缺然，如未尝祭也。范氏曰：“君子之祭，七日戒，三日齐，必见所祭者，诚之至也。是

① 叶贺孙所录；《朱子语类》卷二十五，第618页。
② 《朱子全书》册13，第402页。

> 故郊则天神格，庙则人鬼享，皆由己以致之也。有其诚则有其神，无其诚则无其神，可不谨乎？吾不与祭如不祭，诚为实，礼为虚也。”①

范氏所谓“有其诚则有其神，无其诚则无其神”，朱子再解释到：“盖神明不可见，惟是此心尽其诚敬，专一在于所祭之神，便见得”②。又言：“盖人于近亲曾奉养他底，则诚易感格，如思其居处言笑，此尚易感。若太远者，自非极其至诚不足以格之”③。综之，关键在于“祭祀之诚意”的“诚意”。此“诚意”当如朱子之解方为的当：“诚，实也。意者，心之所发也。实其心之所发，欲其一于善而无自欺也。”④

《内篇·明伦篇》此上言“祭”，接下来的章节其意在于：总论“孝”、“孝”的表现、为何要“孝”、“不孝”的表现、“不孝”的严重后果等等。下将详之。

《内篇·明伦篇》载：

> 孔子谓曾子曰：身体发肤，受之父母，不敢毁伤，孝之始也。立身行道，扬名于后世、以显父母，孝之终也。夫孝，始于事亲，中于事君，终于立身。爱亲者，不敢恶于人；敬亲者，不敢慢于人。爱、敬尽于事亲，而德教加于百姓、刑于四海，此天子之孝也。在上不骄，高而不危，制节谨度，满而不溢，然后能保其社稷、而和其民人，此诸侯之孝也。非先王之法服不敢服，非先王之法言不敢道，非先王之德行不敢行，然后能保其宗庙，此卿大夫之孝也。以孝事

① 朱熹：《四书章句集注》，北京：中华书局，2012年，第64页。
② 郑南升所录；《朱子语类》卷二十五，第620页。
③ 周明作所录；《朱子语类》卷二十五，第616—617页。
④ 朱熹：《四书章句集注》，北京：中华书局，2012年，第3—4页。

君则忠，以敬事长则顺，忠、顺不失，以事其上，然后能守其祭祀，此士之孝也。用天之道，因地之利，谨身节用，以养父母，此庶人之孝也。故自天子至于庶人，孝无终始，而患不及者，未之有也。①

此章本为今文《孝经》的前六章（开宗明义章、天子章、诸侯章、卿大夫章、士章、庶人章），朱子合为一章②，且认为《孝经》分“经”与“传”，此为“经”，余者为“传”（今文《孝经》“庶人章”后之十二章）。《小学·明伦篇》此章可以说是朱子的定本《孝经》。其意义重大，兹略做讨论。朱子在《孝经刊误》中有述：

此一节，夫子、曾子问答之言，而曾氏门人之所记也。疑所谓《孝经》者，其“本文”止如此。其下则或者杂引

① 《朱子全书》册 13，第 403 页。

② 仲尼闲居，曾子侍坐。子曰：“先王有至德要道，以顺天下，民用和睦，上下无怨。汝知之乎？”曾子避席曰：“参不敏，何足以知之？”子曰：“夫孝，德之本也，教之所由生也。复坐，吾语汝。身体发肤，受之父母，不敢毁伤，孝之始也。立身行道，扬名于后世，以显父母，孝之终也。夫孝，始于事亲，中于事君，终于立身。《大雅》云：‘无念尔祖，聿修厥德。’”子曰：“爱亲者，不敢恶于人；敬亲者，不敢慢于人。爱敬尽于事亲，而德教加于百姓，刑于四海。盖天子之孝也。《甫刑》云：‘一人有庆，兆民赖之。’”在上不骄，高而不危；制节谨度，满而不溢。高而不危，所以长守贵也。满而不溢，所以长守富也。富贵不离其身，然后能保其社稷，而和其民人。盖诸侯之孝也。《诗》云：“战战兢兢，如临深渊，如履薄冰。”非先王之法服不敢服，非先王之法言不敢道，非先王之德行不敢行。是故非法不言，非道不行；口无择言，身无择行。言满天下无口过，行满天下无怨恶。三者备矣，然后能守其宗庙。盖卿、大夫之孝也。《诗》云：“夙夜匪懈，以事一人。”资于事父以事母，而爱同；资于事父以事君，而敬同。故母取其爱，而君取其敬，兼之者父也。故以孝事君则忠，以敬事长则顺。忠顺不失，以事其上，然后能保其禄位，而守其祭祀。盖士之孝也。《诗》云：“夙兴夜寐，无忝尔所生”。子曰：“用天之道，分地之利，谨身节用，以养父母，此庶人之孝也。故自天子至于庶人，孝无终始，而患不及者，未之有也。”○此为《孝经》前六章原文，朱子《孝经刊误》所录如此。参见：《晦庵先生朱文公文集》卷六十六《孝经刊误》；《朱子全书》册 23，第 3204—3205 页。

传记以释“经文”，乃《孝经》之“传”也。

“此一节”，指今文《孝经》的前六章。“疑所谓《孝经》者，其本文止如此”，即前六章乃《孝经》的“本文”（“经文”）；“其下则或者杂引传记以释经文”，即余下的部分则是解“经文”的“传记”（“传”）。“夫子、曾子问答之言”，即指出“经文”的来源；“曾氏门人之所记”，即指出“经文”的实际笔录者。这与朱子齐整《大学》，分“经”分“传”，如出一辙。朱子续道：

> 尝考之，传文固多傅会，而经文亦不免有离析增加之失。顾自汉以来，诸儒传诵，莫觉其非，至或以为孔子之所自著，则又可笑之尤者。

批评汉唐儒者，以证己说。不过，《汉书·艺文志》对《孝经》的界定是：“《孝经》者，孔子为曾子陈孝道也。夫孝，天之经，地之义，民之行也。举大者言，故曰《孝经》。”① 班氏此论，不可谓不的当。朱子实是有取于此。朱子继言：

> 盖经之首统论孝之终始，中乃敷陈天子、诸侯、卿大夫、士、庶人之孝，而其末结之曰：“故自天子以下至于庶人，孝无终始，而患不及者，未之有也。”其首尾相应，次第相承，文势连属，脉络通贯，同是一时之言，无可疑者。而后人妄分以为六、七章（今文作六章，古文作七章），又增“子曰”及引《诗》《书》之文以杂乎其间，使其文意分断间隔，而读者不复得见圣言全体大义，为害不细。故今定此六、七章者，合为一章，而删去：“子曰”者二，引

① 班固：《汉书》，北京：中华书局，1962年，第1719页。

《书》者一，引《诗》者四，凡六十一字；以复经文之旧。其传文之失，又别论之如左方。①

这是从《孝经》的文本结构、文旨脉络或者说从“形式”与“内容”两方面来分析，从而证成己说，以定此谳。所说“复经文之旧”，实际上所“复”的《孝经》并未见诸朱子著作。据此处朱子所论，再参之《小学·明伦篇》此章，则朱子定本《孝经》之“经文”可见矣或者说真正之《孝经》可见矣（朱子语“疑所谓《孝经》者，其本文止如此”，即《孝经》原文只有此些文字，这才是《孝经》），即《小学·明伦篇》此章。《孝经刊误》成书于朱子五十七岁时，《小学》成于五十八岁，一前一后，年岁亦相合。可证《小学·明伦篇》此章之编纂合朱子之意，而其选语绝非率尔，实则是慎选精择。所以《小学·明伦篇》此章乃是朱子亲订而确定的《孝经》“经文”之原貌、或者说《孝经》之原貌。其大旨，则如朱子此处所述。据《朱子年谱》记载，朱子七八岁时已通《孝经》：

就傅，授以《孝经》，一阅通之。

且题其上曰：

不若是，非人也。②

《内篇·明伦篇》载：

孔子曰：父母生之，续莫大焉；君亲临之，厚莫重焉。

① 《晦庵先生朱文公文集》卷六十六《孝经刊误》；《朱子全书》册 23，第 3204—3206 页。

② 《朱子年谱》卷一；王懋竑：《朱熹年谱》，北京：中华书局，1998 年，第 3 页。

> 是故不爱其亲而爱他人者，谓之悖德；不敬其亲而敬他人者，谓之悖礼。①

“爱”“敬”之重要，再次凸显。此本出《孝经·圣治章》，在朱子《孝经刊误》所录文字中，“父母生之”前加入“父子之道天性，君臣之义。”“是故”作“子曰”，“谓之悖礼”后加“以顺则逆，民无则焉。不在于善，而皆在于凶德，虽得之，君子不贵也。君子则不然，言思可道，行思可乐，德义可尊，作事可法，容止可观，进退可度，以临其民。是以其民畏而爱之，则而象之。故能成其德教，而行其政令。《诗》云：‘淑人君子，其仪不忒。’”朱子论曰：

> 此一节释“教之所由生”之意，传之六章也。古文析“不爱其亲”以下别为一章，而各冠以“子曰”。今文则合之，而又通上章为一章，无此二“子曰”字，而于不爱其亲之上加“故”字。今详此章之首，语实更端，当以古文为正。“不爱其亲”语意正与上文相续，当以今文为正。至“君臣之义”之下，则又当有脱简焉，今不能知其为何字也。“悖礼”以上皆格言，但“以顺则逆”以下，则又杂取《左传》所载季文子、北宫文子之言，与此上文既不相应，而彼此得失又如前章所论子产之语，今删去凡九十字。（季文子曰：“以训则昏，民无则焉。不度于善而皆在于凶德，是以去之。”北宫文子曰：“君子在位可畏，施舍可爱，进退有度，周旋可则，容止可观，作事可法，德行可象，声气

① 《朱子全书》册13，第403页。

可乐，动作有文，言语有章，以临其下。”①

“教之所由生”，指《孝经·开宗明义章》“夫孝，德之本也，教之所由生也”。可知《小学·明伦篇》所录此章，正朱子参酌今古文《孝经》而校订之所成的定本《孝经》之“传”的第六章。朱子以《孝经》“传文”为后人所伪作，此处所论则是找到了作伪者用语的来源。《左传》北宫文子之语，其完整文字已载入《小学·稽古篇》，为卒章（后文将详论）。《小学·明伦篇》此章，如参考朱子对《西铭》“违曰悖德，害仁曰贼，济恶者不才，其践形，惟肖者也”的解释，则意明理深：

> 不循天理而徇人欲者，不爱其亲而爱他人也，故谓之“悖德”；戕灭天理、自绝本根者，贼杀其亲，大逆无道也，故谓之贼；长恶不悛，不可教训者，世济其凶，增其恶名也，故谓之不才。若夫尽人之性，而有以充人之形，则与天地相似而不违矣，故谓之肖。②

此乃“天理”“人欲”之际，存天之理去欲之私，则“尽人之性”而得以“充人之形”成其为人，方得立于天地之间而不愧怍。

《内篇·明伦篇》曰：

> 孝子之事亲，居则致其敬，养则致其乐，病则致其忧，丧则致其哀，祭则致其严。五者备矣，然后能事亲。事亲者，居上不骄，为下不乱，在丑不争。居上而骄则亡，为下

① 《晦庵先生朱文公文集》卷六十六《孝经刊误》；《朱子全书》册23，第3208—3209页。

② 见《西铭解》；《朱子全书》册13，第143页。

而乱则刑，在丑而争则兵。三者不除，虽日用三牲之养，犹为不孝也。①

本《孝经·纪孝行章》。原文有“子曰”二字，朱子录此则省去，盖因承接上章，而上章已有“孔子曰”。朱子《孝经刊误》所录亦如此，并论道：“此一节释‘始于事亲’及‘不敢毁伤’之意，乃传之七章。亦格言也。”② 释“始于事亲”及“不敢毁伤”，即《孝经·开宗明义章》及《小学·明伦篇》所录“夫孝，始于事亲”“身体发肤，受之父母，不敢毁伤”。显然，朱子认为原《孝经》此章语意完备，故而未做校订，成为其定本《孝经》“传文”的第七章。在《孝经刊误》中“传之八章”紧随其后，其部分字文已载入《小学·明伦篇》，即此之讨论的“明父子之亲”的最后一章。

《内篇·明伦篇》：

孟子曰：世俗所谓不孝者五：惰其四支，不顾父母之养，一不孝也；博弈好饮酒，不顾父母之养，二不孝也；好货财，私妻子，不顾父母之养，三不孝也；从耳目之欲，以为父母戮，四不孝也；好勇斗狠，以危父母，五不孝也。③

语出《孟子·离娄下》“公都子问匡章章”④。《朱子语类》有载：

明德，也且就切近易见处理会，也且慢慢自见得。如何

① 《朱子全书》册13，第403页。
② 《晦庵先生朱文公文集》卷六十六《孝经刊误》；《朱子全书》册23，第3209页。
③ 《朱子全书》册13，第404页。
④ 朱熹：《四书章句集注》，北京：中华书局，2012年，第304—305页。

一日便都要识得！如出必是告，反必是面，昏定晨省，必是昏定晨省，这易见。“徐行后长者谓之弟，疾行先长者谓之不弟”，这也易见，有甚不分明。……如“博弈好饮酒，不顾父母之养”，是不孝；到能昏定晨省，冬温夏凊，可以为孝。然而“从父之令”今看孔子说，却是不孝。须是知父之命当从，也有不可从处。盖“与其得罪于乡党州闾，甯孰谏”。“谕父母于道”，方是孝。贺孙。

明德是自家心中具许多道理在这里。本是丢明底物事，初无暗昧，人得之则为德。

仁甫问：“以其义理精微之极，有不可得而名者，故姑以至善目之。”曰：“此是程先生说。至善，便如今人说极是。且如说孝：孟子说‘博弈好饮酒，不顾父母之养’，此是不孝。到得会奉养其亲，也似煞强得这个，又须着如曾子之养志，而后为能养。这又似好了，又当如所谓‘先意承志，谕父母于道，不遗父母恶名’，使国人称愿道‘幸哉有子如此’，方好。”又云：“孝莫大于尊亲，其次能养。直是到这里，方唤做极是处，方唤做至善处。”贺孙。①

虽然此三条语录在讨论“明明德”“止至善”，但是却举切近之事为例。这些事例多是有关于“孝”，且与此前《明伦篇》之文多有涉及。“须是知父之命当从，也有不可从处”“谕父母于道”，正是上文所论的当以“理”（道）为准。据此处所言“孝”，可以说“明伦”（伦理）即是在“明理”，此“理”乃得之于“天”具之于“己”（心）、非外铄而固有之，欲明“理”，

① 《朱子语类》卷十四、卷十七，第262—263、378—379页。

当就切近处如“伦理”等处入手。

《内篇·明伦篇》云：

> 曾子曰：身也者，父母之遗体也。行父母之遗体，敢不敬乎？居处不庄，非孝也；事君不忠，非孝也；莅官不敬，非孝也；朋友不信，非孝也；战陈无勇，非孝也。五者不遂，烖及其亲，敢不敬乎？①

本《礼记·祭义》之文，亦见《吕氏春秋·孝行》《群书治要·祭义》《太平御览·孝上》。《大戴礼·曾子大孝》中所载文字小有出入（如“父母”作“亲”）。亦载于《通解》卷三《内则》②，朱子以此为“记”，乃是对前文属“事亲事长”之事的解说。据《汉书·杜周传》所载杜钦《对策》曰：

> 闻天道贵信，地道贵贞；不信不贞，万物不生。生，天地之所贵也。王者承天地之所生，理而成之，昆虫草木靡不得其所。王者法天地，非仁无以广施，非义无以正身；克己就义，恕以及人，六经之所上也。不孝，则事君不忠，涖官不敬，战陈无勇，朋友不信。孔子曰：“孝无终始，而患不及者，未之有也。”孝，人行之所先也。观本行于乡党，考功能于官职，达观其所举，富观其所予，穷观其所不为，乏观其所不取，近观其所为，远观其所主。③

杜氏处在以孝治天下的汉代，其所论乃是以此处曾子之言以及《孝经》中孔夫子之言为论据，可以说进一步推演了孔子、

① 《朱子全书》册13，第404页。
② 《朱子全书》册2，第150页。
③ 杜钦乃杜周之孙；班固：《汉书》，北京：中华书局，1962年，第2667页。

曾子之意，将“孝”在孔子、曾子所言的重要性上再加重分量。“孝”岂不重哉？曾子同时强调了“敬”的重要。

《内篇·明伦篇》曰：

> 孔子曰：五刑之属三千，而罪莫大于不孝。[①]

本出《孝经·五刑章》。朱子《孝经刊误》录此章，“不孝”之后接“要君者无上，非圣人者无法，非孝者无亲，此大乱之道也。”朱子论到：“此一节因上文不孝之云而系于此，乃传之八章，亦格言也。”[②] 此处，朱子对《孝经》原文并无“刊误”，定为“传文”的第八章。《小学·明伦篇》之“明父子之亲”，载朱子定本《孝经》“经文”，以及“传文”的第六、第七、第八，三章。《孝经注疏》中邢昺疏云：“‘五刑，谓墨、劓、剕、宫、大辟也’者，此依魏注也。此五刑之名，皆《尚书·吕刑》文……《吕刑》云：‘墨罚之属千，劓罚之属千，剕罚之属五百，宫罚之属三百，大辟之罚其属二百：五刑之属三千。’”

此为《小学·内篇·明伦篇》“明父子之亲”的最后一章，以孔子语来统结之，以表明此乃“圣谟”而非“髦言”（《〈小学〉题辞》语），从而再次强调了“孝”的重要。需要特别指出的是，强调“孝”并非只是单方面要求“子”，原因如前所述。此节特标“爱”“敬”“谏”（训），“爱”“敬”不仅指“子”对“父”，亦指“父”待“子”；“谏”（训）之义，因一指向于

---

① 《朱子全书》册 13，第 404 页。

② 《晦庵先生朱文公文集》卷六十六《孝经刊误》；《朱子全书》册 23，第 3209 页。

“下”对“上”，一指向“上”对“下”，故而“父子”二人，父“训”（训戒）子、子“谏”父。此篇篇章的逻辑结构大抵是：生、老、疾（病）、没（死）。其主旨仍是孔夫子的“生，事之以礼；死，葬之以礼，祭之以礼”（朱注：“生事葬祭，事亲之始终具矣。礼，即理之节文也。人之事亲，自始至终，一于礼而不苟，其尊亲也至矣”）①。朱子与之最大的不同是融入了“理学”的形上思考，皆有“形上”的理论依据（“明伦理”，乃“穷理”的具体体现）。

第二节 君臣之义：君仁、臣敬（谏诤）

《小学·内篇·明伦篇》“明君臣之义”的首章云：

> 《礼记》曰：将适公所，宿齐戒，居外寝，沐浴，史进象笏，书思对命。既服，习容观，玉声乃出。②

语出《礼记·玉藻》，又载《通解》卷十二《臣礼》③。这一章既是《小学·明伦篇》“明君臣之义”的首章，也是《通解·臣礼》的首章。根据朱子《通解》中所载，此章属于人臣“将朝”，乃《臣礼》“经文”首章之一部分。为了进一步明晰此章之意或者说为了证实此章非空言，《通解》中朱子接着征引《左传·宣公二年》赵宣子之事：

---

① 《论语·为政》；朱熹：《四书章句集注》，北京：中华书局，2012年，第55页。
② 《朱子全书》册13，第405页。
③ 《朱子全书》册2，第462页。

> 晋灵公不君，赵宣子骤谏，公患之，使鉏麑贼之，晨往，寝门辟矣，盛服将朝，尚早，坐而假寐，麑退，叹而言曰：“不忘恭敬，民之主也，贼民之主，不忠，弃君之命，不信，有一于此，不如死也。”触槐而死。

倘若赵宣子（盾）没有严守臣子“将朝”之礼，恐怕性命不保。而所守之礼的关键在于“恭敬”。这既为鉏麑所指出，也为朱子所赞成。因为下章所说之旨即被朱子定为“恭敬”。作为《小学·明伦篇》“明君臣之义”的首章，若与《通解》中所征《左传》故事合观，则无异于开篇便提出人臣当“谏”君（此处的“骤谏”）。另外，“不忠”一词盖指人臣之守在“恭敬”，其“忠”在“忠于民”而非“忠于君”。这大抵也是朱子一开篇便欲揭橥者。

《小学·内篇·明伦篇》“明君臣之义”续云：

> 《曲礼》曰：凡为君使者，已受命，君言不宿于家。君言至，则主人出拜君言之辱。使者归，则必拜送于门外。若使人于君所，则必朝服而命之。使者反，则必下堂而受命。①

首句见《通解》卷二十二《聘礼》②，朱子以之为“传记”来解“经文”：“遂行，舍于郊，敛旜。”故而其属于《聘礼》中言“遂行”之事。前章言“将朝”，此继之以“遂行”，前后相承，文理接续。整章载《通解》卷十二《臣礼》，所言属人臣

① 《朱子全书》册 13，第 405 页。
② 《朱子全书》册 2，第 733 页。

之“恭敬”①，则文理亦与上章相承。朱子接着以《列女传·仁智·卫灵夫人》中载灵公夫人之事为“传”来证实之。此事已载入《小学·内篇·稽古篇》：

> 卫灵公与夫人夜坐，闻车声辚辚，至阙而止，过阙复有声。公问夫人曰：“知此为谁?”夫人曰：“此蘧伯玉也。”公曰：“何以知之?”夫人曰：“妾闻，礼下公门，式路马，所以广敬也。夫忠臣与孝子，不为昭昭信节，不为冥冥惰行。蘧伯玉，卫之贤大夫也，仁而有智，敬于事上，此其人必不以暗昧废礼，是以知之。”公使人视之，果伯玉也。②

关于此事，刘子政《列女传》颂曰“卫灵夜坐，夫人与存。有车辚辚，中止阙门。夫人知之，必伯玉焉。维知识贤，问之信然。”可知子政旨在称赞卫灵公夫人而朱子旨在蘧伯玉之“恭敬”，朱子对臣事君当“恭敬”的重视，可见一斑。这也体现了《小学》之编纂所融入的朱子“先知后行，知行相须”的“知行观”。

《内篇·明伦篇》“明君臣之义”曰：

> 《论语》曰：君召使摈，色勃如也，足躩如也。揖所与立，左右手。衣前后，襜如也。趋进，翼如也。宾退，必复命曰：“宾不顾矣。”③

见《论语·乡党》。朱子录《乡党》之文有深意：

① 《朱子全书》册2，第470、472页。
② 《朱子全书》册13，第427页。
③ 《朱子全书》册13，第405页。

杨氏曰：“圣人之所谓道者，不离乎日用之间也。故夫子之平日，一动一静，门人皆审视而详记之。”尹氏曰：“甚矣，孔门诸子之嗜学也！于圣人之容色言动，无不谨书而备录之，以贻后世。今读其书，即其事，宛然如圣人之在目也。虽然，圣人岂拘拘而为之者哉？盖盛德之至，动容周旋，自中乎礼耳。学者欲潜心于圣人，宜于此求焉。”①

这是朱子借杨龟山、尹和靖之语对《论语·乡党》一篇之大旨的揭示：“圣人之所谓道者，不离乎日用之间也。”故而欲学以成德成人（成圣成贤），非有求于高深玄远者，且就“日用之间”“潜心”力践焉。朱子注：

摈，主国之君所使出接宾者。勃，变色貌。躩，盘辟貌。皆“敬”君命故也……所与立，谓同为摈者也。摈用命数之半，如上公九命，则用五人，以次传命。揖左人，则左其手；揖右人，则右其手。襜，整貌。……疾趋而进，张拱端好，如鸟舒翼。……纾君“敬”也。此一节，记孔子为君摈相之容。

此章言“君召”，故而人臣之“敬”（恭敬）便随即体现于“君命”上，即所说的“敬君命”。当此职任结束后，则相应之“敬”亦渐次减缓，即所谓的“纾君敬也”。

《内篇·明伦篇》“明君臣之义”载：

入公门，鞠躬如也，如不容。立不中门，行不履阈。过位，色勃如也，足躩如也，其言似不足者。摄齐升堂，鞠躬

① 朱熹：《四书章句集注》，北京：中华书局，2012 年，第 117 页。

如也，屏气似不息者。出，降一等，逞颜色，怡怡如也。没阶趋，翼如也。复其位，踧踖如也。①

此章亦出《论语·乡党》②。《乡党》一篇“旧说凡一章”，朱子《论语集注》“分为十七节”。在《集注》中，此节（章）与上节（章）本分作相先后之两节。录入《小学》中，一仍其旧。朱子注曰：

鞠躬，曲身也。公门高大而若不容，“敬”之至也。阈，于逼反。中门，中于门也。谓当枨闑之间，君出入处也。阈，门限也。礼：士大夫出入君门，由闑右，不践阈。谢氏曰：“立中门则当尊，行履阈则不恪。”位，君之虚位。谓门屏之间，人君宁立之处，所谓宁也。君虽不在，过之必“敬”，不敢以虚位而慢之也。言似不足，不敢肆也。齐，音咨。摄，抠也。齐，衣下缝也。礼：将升堂，两手抠衣，使去地尺，恐蹑之而倾跌失容也。屏，藏也。息，鼻息出入者也。近至尊，气容肃也。陆氏曰：“趋下本无进字，俗本有之，误也。”等，阶之级也。逞，放也。渐远所尊，舒气解颜。怡怡，和悦也。没阶，下尽阶也。趋，走就位也。复位踧踖，“敬”之余也。此一节，记孔子在朝之容。

观此注文，与上章注文相类，即以“敬”开始又以“敬”结之，故而其意亦当如上所分析。

以上所述乃《小学·内篇·明伦篇》“明君臣之义”的四章之文，朱子皆以“敬”或者“恭敬”为所言之主旨。这正是

① 《朱子全书》册13，第405—406页。
② 朱熹：《四书章句集注》，北京：中华书局，2012年，第118页。

《大学》中所说的“为人臣，止于敬”之意。《大学》载：

> 《诗》云：“邦畿千里，惟民所止。”《诗》云：“缗蛮黄鸟，止于丘隅。”子曰：“于止，知其所止，可以人而不如鸟乎！”《诗》云：“穆穆文王，于缉熙敬止！”为人君，止于仁；为人臣，止于敬；为人子，止于孝；为人父，止于慈；与国人交，止于信。①

朱子《大学章句》归其为“释止于至善”。相关之注曰：“于，叹美辞。缉，继续也。熙，光明也。敬止，言其无不敬而安所止也。引此而言圣人之止，无非至善。五者乃其目之大者也。学者于此，究其精微之蕴，而又推类以尽其余，则于天下之事，皆有以知其所止而无疑矣。”这里所说的“止于敬”，《大学》引《诗经》之文已将其源头上溯到了文王，以文王为例证。按照朱子的解释，“为人臣，止于敬”指“无不敬而安所止”，最终指向的是“至善”。《大学》是就君臣双方而言的，朱子注文也是如此。然而，此处《小学》“明君臣之义”的内容则仅言臣之“敬”或“恭敬”。实则并非如此，并非只是单方面要求臣，这在之后的章节中便可见之。

易言之，君臣的责任和义务是相互的，君“仁”，臣则“敬”；君使臣以“礼”，臣事君则“忠”。另外，“忠”不仅仅是对“君”的更是对“民”的，如首章所述，朱子用《左传》中“赵宣子”事来例证。其中钽麑之言“不忘恭敬，民之主也，贼民之主，不忠；弃君之命，不信。”这里的“忠”则是“忠”于“民”。并且“忠”是“中心”之解的“忠”（朱子解“忠

① 朱熹：《四书章句集注》，北京：中华书局，2012年，第5页。

恕”之“忠”，认为“忠”解为“中心”亦通)，即秉持“中正”之“心”乃为“忠”。为政者以一颗“中正”之“心”服务于“民”尽职于“国”才是最大最高的“忠”，也是真正的“忠”（“至止善”)。至于所谓唯君命是从而莫敢稍异其辞的“忠”（愚忠)，大抵乃后世“曲学阿世、辱食自矜”之人所附会耳。《小学》此篇后文中“进思尽忠”之“忠”字，邢昺《孝经注疏》的解释仍然不误：

> 《说文》云：“忠，敬也。”尽心曰忠。《字诂》曰：“忠，直也。”《论语》曰：“臣事君以忠。”则忠者善事君之名也。……言事君者敬其职事，直其操行，尽其忠诚也。言臣常思尽其节操，能致身授命也。

“忠诚”一语非今日所理解者。“诚”字乃“实”之义，如朱子之解：“诚者，至实而无妄之谓，天所赋、物所受之正理也”①。不仅邢昺仍知“忠”字之义，朱子亦然。《朱子语类》载：

> 用之问：“忠，只是实心，人伦日用皆当用之，何独只于事君上说‘忠’字?”曰：“父子兄弟夫妇，皆是天理自然，人皆莫不自知爱敬。君臣虽亦是天理，然是义合。世之人便自易得苟且，故须于此说‘忠’，却是就不足处说。……看这说，君臣自是有不得已意思。”贺孙。②

“实心”之“实”即“诚”，即“正理”。“正”即“直”

---

① 见《通书解》；周敦颐：《周敦颐集》，北京：中华书局1990年，第13页。
② 《朱子语类》卷十三，第233页。

(“忠，直也”)。这里已讲的够明白显豁了，“忠”乃“人伦日用皆当用之”，非止用于事“君”。依朱子意，从“天理”的视角进行解释，则惟有“父子兄弟夫妇”乃“天理自然”；“君臣”实际上已非“天理”的自然朗显，已掺杂“人为的设施”。从“伦理”的角度言，前者属于“天伦”；后者虽非“天伦”，但毕竟人世又有“君臣”这一伦，为全其“伦理”则“不得已”而“矫枉过正”。然而后世之人过此“正”早已邈远，以忘忽“正”为何物，也终究不能复归于“正”，岂不哀哉！

《内篇·明伦篇》“明君臣之义”继言：

> 《礼记》曰：君赐车马，乘以拜赐；衣服，服以拜赐。君未有命，弗敢即乘服也。
>
> 《曲礼》曰：赐果于君前，其有核者，怀其核。
>
> 御食于君，君赐余，器之溉者不写，其余皆写。
>
> 《论语》曰：君赐食，必正席先尝之。君赐腥，必熟而荐之。君赐生，必畜之。①

《论语》之文，朱子注云：“食恐或馂余，故不以荐。正席先尝，如对君也。言先尝，则余当颁赐矣。腥，生肉。熟而荐之祖考，荣君赐也。畜之者，仁君之惠，无故不敢杀也。”② 此处四章载《通解》卷十二《臣礼》，所言为“侍坐赐食”。朱子引《说苑·奉使》中晏子故事为“传”以阐明之：

> 晏子聘于楚。楚王进橘置削。晏子不剖而并食之。楚王曰：“橘当去剖。”晏子对曰：“臣闻之，赐人主前者，瓜桃

① 《朱子全书》册13，第406页。
② 朱熹：《四书章句集注》，北京：中华书局，2012年，第121—122页。

不削，橘柚不剖。今王无教，臣不敢剖，然臣非不知也。”①

虽然所说事直接针对“赐果”，但表明的是“侍坐赐食”时，人臣须“敬”，正如陈选《小学集注》中所指出的“敬君赐也”。其旨仍落在“敬”上。

《内篇·明伦篇》“明君臣之义”：

侍食于君，君祭，先饭。

疾，君视之，东首，加朝服，拖绅。

君命召，不俟驾，行矣。

吉月，必朝服而朝。②

此四章，第一章朱子注：“《周礼》，‘王日一举，膳夫授祭，品尝食，王乃食’。故侍食者，君祭，则己不祭而先饭。若为君尝食然，不敢当客礼也。”此章本出《论语·乡党》，《士相见礼》中有相似之言“若君赐之食，则君祭先饭”。朱子录入《通解》卷十二《臣礼》③，属于“侍坐赐食”之事。《通解》中朱子已征引《周礼·膳夫》语“授祭，品尝食，王乃食。”可见朱子录《论语》此章于《小学·明伦篇》，实以其与《膳夫》《士相见礼》中所说相关涉，而其义当以《论语·乡党》中朱子注为正，即“不敢当客礼也”，意即臣不可以客人自居而当尽事君之礼，盖“止于敬”之意。第二章，朱子注：“东首，以受生气也。病卧不能着衣束带，又不可以亵服见君，故加朝服于身，又引大带于上也。”此章载《通解》卷十二《臣礼》，属“恭敬”

① 《朱子全书》册2，第469—470页。
② 《朱子全书》册13，第406页。
③ 《朱子全书》册2，第486页。

之事[1]。第三章，朱子有解：“急趋君命，行出而驾车随之。此一节，记孔子事君之礼。”所谓“此一节”，指此以上四章，本属《论语·乡党》中同一节。第四章，朱子释到：“吉月，月朔也。孔子在鲁，致仕时如此。”[2]

“致仕”一语透露了《小学·内篇·明伦篇》“明君臣之义”的篇章逻辑次第：从首章“将朝”至次章“遂行”等等，一直到“致仕”的仕履结束，此乃为政的完整过程（有始有终，成始成终）。这也再次表明了《小学》一书的架构之精密。如果稍作疏解，则此之“精密”尤显精密。本文第2章所论《小学·内篇·立教篇》第二章（原文出《内则》），其中有“七十致事”一语，此“致事”即“致仕”，即古人“致仕”的年龄在“七十岁”左右。再来看此处所言“孔子在鲁，致仕时如此”。据郑康成言孔夫子于鲁哀公十一年自卫反鲁[3]，又据《孔子世家》载孔夫子卒于鲁哀公十六年，时年七十二（七十三）。可知，朱子将此章解为孔夫子在鲁“致仕时如此”，正合《内则》“七十致事”之说。故而此处《小学·明伦篇》与之前的《立教篇》之文遥相呼应，犹如常山之蛇，架构岂不精密乎？

既然仕履已结束，则接下来的章节便统言“君臣之道”。

《内篇·明伦篇》“明君臣之义”云：

> 孔子曰：君子事君，进思尽忠，退思补过，将顺其美，

---

① 《朱子全书》册2，第470—472页。

② 《论语·乡党》；朱熹：《四书章句集注》，北京：中华书局，2012年，第119页。

③ 《孔子世家》载：“吾自卫反鲁，然后乐正，雅颂各得其所。”《集解》郑康成曰：“反鲁，鲁哀公十一年冬，是时道衰乐废，孔子来还，乃正之。故雅颂各得其所。”司马迁：《史记》，北京：中华书局，1982年，第1936页。

匡救其恶，故上下能相亲。①

此章本出《孝经·事君章》。其中“君”作“上”，玄宗《孝经注》已言“上，谓君也”。邢昺疏曰：“此对《论语》云：‘孝悌而好犯上者鲜矣。’彼‘上’谓凡在己上者，此‘上’惟指君，故云‘上，谓君也’”。朱子录入《孝经刊误》时仍作“上”：“子曰：‘君子事上，进思尽忠，退思补过，将顺其美，匡救其恶，故上下能相亲。’《诗》云：‘心乎爱矣，遐不谓矣。中心藏之，何日忘之？’”朱子评道：

> 此一节释忠于事君之意，当为传之九章，（或云宜为十一章）。因上章“争臣”而误属于此耳。“进思尽忠，退思补过”，亦《左传》所载士贞子语，然于文理无害。引《诗》亦足以发明移孝事君之意，今并存之。②

“忠”字皆当如上文之解读。朱子秉持《孝经》之“传”为后人伪作的观点，指出了此章作伪者用语的来源，即《左传·宣公十二年》所载：“士贞子谏曰，不可，城濮之役，晋师三日谷，文公犹有忧色，左右曰，有喜而忧，如有忧而喜乎，公曰，得臣犹在，忧未歇也，困兽犹斗，况国相乎，及楚杀子玉，公喜而后可知也，曰，莫余毒也已，是晋再克，而楚再败也，楚是以再世不竞，今天或者大警晋也，而又杀林父以重楚胜，其无乃久不竞乎，林父之事君也，进思尽忠，退思补过，社稷之卫也，若之何杀之，夫其败也，如日月之食焉，何损于明，晋侯使

① 《朱子全书》册13，第406页。
② 《晦庵先生朱文公文集》卷六十六《孝经刊误》；《朱子全书》册23，第3211—3212页。

复其位。”大抵因为“于文理无害”，所以朱子并没有过多非议。至于说“引《诗》亦足以发明移孝事君之意”，“移孝事君”之言已载入《小学·明伦篇》之“通论”（后当详论）。《诗》指《诗经·小雅·隰桑》，据朱子《诗集传》的注文所言：

> 言我中心诚爱君子，而既见之，则何不遂以告之。而但中心藏之，将使何日而忘之耶！《楚辞》所谓“思公子兮未敢言”，意盖如此。爱之根于中者深，故发之迟而存之久也。①

朱子解读为女子爱慕君子之情，之所以能和《孝经》所说相关涉，大抵因为注文的关键句“爱之根于中者深，故发之迟而存之久也”。不过，《礼记·表记》已载：

> 子曰：“事君欲谏不欲陈。《诗》云：‘心乎爱矣，瑕不谓矣；中心藏之，何日忘之。’”

可知引《诗》之语与“谏诤”相关，此章之“补过”即在于“谏诤”。总之，此章虽为伪作，但朱子依“文义事理”（“义理”）为权衡，肯定了其符合孔夫子的思想，肯定了其价值。载入《小学·明伦篇》以“明君臣之义”，亦朱子认可的定本《孝经》第九章传文。真西山在《大学衍义》卷十“明道术”中对此章有论：

> 将，犹承也。匡，正也。进，谓入见其君，则思尽己之忠。退，谓出适私室，则思补君之过。无一时一念之不在君也。有善焉，承顺之，使之益进于善。有恶焉，正救之，使

---

① 《诗集传》卷十五；《朱子全书》册1，第646页。

之潜消其恶。此爱君之至也。臣以忠爱而亲其君，君亦谅其忠爱而亲之。

“忠”字当如上所解。此段文字，陈选《小学集注》亦有征引。但是，仅仅止于此则西山之宏论晦焉。西山续论到：

非古昔盛时，臣主俱贤，无此气象也。后世人臣有尽其忠爱而君反以为仇者，吁，可叹哉！

揣度语气，盖西山在“今昔对比”。盖无陈寅恪先生所说之“思想最为自由”的赵宋王朝之环境，士人岂敢发此议论？岂敢有此之批评？明人陈选所以省略之，盖时异势亦异，不得不然也。

《小学·明伦篇》此章已载入《通解》卷十二《臣礼》[①]，属“谏诤”之事。可知朱子已明确地将此章之主旨定为“谏诤”，且自此章之后的七章皆为“谏诤”。于《小学·内篇·明伦篇》“明君臣之义”的内容言，朱子凸出“谏诤”在君臣关系中的地位。

朱子《通解》中此章之上为孟子“责难于君谓之恭”章（已载《小学》此处讨论的篇章中），接着朱子以箕子谏纣王以及伯夷、叔齐叩马而谏为“传”，以证实之。此故事见《小学·内篇·稽古篇》：

武王伐纣，伯夷、叔齐叩马而谏，左右欲兵之。太公曰：“此义人也。”扶而去之。武王已平殷乱，天下宗周，而伯夷、叔齐耻之，义不食周粟，隐于首阳山，采薇而食

① 《朱子全书》册2，第473页。

之，遂饿而死。

箕子者，纣亲戚也。纣始为象箸，箕子叹曰：“彼为象箸，必为玉杯。为玉杯，则必思远方珍怪之物而御之矣。舆马宫室之渐自此始，不可振也。纣为淫泆，箕子谏，纣不听而囚之。人或曰：“可以去矣。”箕子曰：“为人臣，谏不听而去，是彰君之恶而自说于民，吾不忍为也。”乃被发佯狂而为奴，遂隐而鼓琴以自悲。故传之曰《箕子操》。王子比干者，亦纣之亲戚也。见箕子谏不听而为奴，则曰：“君有过而不以死争，则百姓何辜？”乃直言谏纣。纣怒曰：“吾闻圣人之心有七窍，信有诸乎？”乃遂杀王子比干，刳视其心。微子曰：“父子有骨肉，而臣主以义属。故父有过，子三谏而不听，则随而号之。人臣三谏而不听，则其义可以去矣。”于是遂行。孔子曰：“殷有三仁焉。”①

“孔子曰”句之前，见《史记》卷三十八《宋微子世家》；其后则为《论语·微子》首章“微子去之，箕子为之奴，比干谏而死”句的孔夫子之评语。朱子注曰：“微子，纣庶兄。箕子、比干，纣诸父。微子见纣无道，去之以存宗祀。箕子、比干皆谏，纣杀比干，囚箕子以为奴，箕子因佯狂而受辱。”又曰：

三人之行不同，而同出于至诚恻怛之意，故不咈乎爱之理，而有以全其心之德也。杨氏曰：“此三人者，各得其本心，故同谓之仁。”②

“不咈乎爱之理，而有以全其心之德也”，此句暗含朱子对

① 《朱子全书》册 13，第 426—427 页。
② 朱熹：《四书章句集注》，北京：中华书局，2012 年，第 183—184 页。

仁的解释：“仁者，爱之理，心之德也”①。至于征龟山之语，虽有“本心”一语，但必如朱子之界定方为其实指。换言之，朱子的解释一本于其思想。依此，“谏诤”的缘由或者说为何要“谏诤”，有了“理”的根原，其亦是“仁”的体现（发用）。

《内篇·明伦篇》“明君臣之义”载：

> 君使臣以礼，臣事君以忠。②

此章出《论语·八佾》“定公问：‘君使臣，臣事君，如之何？’”孔子对曰：‘君使臣以礼，臣事君以忠。’”③ 朱子注：“二者皆理之当然，各欲自尽而已。吕氏曰：‘使臣不患其不忠，患礼之不至；事君不患其无礼，患忠之不足。’尹氏曰：‘君臣以义合者也。故君使臣以礼，则臣事君以忠。’”关于“忠”的讨论，上文已述。

《内篇·明伦篇》“明君臣之义”：

> 大臣以道页君，不可则止。④

出《论语·先进》，朱子注：“以道事君者，不从君之欲。不可则止者，必行己之志。”“不可则止，谓不合则去也。”“不合则去”，道不同不相为谋。“道”，朱子如此界定：“凡言道者，皆谓事物当然之理，人之所共由者也”⑤，“道若大路然，岂难知哉！人病不由耳”⑥。正因为此，则人君不走“大路”而由“小

① 《论语·学而》；朱熹：《四书章句集注》，北京：中华书局，2012年，第48页。
② 《朱子全书》册13，第406页。
③ 朱熹：《四书章句集注》，北京：中华书局，2012年，第66页。
④ 《朱子全书》册13，第406。
⑤ 《论语·学而》；朱熹：《四书章句集注》，北京：中华书局，2012年，第52页。
⑥ 《朱子语类》卷八，第129页。

径”入“左道”失于“正道”而不反；人臣依“道”而“谏诤”，“三谏而不可”则弃之去矣。

《内篇·明伦篇》“明君臣之义”曰：

子路问事君。子曰：“勿欺也，而犯之。”①

朱子在与弟子讨论此章时，已与《孟子》“格君心之非”相联系：

事君则能格其非心，不至于以讦为直。格君心之非者，大人之事。孝悌固是顺德，然所造有浅深，未必皆能大人之所为也。犯颜而谏，主于爱君。夫子之告子路亦曰“勿欺也，而犯之。”然则所谓犯上者，恐不如此。直谓出事公卿，凡在已上者，能移孝心以事之，不至犯分而已。

犯上不必专为事君，凡在已上者皆是。举事君如此，则其他可知。孟子曰“惟大人，为能格君心之非。”而穆王命伯冏以绳愆纠缪，格其非心，则不必大人也。前贤如董仲舒之流，非一人，皆能使其君愧畏而不敢为非，是亦格其非心也。②

朱子很赞成“犯颜而谏”，因为这是臣子“爱君”的体现。但此“犯”并非“犯上作乱”之“犯”。而“上”也不是专指“君”，所谓“凡在已上者皆是”。犯上谏诤，从人臣言，则是臣“爱君”；从人君言，则是君归于“正”。而人臣，在朱子看来，不一定为孟子讲的“能格君心之非”一般的“大人”，盖所有臣

① 《朱子全书》册 13，第 406 页。
② 《晦庵先生朱文公文集》卷三十九《答范伯崇第六书》；《朱子全书》册 22，第 1779 页。

子、贤能者皆在“格君心之非”以使君归于正之列。如这里提到的伯冏、董仲舒，以及《小学·外篇·善行篇》“实君臣之义”中所载的汲黯之事：

汲黯，汉景帝时为太子洗马，以严见惮。武帝即位，召为主爵都尉。以数直谏，不得久居位。是时，太后弟武安侯田蚡为丞相，中二千石拜谒，蚡弗为礼，黯见蚡未尝拜，揖之。上方招文学儒者，上曰：“吾欲”云云，黯对曰：“陛下内多欲而外施仁义，奈何欲效唐虞之治乎?”上怒，变色而罢朝，公卿皆为黯惧。上退，谓人曰：“甚矣，汲黯之戆也!”群臣或数黯，黯曰：“天子置公卿辅弼之臣，宁令从谀承意，陷主于不义乎?且已在其位，纵爱身，奈辱朝廷何?”黯多病，病且满三月，上常赐告者数，终不愈。最后严助为请告，上曰：“汲黯何如人也?”曰：“使黯任职居官，亡以愈人；然至其辅少主守成，虽自谓贲育，弗能夺也。”上曰：“然。古有社稷之臣，至如汲黯，近之矣。”大将军青侍中，上踞厕视之。丞相弘宴见，上或时不冠。至如见黯，不冠不见也。上尝坐武帐，黯前奏事，上不冠，望见黯，避帷中，使人可其奏。其见敬礼如此。①

本出《汉书》卷五十《汲黯传》。班孟坚之《赞》以“正直”称黯。《通鉴纲目》卷四属“丙午（前135），六年。秋，八月”“以汲黯为主爵都尉”之小注。朱子引胡致堂之论云：

汲黯多欲之言，岂惟深中武帝之病。凡为人君，莫不然

① 《朱子全书》册13，第464页。

> 矣。尧、舜、禹、汤、文武，则无欲者也。其余贤主，则能窒欲者也。屈于物欲，不知自反，则昏乱危亡之君；内多欲而外施仁义，则五伯假之之徒也。所谓欲：或酒，或色，或货利，或宫室，或游畋，或狗马，或博弈，或词艺图书以为文，或抚剑疾视以为武，或辟土服远以为功，或耽佛好仙以为高。虽污洁不齐，欲有大小，然皆足以变移志虑，荒废政理。虽欲勉行仁义，而行之无本，其不足以感人心而正民志矣。故人君莫大乎修身，而修身莫先于寡欲。欲诚不行，则心虚而善入，气平而理胜，动无非理，事无不善，唐虞之治，不越此矣。①

胡致堂由人臣汲黯之“谏诤”进而推论到人君之“修身”，意旨明确：“为人君，止于仁；为人臣，止于敬。”“故人君莫大乎修身，而修身莫先于寡欲”，正孟子养心寡欲之说，与“吾欲云云”相应，也是窒“欲”的方法（属“工夫论”）。这也可谓是“格君心之非”的具体格法，是存天之理去欲之私（存天理、去人欲）在人君上的体现。“欲诚不行，则心虚而善入，气平而理胜，动无非理，事无不善，唐虞之治，不越此矣。”此为人君诚能窒“欲”、躬行践履，则工夫到后不惟己欲之窒，亦有“唐虞之治”。

《内篇·明伦篇》“明君臣之义”：

> 鄙夫可与事君也与哉？其未得之也，患得之；既得之，患失之。苟患失之，无所不至矣。②

---

① 参见《致堂读史管见》卷二《孝武汉纪》；《朱子全书》册8，第264—265页。

② 《朱子全书》册13，第406页。

朱子注：“鄙夫，庸恶陋劣之称。何氏曰：‘患得之，谓患不能得之。’小则吮痈舐痔，大则弑父与君，皆生于患失而已。……士之品大概有三：‘志于道德者，功名不足以累其心；志于功名者，富贵不足以累其心；志于富贵而已者，则亦无所不至矣。’志于富贵，即孔子所谓鄙夫也。”① “患得患失”的锁钥在于无“主”无“守”，惟有“志于道德”、一心志于“道”则有“主”、固据“己德”则有“守，能如此，则犹满壶之入江河，虽众水浸渍而莫能入，进而“心志”坚牢“动亦定，静亦定”，“心”不系于“物”不随境物而流转，则自然“功名不足以累其心”“富贵不足以累其志”。

《内篇·明伦篇》“明君臣之义”载：

> 孟子曰：责难于君谓之恭，陈善闭邪谓之敬，吾君不能谓之贼。②

已载入《通解》卷十二《臣礼》。朱子《集注》曰：

> 范氏曰：“人臣以难事责于君，使其君为尧舜之君者，‘尊君’之大也；开陈善道以禁闭君之邪心，惟恐其君或陷于有过之地者，‘敬君’之至也；谓其君不能行善道而不以告者，‘贼害其君’之甚也。”邹氏曰：“自《诗》云‘天之方蹶’至此，所以责其臣。”邹氏曰：“此章言为治者，当有仁心仁闻以行先王之政，而君臣又当各任其责也。”

观朱子引范醇夫之语，何为“尊君”、何为“敬君”、何又

① 《论语·阳货》；朱熹：《四书章句集注》，北京：中华书局，2012年，第180页。

② 《朱子全书》册13，第407页。

为“贼害其君”，意已极为显豁。“尊君”，则当厚望人君为“尧舜之君”而非“庸君”“昏君”；“敬君”，则当“陈善道以禁闭君之邪心”即“格君心之非”，“惟恐其君或陷于有过之地”即使人君（君心）复归于“正”；“贼害其君”，即以得“道”者自处的人臣，非但不道人君于“正道”，且视人君为“庸碌之君”而不使知何为“正道”（或已“膏肓”，非乏“药石”）。“仁心仁闻”为《孟子》原文，朱子注曰：“仁心，爱人之心也。仁闻者，有爱人之声闻于人也。”盖孟子“仁政”的“理学”解读。“君臣又当各任其责”，则“君臣”关系若何，可明矣。

此章见《孟子·离娄上》首章[①]，但非全部文字，乃章之最后一句。朱子注文中“自《诗》云‘天之方蹶’”指的是《孟子》此章所引《诗经》之文“《诗》曰：‘天之方蹶，无然泄泄。’泄泄，犹沓沓也。事君无义，进退无礼，言则非先王之道者，犹沓沓也。”朱子注曰：“《诗·大雅·板》之篇。蹶，颠覆之意。泄泄，怠缓悦从之貌。言天欲颠覆周室，群臣无得泄泄然，不急救正之。”可知“谏诤”之重要，小则可以匡君之过，大则可以兴家治国。反之，则如周室之盛亦将至于绝宗弃祀。盖顾亭林所云：“保国者，其君其臣、肉食者谋之；保天下者，匹夫之贱与有责焉耳矣！”[②]

《内篇·明伦篇》“明君臣之义”：

有官守者，不得其职则去；有言责者，不得其言

① 朱熹：《四书章句集注》，北京：中华书局，2012年，第282页。

② 《日知录》卷十三“正始”条；顾炎武：《日知录》（黄汝成集释），上海：上海古籍出版社，2013年，第757页。

则去。[1]

出《孟子·公孙丑下》“吾闻之也：有官守者，不得其职则去；有言责者，不得其言则去。我无官守，我无言责也，则吾进退，岂不绰绰然有余裕哉？”朱子《孟子集注》有载：

> 官守，以官为守者。言责，以言为责者。绰绰，宽貌。裕，宽意也。孟子居宾师之位，未尝受禄。故其进退之际，宽裕如此。尹氏曰：“进退久速，当于理而已。”[2]

尹和靖“当于理而已”句，可谓一语中的。当不当“理”才是关键，亦如上所论述。孟子此言，韩昌黎《争臣论》已引而申论之[3]。朱子《昌黎先生集考异》卷五中已对此文详加考辨。如篇名“争”字，朱子考辨道：“争或作谏。欧公《与范司谏书》，温公《通鉴》皆作争。”[4] 可知朱子对“谏诤”的看重，而孟子语自然指向此。

昌黎此文不仅与《小学·明伦篇》此章有关，且与《小学·善行篇》有关，故而将原文相关者录于下以便讨论。《争臣论》载：

> 或问谏议大夫阳城于愈：“可以为有道之士乎哉？学广而闻多，不求闻于人也。行古人之道，居于晋之鄙，晋之鄙人薰其德而善良者几千人。大臣闻而荐之，天子以为谏议大夫。人皆以为华，阳子不色喜。居于位五年矣，视其德如在

---

① 《朱子全书》册13，第407页。
② 朱熹：《四书章句集注》，北京：中华书局，2012年，第247页。
③ 《韩愈集》卷十四
④ 《朱子全书》册19，第472—473页。

野，彼岂以富贵移易其心哉？”

阳城，字亢宗，定州北平人，时拜“谏议大夫”。此言阳城之能之德之心志。续载：

愈应之曰：是《易》所谓“恒其德贞”而“夫子凶”者也，恶得为有道之士乎哉？在《易·蛊》之上九云：“不事王侯，高尚其事”；《蹇》之六二则曰：“王臣蹇蹇，匪躬之故。”夫不以所居之时不一，而所蹈之德不同也。若《蛊》之上九，居无用之地，而致匪躬之节；以《蹇》之六二，在王臣之位，而高不事之心；则冒进之患生，旷官之刺兴，志不可则，而尤不终无也。今阳子在位，不为不久矣；闻天下之得失，不为不熟矣；天子待之，不为不加矣；而未尝一言及于政。视政之得失，若越人视秦人之肥瘠，忽焉不加喜戚于其心。

昌黎引《易经》之《蛊卦》《蹇卦》两卦的上九、六二之爻辞为典据，先释文后参以阳城实际之表现，给予批评，以便证成“恶得为有道之士乎哉？”继道：

问其官，则曰谏议也；问其禄，则曰下大夫之秩也；问其政，则曰我不知也。有道之士固如是乎哉？

批评的聚焦点实在于阳城的官职：谏议大夫。“问其官，则曰谏议也”一语，则是在特别强调“谏议”二字。续曰：

且吾闻之，“有官守者，不得其职则去；有言责者，不得其言则去”。今阳子以为得其言，言乎哉？得其言而不言，与不得其言而不去，无一可者也。阳子将为禄士乎？古之人有云：仕不为贫，而有时乎为贫，谓禄仕者也。宜乎辞尊而居卑，辞富而居贫，若抱关击柝者可也。盖孔子尝为委吏矣，尝为乘田矣，亦不敢旷其职，必曰“会计当而已矣”，必曰“牛羊遂而已矣”。若阳子之秩禄，不为卑且贫，章章明矣，而如此，其可乎哉？

“谏议”即“谏诤”，“谏议大夫”也即所说的“言官”，也似所说的“拾遗补缺”。至唐代时，古人所看重的人臣对人君的“谏诤”已经制度化如常态（毕竟其重要性如上述，忽之，则将至于绝祀弃宗、灭家裂国。“人非圣贤孰能无过，过而能改善莫大焉”；纵然是“圣人”亦会“有过”，其关键不在于是否“有过”而在于是否“能改”；“过”即是“不正”，改之则复归于“正”，即所谓“改正”）。昌黎的批评主要针对此而来，先征孟子语以便直接相关于所批评的焦点。所说“禄仕”，盖所谓“尸位素餐”；盖孔夫子所言“邦有道，谷；邦无道，谷，耻也”（朱子注：“谷，禄也。邦有道不能有为，邦无道不能独善，而但知食禄，皆可耻也）①。最后以孔夫子“为委吏、为乘田”的细职，以明居其职当尽其责。于阳城而言，则是履其“言官”之职、尽其“有言”之责。若稍加推阐，盖《中庸》所载“君子素其位而行”（朱注：“素，犹见在也。言君子但因见在所居之位而为其所当为”），如此，则方可谓之“君子”、方可谓之“有道之士”。

昌黎作《争臣论》以讥切阳城，然而阳城亦不屑意。昌黎

---

① 《论语·宪问》；朱熹：《四书章句集注》，北京：中华书局，2012 年，第 149—150 页。

此作可算是对孟子之语的佳释美证。而朱子考异定正之，则明示赞同。不过，此时的阳城确实未能尽其职守尽其言责。待到裴延龄诬逐陆贽等时，阳城乃守延英阁上疏，极论延龄罪状，慷慨引谊，申直陆贽等。其时皇帝欲以延龄为相，阳城则直陈力谏道：“延龄为相，吾当取白麻坏之，哭于庭。”（有似以“死”而“谏”）不相延龄，实阳城之力。昌黎作《争臣论》时，阳城已居位五年。后三年，阳城能排击裴延龄，或有言曰：“阳城盖有待与？抑昌黎有以激之与？”

《小学·外篇·善行篇》“实父子之亲”中载：

> 唐阳城为国子司业，引诸生告之曰：“凡学者，所以学为忠与孝也。诸生有久不省亲者乎？”明日谒城，还养者二十辈。有三年不归侍者，斥之。[①]

见《新唐书》卷一百九十四《卓行传·阳城传》。朱子在《朱子语类》的问答中已有所引述：

> 学者，所以学为忠与孝也。今欲训天下士以忠孝，而学校之制乃出于不忠不孝之人，不亦难乎！儒用。[②]

朱子征引阳城此事在于证实《小学·外篇·立教篇》之“立学校之教”，强调学校的重要功能之一在于使学生明“伦理”，具体如阳城所言“凡学者，所以学为忠与孝也。”附于此节讨论虽有不类，但是，一因昌黎之论与阳城相涉甚密，出阳城之事方可知阳城之“全貌”（阳城并非仅仅如昌黎文中所示，否

---

① 《朱子全书》册13，第460页。
② 《朱子语类》卷一百二十八，第3080页。

则朱子也不会将其事载入《小学》；欧阳文忠公《新唐书》亦不会为其立传（此书之《传》出宋子京手），更不会以其入《卓行传》）。“阳城为国子司业”，还养及斥逐“久不省亲者”，可见其并非玩忽职守（盖所谓“有待与”）。

一因此节论“君臣之义”，其为“五伦”（五教、五目）之一，亦属“伦理”。

《内篇·明伦篇》“明君臣之义”的卒章：

> 王蠋曰：忠臣不事二君，烈女不更二夫。①

事可见《史记·田单列传》。只有给出完整的故事，朱子录入《小学·明伦篇》的此章之意方可得知。《田单列传》载：

> 燕之初入齐，闻画邑人王蠋贤，令军中曰“环画邑三十里无入”，以王蠋之故。已而使人谓蠋曰：“齐人多高子之义，吾以子为将，封子万家。”蠋固谢。燕人曰：“子不听，吾引三军而屠画邑。”王蠋曰：“忠臣不事二君，贞女不更二夫。齐王不听吾谏，故退而耕于野。国既破亡，吾不能存；今又劫之以兵为君将，是助桀为暴也。与其生而无义，固不如烹！”遂经其颈于树枝，自奋绝脰而死。齐亡大夫闻之，曰：“王蠋，布衣也，义不北面于燕，况在位食禄者乎！”乃相聚如莒，求诸子，立为襄王。

《说苑·立节》亦载之，文字稍异，如“画邑”作“盖

① 《朱子全书》册13，第407页。

邑”，“王蠋”作“王歜”[1]。《史记》《说苑》中“烈女”皆作“贞女”。朱子录入《通解》卷十二《臣礼》，并明言出自《资治通鉴》“赧王三十一年”。《通鉴》首句作“乐毅破齐”，全文止于“自奋绝脰而死”，“画邑”“烈女”字不变。可知朱子载入《小学·明伦篇》的此章，选语直接来自《通鉴》，这大抵因为朱子有《通鉴纲目》一书。《通解·臣礼》中，朱子以此故事为“传”，以证“死节”之“经文”的意思。朱子以王蠋之言为《小学·明伦篇》“明君臣之义”的最后一章，参考完整的故事，则此章之旨已显露端倪：

> 齐王不听吾谏……国既破亡，吾不能存；……与其生而无义，固不如烹！

这里将“国之破亡”的原因迳归于“不听谏”，再次证实上述的“谏诤”之重要，人君“不听谏诤”则“国灭矣”。这可谓“卒章之警钟”，振聋发聩于无形之中（因为《小学》此章无明面之文，故说无形）。这仅为朱子“卒章深旨”的一面。

“齐王不听吾谏”云云，表明王蠋事前已有“谏诤”已尽“言责”。王蠋最终选择了“死”而非“无义”之“生”，这正是微子启“臣主以义属”之意，也是孟子“舍生取义”之论。孟子之论，朱子相关之注曰：

> 欲生恶死者，虽众人利害之常情；而欲恶有甚于生死者，乃秉彝义理之良心，是以欲生而不为苟得，恶死而有所

① 《说文》“蠋”“歜”二字形与义皆不同。“蠋”字，大徐以为“市玉切”；“歜”字，许氏解“从欠蜀声”，大徐以为“尺玉切”。段茂堂《注》以二字同属“第三部”，盖古音同。

不避也。……设使人无秉彝之良心，而但有利害之私情，则凡可以偷生免死者，皆将不顾礼义而为之矣。……由其必有秉彝之良心，是以其能舍生取义如此。[①]

“秉彝义理之良心”句，“秉彝”出自《诗·烝民》已录入《小学》篇端之“道语”，前文已论；“良心”为孟子用语，前文在杨大年“养其良知良能”句中已讨论。“秉彝义理之良心”乃人之所以为人者，乃人之本性，乃朱子学中的“天地之性”“天命之性”“心之所具之理”，其大者则为“仁、义、礼、智”（性）；其发用则为“恻隐、羞恶、辞让、是非”（情）。故而，朱子对“舍生取义”的阐释，已穷深至人的本性（本体）。有关“舍生取义”，《朱子语类》中有语录一条颇为简明：

上蔡谓：“义重于生，则舍生取义；生重于义，则舍义取生。”此说不然。义无可舍之理，当死而死，义在于死；不当死而死，义在于不死，无往而非义也。闳祖。[②]

再回观《小学·明伦篇》“明君臣之义”的卒章，可以说：王蠋之“死”，乃是“舍生取义”在“君臣”这一伦、在“个人”与“国”与“天下”（文化、价值）之关系上的具体体现（例证）；“烈女”云云，易于与受人诟病之伊川的名言“饿死事小、失节事大”（见《小学·嘉言篇》）相联系，然其仍为“舍生取义”之表现，是“舍生取义”在“夫妇”这一伦上的体现（例证；非仅仅对“妇”而言，亦指向“夫”；观《柳如是别

① 《孟子·告子上》；朱熹：《四书章句集注》，北京：中华书局，2012年，第338—339页。

② 《朱子语类》卷五十九，第1404页。

传》即可知）。《小学·内篇·明伦篇》此章之后，便转入“明夫妇之别”的内容。故而此章又具有承先启后之作用。朱子《小学》一书架构之精密，此又一证。

第三节　夫妇之别：信、敬、别

《小学·内篇·明伦篇》“明夫妇之别”的首章：

> 《曲礼》曰：男女非有行媒，不相知名。非受币，不交不亲。故日月以告君，齐戒以告鬼神，为酒食以召乡党僚友，以厚其别也。取妻不取同姓，故买妾，不知其姓则卜之。①

亦载《通解》卷三《内则》，为全篇最后一章。其最后一句正为此处《明伦篇》“明夫妇之别”的末章，属“冠笄嫁取”②。分而言之，则显然属“嫁取”。朱子将载录于《通解》的完整一章录入《小学·明伦篇》“明夫妇之别”，又析为首章与卒章，则《小学·明伦篇》“明夫妇之别”的内容在朱子的处理下真有如圆环一般，用心不可谓不密。“夫妇之别”，其前提是先成为“夫妇”，此之前提是“婚娶”，故而首章便从“婚娶”始。且此时之称为“男女”（后文转为“夫妇”）。“行媒，媒氏之往来。名，男女之名。币，币帛。”“日月，取妇之期。鬼神，谓先祖。僚，同官者。友，同志者。厚别，重其有别之礼。”“不

① 《朱子全书》册13，第407页。
② 《朱子全书》册2，第176页。

娶同姓，为其近禽兽。卜者，卜其吉凶。”

《内篇·明伦篇》“明夫妇之别”的第二章：

> 《士昏礼》曰：父醮子，命之曰：“往迎尔相，承我宗事，勗帅以敬，先妣之嗣，若则有常。”子曰：“诺。唯恐弗堪，不敢忘命。”父送女，命之曰：“戒之敬之，夙夜无违命。”母施衿结帨，曰：“勉之敬之，夙夜无违宫事。”庶母及门内施鞶，申之以父母之命，命之曰：“敬恭听，宗尔父母之言。夙夜无愆，视诸衿鞶。”①

“父母之命”所命的聚焦点为“敬”，如真西山所论：

> “夫”之道，在“敬”身以帅其“妇”；“妇”之道，在“敬”身以承其“夫”。故父之醮子曰“勉帅以敬”，亲之送女曰“戒之敬之”，夫妇之道尽于此矣。

“夫妇之道尽于此”，即“敬”为“夫妇之道”的锁钥。

朱子《通解·篇第目录》载：《士昏礼》第三，郑《目录》云：“士娶妻之礼，以昏为期，因而名焉。必以昏者，阳往而阴来，日入三商为昏。”（疏曰：商谓商量，是漏刻之名。案：马氏云：日未出、日没后皆云二刻半，前后共五刻。今云三商者，据整数而言。谯周云：太昊制嫁娶俪皮为礼，是昏礼所起也。○今按：《周礼·媒氏》：“凡男女自成名以上，皆书年月日名焉。令男三十而娶，女二十而嫁。”又按：孔子曰：“霜降逆女，冰泮杀止。”而《媒氏》又言“中春之月，令会男女。”此皆昏礼之大期也。《左传》云：“国君十五而生子”，是人君早取，所以

---

① 《朱子全书》册13，第407页。

重继嗣也）昏于五礼，属嘉礼。《大小戴》及《别录》此皆第二。今颇厘析之，而定为第三①。

“子曰”句之前的内容载《通解》卷二《士昏礼》，属“陈器馔”之“记”的内容。“父送女”之后亦载《通解》卷二《士昏礼》，本前后相承，属“亲迎”之“辞”的内容②。据此处《通解·篇第目录》所言，则朱子在《小学·明伦篇》“明夫妇之别”的一开始便回答了如下问题：

1. 昏礼（婚礼）起源于何时？朱子以谯周之说为据：

> 太昊制嫁娶俪皮为礼，是昏礼所起也。

2. 昏礼（婚礼）之名称作何解？朱子以郑康成之言为准：

> 士娶妻之礼，以昏为期，因而名焉。必以昏者，阳往而阴来，日入三商为昏。

3. 男女昏取（婚娶）的年龄？朱子据《周礼·媒氏》所载：

> 男三十而娶，女二十而嫁。

前文，即《小学·内篇·立教篇》第二章录《礼记·内则》之文，其中有言：

> [男] 二十而冠……三十而有室。[女] 十有五年而笄，二十而嫁。有故，二十三而嫁。(故，谓父母之丧)

前后相应。可知古之男女婚娶的年龄。

① 《朱子全书》册2，第31—32页。
② 《朱子全书》册2，第96—97、101—102页。

4. 昏礼的“大期”？朱子以孔夫子之言以及《周礼·媒氏》，推定为：

霜降；中春之月。

即朱子所说的“此皆昏礼之大期也”

5. 为何国君不遵从婚娶年龄，可以蚤（早）取？朱子据《左传》解释到：

“国君十五而生子”，是人君蚤取，所以重继嗣也。（后一句为朱子语）

关于蚤取的问题，《小学·外篇·嘉言篇》“广明伦”之“广夫妇之别”中有载：

王吉上疏曰：夫妇，人伦大纲，夭寿之萌也。世俗嫁娶太蚤，未知为人父母之道而有子，是以教化不明，而民多夭。①

王吉，西汉传《齐论语》唯一名家的人，现南昌海昏侯墓墓主刘贺的老师。可知“男三十而娶，女二十而嫁”的古礼，至汉昭帝时已被变乱。此章为《小学·嘉言篇》“广明伦”之“广夫妇之别”的第一章，朱子如此排序，似乎是要“回复三代”，“致君尧舜上，再使风俗淳”。因为同一出处（《小学·嘉言篇》）的第三章亦是如此：

文中子曰：早婚少聘，教人以偷。妾媵无数，教人以

① 《朱子全书》册13，第445页。

乱。且贵贱有等，一夫一妇，庶人之职也。[①]

“早婚少聘”云云，与王吉之意一致。“一夫一妇，庶人之职也”，则是要实行“一夫一妻制？”“妾媵无数，教人以乱”，则是对此节的首章“买妾”之说的间接批评？观此为朱子所载入《小学》的前人之言，岂能说朱子无现代之眼光？（内藤氏等学人以宋代为“近世”或“前近代”，此盖一例证也）。“妾媵无数，教人以乱”云云，《小学》一书不止此处有载录。《小学·外篇·嘉言篇》“广敬身”中有载：

胡文定公曰：人须是一切世味淡薄方好，不要有富贵相。孟子谓“堂高数仞，食前方丈，侍妾数百人，我得志不为”。学者，须先除去此等，尝自激昂，便不到得坠堕。[②]

可知思想渊源处，即孟子。究其原因，盖“夺志也”，盖非极为强调“立志”、重视“涵养工夫”之理学者所能允许也。

现录朱子所写的《赵婿亲迎礼大略》一文的相关内容，以见其时昏礼之大略：

前期，女氏使人张陈其婿之室。及期，具馔，设椅卓置于堂中，东西相对，各置柸、匕、箸、蔬果于卓上，酒壶在案席之后。别置卓子于席南，注子置其上。婿盛服（主人醮子之礼），乘马至女氏之门，下马俟于次。女尊长（父母醮子之礼），出迎婿于门外，揖逊而入，至于厅事。主人升自阼阶，立，西向，婿升自西阶，北面再拜（向内拜宅里

① 《朱子全书》册 13，第 445 页。
② 《朱子全书》册 13，第 453 页。

去），主人不答拜。姆奉女出中门，至于厅事，婿揖之，至妇轿前，举帘以俟。姆奉妇登车，下帘。婿揖主人，主人不降送。婿乘马在前，妇车在后，皆以二烛前道以行。婿先至厅事，俟妇下车，揖，遂道以入，妇从之。赞者道，婿揖妇而先，妇从之，适其室。妇从者布席于阃内东方，婿从者布席于西方。婿立于东席，妇立于西席。妇拜，婿答拜。婿为妇举蒙头，讫，揖妇坐，婿东，妇西。从者斟酒，婿揖妇同祭酒，举饮。从者置殽，婿揖妇同殽，食毕。又斟，举饮，馔，不祭。三斟亦如之。此参酌古人合牢之礼。乃彻馔。①

《内篇·明伦篇》“明夫妇之别”的第三章：

《礼记》曰：夫昏礼，万世之始也。取于异姓，所以附远厚别也。币必诚，辞无不腆，告之以直信。信，事人也。信，妇德也。一与之齐，终身不改，故夫死不嫁。男子亲迎，男先于女，刚柔之义也。天先乎地，君先乎臣，其义一也。执挚以相见，敬章别也；男女有别，然后父子亲；父子亲，然后义生；义生，然后礼作；礼作，然后万物安。无别无义，禽兽之道也。②

“币必诚，辞无不腆，告之以直信。信，事人也。信，妇德也。一与之齐，终身不改，故夫死不嫁。”这里的“诚”即是“信”，而此句所凸出的也是“信”。先言“信，事人也”再言“信，妇德也”，意指：“信”（诚）乃人世之通则，即孔夫子语

① 《晦庵先生朱文公文集》卷六十九《赵婿亲迎礼大略》；《朱子全书》册23，第3368页。

② 《朱子全书》册13，第407页。

“言忠信，行笃敬，虽蛮貊之邦行矣”（已载入《小学·敬身篇》[①]）；既为人世之通则，处于人世的“妇”自然不能外乎此，所谓“信，妇德也”；“妇德也”，此是就“妇”而言，言“妇”必然包含“夫”（若只是单方面而言，则“夫妇”一词以及“夫妇”之伦、伦常关系，不能成立；仅一人，则何来关系？何来伦常秩序？），“夫”亦不能外人间世，故可补全省略之文“信，夫德也”。“一与之齐，终身不改，故夫死不嫁”，此句同样当如此解；因为这里言“嫁”即言“妇”，与之对应者为“娶”即指“夫”；“妇嫁”则要求“妇终身不改”，亦是要求“夫终身不改”，惟有这样才能体现出“夫妇”双方的“信”。那么，何为“信”？朱子解为“以实之谓信”“信者，言之有实”。就婚娶时言，“信”之具体所指大抵如婚娶之“约誓”（誓言），有类于《诗·邶风·击鼓》“死生契阔，与子成说，执子之手，与子偕老”中的“成说”，朱子注曰：“成其约誓之言”[②]，正此也；故而“一与之齐，终身不改”，即指一旦成为“夫妇”则“终身”不忘“约誓之言”，此才是“信”；这也是《邶风·击鼓》接着所说的“洵”“信”（二字同义），朱子注有言“遂其前约之信也”。

此章本《礼记·昏义》，载《通解》卷二《昏义》[③]。前言昏礼而此言昏义，正如朱子所说：“《昏义》第四，此《小戴》第四十四篇，盖汉儒所造以释昏礼之义者也。今以《郊特牲》《坊记》《曾子问》及《诗》《春秋内外传》《白虎通义》《说

---

① 《朱子全书》册13，第416页。
② 《诗集传》卷二；《朱子全书》册1，第427—428页。
③ 《朱子全书》册2，第115—116页。

苑》所说昏礼之义及其变节，合之以为此篇。”① 据此，《昏义》即是统体阐述昏礼之大义。故而，其所强调的“信”，尤须瞩目。又因“信”在“男女”成为“夫妇”之时的昏礼上已体现于要求“誓辞”以“成说”，所以真可谓：“信，事人也。信，妇德也；信，夫德也”。“信”之一字，岂不重哉？

此章述昏礼，原文的论述已将“天地”作为论证的依据。“执挚以相见，敬章别也；男女有别，然后父子亲；父子亲，然后义生；义生，然后礼作；礼作，然后万物安。无别无义，禽兽之道也。”此句先言“敬”，接着言“别”。就“敬章别也”这句来看，显然“敬”是服务于“别”的。至于进一步之推阐，则将

“别”“男女有别”推到了无以复加的地位。这正是因为“别”“男女有别”，方能“父子亲”、“义生”、“礼作”、“万物安”。这是正面论说，接着负面言之以证“无别”的极端后果，即“禽兽之道也”，也即“非人”、“非人之道”。无论正说还是反说，总之“别”是极为重要的。

由“别”而“父子亲”、“义生”、“礼作”、“万物安”以及“无别无义，禽兽之道也”，此句所言之理在《礼记·曲礼》中有一颇佳的例证。不过此例朱子并未载入《小学》一书，盖以其非“正面”之故事而不能“闻者足法”（“训蒙士”的《小学》一书，几全为正面事例，盖以收“示范”之效，足以为“蒙士”之楷模之效仿者）。《礼记·曲礼》载：

鹦鹉能言，不离飞鸟；猩猩能言，不离禽兽。今人而无

① 见《通解·篇第目录》；《朱子全书》册2，第32页。

礼，虽能言，不亦禽兽之心乎！夫唯禽兽无礼，故父子聚麀。(麀音忧；聚，共也)

孙敬轩（希旦）《礼记集解》解曰：

鹦鹉猩猩能言而不离乎禽兽者，以其无礼故也。人而无礼，则与禽兽无以别矣。①

《小学·明伦篇》此章所言，朱子在《答林易简》的书信中已举汉武帝的例子为证。信中林易简问：

《小学》之书……始读昏礼，万世之始，至男女有别，然后父子亲。

朱子答曰：

汉武帝溺于声色，游燕后宫，父子不亲，遂致戾太子之变。此亦夫妇无别，而父子不亲之一证。语在《戾太子传》，可检看。然亦非独此也。②

《内篇·明伦篇》“明夫妇之别”的第四章：

取妇之家，三日不举乐，思嗣亲也。昏礼不贺，人之序也。③

首句载《通解》卷二《昏义》。郑康成注“重世变也”，孔颖达疏曰：“所以不举乐者，思念已之取妻嗣续其亲，则是亲之

---

① 孙希旦：《礼记集解》，北京：中华书局，1989 年，第 10—11 页。
② 《晦庵先生朱文公文集》卷六十四《答林易简》；《朱子全书》册 23，第 3114 页。
③ 《朱子全书》册 13，第 408 页。

代谢，所以悲哀感伤重世之改变也。”[①] 此句，郑康成在注冠礼“无乐”已征引“冠者，成人代父，始宜尽孝子之感，不可以欢乐取之。孔子曰：‘取妇之家，三日不举乐，思嗣亲也。’然则冠礼不举乐可也。”此载入《通解》卷一《冠义》[②]。

后句本《礼记·郊特牲》之文。载《通解》卷二《昏义》。《郊特牲》原文为“昏礼不用乐，幽阴之义也。乐，阳气也。昏礼不贺，人之序也。”朱子注：

> 程氏曰：“昏礼不用乐，幽阴之义”，此说非是。昏礼岂是幽阴？但古人重此大礼，严肃其事，不用乐也。“昏礼不贺，人之序也”，此说却是。[③]

据《二程遗书》卷十八所录，知“程氏”为伊川[④]。可知，朱子选语编入《小学》时已从伊川之说，止取了伊川认可的部分。伊川反对“贺”，但并不反对“宴”，故而《二程遗书》中伊川继而道：“妇则明而见舅姑，成妇也；三日而后宴乐，礼毕也；宴不以夜，礼也。”

《内篇·明伦篇》“明夫妇之别”的第五章：

> 《内则》曰：礼，始于谨夫妇。为宫室，辨外内。男子居外，女子居内。深宫固门，阍寺守之。男不入，女不出。男女不同椸枷。不敢县于夫之楎椸，不敢藏于夫之箧笥，不敢共湢浴。夫不在，敛枕箧簟席襡，器而藏之。少事长，贱

① 《朱子全书》册2，第130页。
② 《朱子全书》册2，第74页。
③ 《朱子全书》册2，第117页。
④ 程颢、程颐：《二程集》，北京：中华书局，1981年，第244页。

事贵，咸如之。虽婢妾，衣服饮食，必后长者。妻不在，妾御莫敢当夕。[①]

载《通解》卷三《内则》，原文朱子已作调整[②]，移录于此则有进一步的调整。以《通解》所载而论，首句“礼始于谨夫妇”属“夫妇之别”的内容，此后至“女不出”属于“男女之别”的内容。“男女不同椸枷”盖由“男女不杂坐，不同椸枷”省略而来，属于“男女之别”的内容。此后至“咸如之”，属“夫妇之别”的内容。最后一句话，属“御妻妾”的内容。故而《小学》此章融入了朱子所定的“男女之别”“夫妇之别”“御妻妾”三方面的内容，主旨在于“明夫妇之别”。《通解》中“夫妇之别”后朱子接以“传”，其中有征引《左传·僖公三十三年》载冀缺与其妻之事。此事已录入《小学·内篇·稽古篇》，用来证实作为“言”的“夫妇之别”的内容，且为首章之文：

臼季使，过冀，见冀缺耨，其妻馌之。敬，相待如宾。与之归，言诸文公曰：“敬，德之聚也。能敬必有德，德以治民，君请用之。臣闻出门如宾，承事如祭，仁之则也。”文公以为下军大夫。[③]

观此，可知“夫妇”之间“敬”的重要之一斑。

《内篇·明伦篇》“明夫妇之别”的第六章：

男不言内，女不言外。非祭非丧，不相授器。其相授，

① 《朱子全书》册13，第408页。
② 《朱子全书》册2，第161—164页。
③ 《朱子全书》册13，第428页。

则女受以篚。其无篚，则皆坐，奠之，而后取之。外内不共井，不共湢浴，不通寝席，不通乞假，男女不通衣裳。男子入内，不啸不指，夜行以烛，无烛则止。女子出门，必拥蔽其面，夜行以烛，无烛则止。道路，男子由右，女子由左。①

载《通解》卷三《内则》，所言属于“男女之别”之事②。“非祭非丧……而后取之”，《通解》卷二《昏义》录《礼记·坊记》“男女授受不亲”句③，便征引此句以解释之，以表明即使在“祭祀”“丧葬”之时，男女亦“不以手相与也”。盖如“忠”字，本日用中皆可用，后来因“不得已”则专用于“君”（论见上节）；

此“不以手相与也”，盖亦如此；盖因男女易暱而“别”“敬”易忽，故而“不得已”又“矫枉过正”。

《通解》卷三《内则》中，朱子接着引《国语·鲁语》中“公父文伯之母敬姜”之事为“传”，来证实所言。此故事已载入《小学·内篇·稽古篇》，且有所删削以就简便：

公父文伯之母，季康子之从祖叔母也。康子往焉，閍门而与之言，皆不逾阈。仲尼闻之，以为别于男女之礼。④

“仲尼闻之，以为别于男女之礼”句，《通解·内则》作“孔子闻之曰：‘男女之别，礼之大经。公父氏之妇，动中礼，

① 《朱子全书》册13，第408页。
② 《朱子全书》册2，第161—162，163页。
③ 《朱子全书》册2，第123页。
④ 《朱子全书》册13，第428页。

趣度于礼矣。”正与上文《昏义》的论述相合。亦见《列女传·母仪·鲁季敬姜》，其颂曰：

文伯之母，号曰敬姜。通达知礼，德行光明。匡子过失，教以法理。仲尼贤焉，列为慈母。

《内篇·明伦篇》“明夫妇之别”的第七章：

孔子曰：妇人，伏于人也。是故无专制之义，有三从之道：在家从父，适人从夫，夫死从子；无所敢自遂也。教令不出闺门，事在馈食之间而已矣。是故女及日乎闺门之内，不百里而奔丧。事无擅为，行无独成。参知而后动，可验而后言。昼不游庭，夜行以火，所以正妇德也。女有五不取：逆家子不取，乱家子不取，世有刑人不取，世有恶疾不取，丧父长子不取。妇有七去：不顺父母去，无子去，淫去，妒去，有恶疾去，多言去，窃盗去。有三不去：有所取无所归不去，与更三年丧不去，前贫贱后富贵不去。凡此，圣人所以顺男女之际、重婚姻之始也。①

此章乃《大戴记·本命》与《孔子家语·本命解》两篇文字兼取并采而得。亦见《通解》卷二《昏义》②。《小学》一书为朱子“编”，如分析《小学》此章的文字来源，则“编”之一字可谓实然。朱子对文字以求简易明了、求整齐划一，便于记诵。“事无擅为，行无独成”，《本命》作“事无独为，行无独成之道”；《小学》用“擅”字、删“之道”二字，则整齐为四字

① 《朱子全书》册13，第408—409页。
② 《朱子全书》册2，第121页。

句。“昼不游庭，夜行以火”句，《本命》无之；孔广森《大戴礼记补注》补“夜行以烛”。“丧父”，《本命》作“丧妇”。“凡此，圣人所以顺男女之际、重婚姻之始也”，此句出《本命解》。

《朱子语类》有载：

> 问：“避嫌是否？”曰：“合避岂可不避？如‘瓜田不纳履，李下不整冠’，岂可不避？如‘君不与同姓同车，与异姓同车不同服’，皆是合避处。”又问：“‘世有刑人不娶’，如上世不贤，而子孙贤，则如何？”曰：“‘犁牛之子骍且角，虽欲勿用，山川其舍诸！’所谓不娶者，是世世为恶不能改者，非指一世而言。如‘丧父长子不娶’一句，却可疑。若然，则无父之女不复嫁，此不可晓。”义刚。①

据此条语录的讨论，可知“女有五不取”涉及避嫌的问题。朱子的态度甚为开明，如“‘世有刑人不娶’，如上世不贤，而子孙贤”，则其贤子贤孙岂能不娶？朱子为了证实己说，随即引《论语·雍也》篇之文为据（朱子注：“仲弓父贱而行恶，故夫子以此譬之。言父之恶，不能废其子之善，如仲弓之贤，自当见用于世也”②）。再如“‘丧父长子不娶’一句，却可疑。若然，则无父之女不复嫁，此不可晓”，此句尤显朱子之开明。不过，此乃圣人孔夫子之言，朱子疑之则无异于怀疑孔夫子语、怀疑“圣经”（朱子语，亦称“圣经贤传”）。朱子为何敢如此？其关键在于“合避岂可不避”“皆是合避处”之“合”字，“合”孰？《朱子语类》又载：

---

① 《朱子语类》卷十三，第239页。
② 朱熹：《四书章句集注》，北京：中华书局，2012年，第85页。

叔蒙问：“程子说：‘避嫌之事，贤者且不为，况圣人乎？’若是有一项合委曲而不可以直遂者，这不可以为避嫌。”曰：“自是道理合如此。如避嫌者，却是又怕人道如何，这却是私意。如十起与不起，便是私，这便是避嫌。只是他见得这意思，已是大段做工夫，大段会省察了。又如人遗之千里马，虽不受，后来荐人未尝忘之，后亦竟不荐。不荐自是好，然于心终不忘，便是吃他取奉意思不过，这便是私意。又如如今立朝，明知这个是好人，当荐举之，却缘平日与自家有恩意往来，不是说亲戚，亲戚自是碍法，但以相熟，遂避嫌不举他。又如有某人平日与自家有怨，到得当官，彼却有事当治，却怕人说道因前怨治他，遂休了。如此等，皆蹉过多了。”①

合者，“自是道理合如此”，即合“道”合“理”，以是否当“理”（天理）为评判的标准。嫌该不该避，朱子的答案也已非常清楚，于“理”而言须避嫌则避，反之则不避。但是做到这样却比较难，因为人有“私意”（人欲之私），职是之故，则“大段会省察”“大段做工夫”便成了克倒“私意”（人欲之私）以复“天理”的法门。（“人遗之千里马”“十起与不起”，指第五伦兄子病，伦“一夜十往，退而安寝”；其子病，“虽不省视，而竟夕不眠”。此故事已载《小学·善行篇》：或问第五伦曰：“公有私乎？”对曰：“昔人有与吾千里马者，吾虽不受，每三公有所选举，心不能忘，而亦终不用也。吾兄子尝病，一夜十往，退而安寝。吾子有疾，虽不省视，而竟夕不眠。若是者，岂可谓

① 叶贺孙所录；《朱子语类》卷十三，第239—240页。

无私乎?”[①])

此处所以斤斤于“避嫌”的问题，亦因下章之文与此相关。《内篇·明伦篇》“明夫妇之别”的卒章：

《曲礼》曰：寡妇之子，非有见焉，弗与为友。[②]

此章不仅有《礼记·曲礼》这一出处，亦见《礼记·坊记》：“子云：‘寡妇之子，不有见焉，则弗友也，君子以辟远也。’”“辟远”即“避嫌”（见，谓才德著见。不著见则不友，避好色之嫌也），与上章所言避嫌前后相承，义当如上章所示。《坊记》之文已载《通解》卷二《昏义》[③]。

综言之，此部分内容逻辑结构严密，所言“夫妇之别”的关键在“信”“敬”“别”，“敬”已关涉“工夫”。篇中文义之解读，置于朱子学中则深切而著明。

第四节 长幼之序：义、敬、悌

《小学·内篇·明伦篇》“明长幼之序”首章载：

① 《朱子全书》册13，第479页；〇本出《后汉书》卷四十一《第五伦传》；伦，字伯鱼，汉京兆人，为司空，以公正称。亦可参《家范》卷六《伯叔父》。“千里马”事，温公从略。《家范》载：“汉弟五伦性至公。……伯鱼贤者，岂肯厚其兄子不如其子哉？直以数往视之，故心安；终夕不视，故心不安耳。而伯鱼更以此语人，益所以见其公也。”《通鉴纲目》卷十“丙戌（86年），三年……五月，司空伦罢”之注载此事（《朱子全书》册8，第640页），朱子引程子语“兄弟之子犹子也，而伦视之有异焉，是即私矣。何待安寝与否，然后为私乎？”可知，此处程朱与温公之见不同，认为第五伦非“至公”，仍然有“私”。

② 《朱子全书》册13，第409页。

③ 《朱子全书》册2，第122页。

> 孟子曰：孩提之童，无不知爱其亲也；及其长也，无不知敬其兄也。[①]

出《孟子·尽心上》“人之所不学而能者，其良能也；所不虑而知者，其良知也。孩提之童，无不知爱其亲者；及其长也，无不知敬其兄也。亲亲，仁也；敬长，义也。无他，达之天下也。”朱子注：

> 良者，本然之善也。程子曰：“良知良能，皆无所由；乃出于天，不系于人。”……孩提，二三岁之闲，知孩笑、可提抱者也。爱亲敬长，所谓良知良能者也。言亲亲敬长，虽一人之私，然达之天下无不同者，所以为仁义也。[②]

朱子将孟子之言作为《小学·内篇·明伦篇》“明长幼之序”的第一章，“爱亲敬长”一语则对“亲”与“长”用“爱”与“敬”相应之，虽然不可执着强分，但是相对于“亲”而言，对“长上”则主于“敬”，这也相应于“仁”与“义””。朱子首章出孟子语，盖正在于开篇即揭示出此意。《朱子语类》中有载：

> 仁便是本。……事亲有事亲之礼，事兄有事兄之礼。……孟子说：“孩提之童，无不知爱其亲；及其长也，无不知敬其兄。”若是知得亲之当爱，兄之当敬，而不违其事之之道，这便是智。只是这一个物事，推于爱，则为仁；宜之，则为义；行之以逊，则为礼；知之，则为智。[③]

① 《朱子全书》册 13，第 409 页。
② 朱熹：《四书章句集注》，北京：中华书局，2012 年，第 360 页。

③ 原语录为:先生谓显道曰:“久不相见,不知年来做得甚工夫?”曰:“只据见成底书读。”夔孙录云:“包显道侍坐,先生方修书,语之曰:‘公辈逍遥快活,某便是被这事苦。’包曰云云。”先生曰:“圣贤已说过,何待更去理会他?但是不恁地,恁地都不济事。”次日又言:“昨夜睡不着,因思显道恁地说不得。若是恁地,便不是‘自强不息’底道理。人最是怕陷溺其心,而今显道辈便是以清虚寂灭陷溺其心,刘子澄辈便是以务求博杂,夔孙录作“求多务博”。陷溺其心。‘周公思兼三王,以施四事。其有不合者,仰而思之,夜以继日;幸而得之,坐以待旦。’圣贤之心直是如此。”已而其生徒复说“孝弟为仁之本”。先生曰:“说得也都未是。”因命林子武说一过。既毕,先生曰:“仁是根,恻隐是根上发出底萌芽,亲亲、仁民、爱物,便是枝叶。”次日,先生亲下精舍,大会学者。夔孙录云:“显道请先生为诸生说书。”先生曰:“荷显道与诸生远来,某平日说底便是了,要特地说,又似无可说。而今与公乡里平日说不同处,只是争个读书与不读书,讲究义理与不讲究义理。如某便谓是须当先知得,方始行得。如孟子所谓詖、淫、邪、遁之辞,何与自家事?而自家必欲知之,何故?若是不知其病痛所自来,少间自家便落在里面去了。孔子曰:‘诗,可以兴,可以观,可以群,可以怨;迩之事父,远之事君,多识于鸟兽草木之名。’那上面六节,固是当理会;若鸟兽草木之名,何用自家知之?但是既为人,则于天地之间物理,须要都知得,方可。若头上髻子,便十日不梳后待如何?便一月不梳待如何?但须是用梳,方得。张子曰:‘书所以维持此心,一时放下,则一时德性有懈。’也是说得‘维持’字好。盖不读书,则此心便无用处。今但见得些子,便更不肯去穷究那许多道理,陷溺其心于清虚旷荡之地,却都不知,岂可如此!直卿与某相聚多年,平时看文字甚子细;数年在三山,也煞有益于朋友,今可为某说一遍。”直卿起辞。先生曰:“不必多让。”显道云:“可以只将昨日所说‘有子’章申之。”于是直卿略言此章之指,复历叙圣贤相传之心法。既毕,先生曰:“仁便是本,仁更无本了。若说孝弟是仁之本,则是头上安头,以脚为头,伊川所以将‘为’字属‘行’字读。盖孝弟是仁里面发出来底。‘性中只有个仁义礼智,何尝有个孝弟来?’它所以恁地说时,缘是这四者是本,发出来却有许多事;千条万绪,皆只是从这四个物事里面发出来。如爱,便是仁之发,才发出这爱来时,便事事有:第一是爱亲,其次爱兄弟,其次爱亲戚,爱故旧,推而至于仁民,皆是从这物事发出来。人生只是个阴阳,那阴中又自有个阴阳,阳中又自有个阴阳,物物皆不离这四个。而今且看:如天地,便有个四方;以一岁言之,便有个四时;以一日言之,便有个昼夜昏旦;以十二时言之,便是四个三;若在人,则只是这仁义礼智这四者。如这火炉有四个角样,更不曾折了一个。方未发时,便只是仁义礼智;及其既发,则便有许多事。但孝弟至亲切,所以行仁以此为本。如这水流来下面,做几个塘子,须先从那第一个塘子过。那上面便是水源头,上面更无水了。仁便是本。行仁须是从孝弟里面过,方始到那第二个第三个塘子。但据某看,孝弟不特是行仁之本,那三者皆然。如亲亲长长,须知亲亲当如何?长长当如何?‘年长以倍,则父事之;十年以长,则兄事之;五年以长,则肩随之’,这便是长长之道。事君时是一般,与上大夫言是一般,与下大夫言是一般,这便是贵贵之道。如此便是义。事亲有事亲之礼,事兄有事兄之礼。如今若见父不揖后,谓之孝弟,可不可?便是行礼也由此过。孟子说:‘孩提之童,无不知爱其亲;及其长也,无不知敬其兄。’若是知得亲之当爱,兄之当敬,而不违其事之之道,这便是智。只是这一个物事,推于爱,则为仁;宜之,则为义;行之以逊,则为礼;知之,则为智。”良久,显道云:“江西之学,大要也是以行己为先。”先生曰:“如孝弟等事数件合先做底,也易晓;夫子也只略略说过。如孝弟、谨信、泛爱、亲仁,也只一处恁地说。若是后面许多合理会处,须是从讲学中来。不然,为一乡善士则可;若欲理会得为人许多事,则难。”义刚。《朱子语类》卷一百一十九,第2869—2871页。

“只是这一个物事”指“仁”，即“仁便是本”。论“爱亲敬长”，因为“爱敬”相应于“仁义”，故而又进一步言及“仁义礼智”。朱子此处所论，即为他所赞同的伊川之说“五常之仁，犹四德之元，偏言则一事，专言则包四者”。“只是这一个物事，推于爱，则为仁；宜之，则为义；行之以逊，则为礼；知之，则为智”，此句正是“专言则包四者”之义。仁为本，包“仁义礼智”，其发用出来因境遇之不同呈显亦不同：或“仁”呈显为“爱”（恻隐）、或“义”呈显为“宜”（羞恶）、或“礼”呈显为“逊”（辞让）、或“智”呈显为“知”（是非）。“爱敬”相应于“仁义”，乃是“偏言则一事”之义。爱亲敬长亦是良知良能的朗显，仁义为本然之善，人固有之。行孝行弟，亦尧舜所为。由此而始，渐次而进，以成德成人（成圣成贤）。这正如接下来所述。《小学·内篇·明伦篇》“明长幼之序”的第二章云：

徐行后长者谓之弟，疾行先长者谓之不弟。①

见《孟子·告子下》“曹交问曰：‘人皆可以为尧舜，有诸？’孟子曰：‘然。……徐行后长者谓之弟，疾行先长者谓之不弟。夫徐行者，岂人所不能哉？所不为也。尧舜之道，孝弟而已矣。子服尧之服，诵尧之言，行尧之行，是尧而已矣；子服桀之服，诵桀之言，行桀之行，是桀而已矣。……夫道，若大路然，岂难知哉？人病不求耳。子归而求之，有余师。’”这是与《小学》此章相关的《孟子》原文，结合原文来看，意思便很清楚。朱子《集注》道：

---

① 《朱子全书》册13，第409页。

人皆可以为尧舜，疑古语，或孟子所尝言也。……陈氏曰：“孝弟者，人之良知良能，自然之性也。尧舜人伦之至，亦率是性而已。岂能加毫末于是哉？”杨氏曰：“尧舜之道大矣，而所以为之，乃在夫行止疾徐之闲，非有甚高难行之事也，百姓盖日用而不知耳。”……为善为恶，皆在我而已。详曹交之问。浅陋粗率，必其进见之时，礼貌衣冠言动之闲，多不循理，故孟子告之如此两节云。……道不难知，若归而求之事亲敬长之闲，则性分之内，万理皆备，随处发见，无不可师，不必留此而受业也①

朱子《小学·明伦篇》“明长幼之序”，录孟子语由首章的“孩提之童”到此章的“徐行后长”，再次强调了“爱亲敬长”“孝弟（悌）”。“尧舜之道，孝弟而已”“孝弟者，人之良知良能，自然之性也。尧舜人伦之至，亦率是性而已”“道不难知，求之事亲敬长之闲，则性分之内，万理皆备，随处发见，无不可师”“尧舜之道大矣，而所以为之，乃在夫行止疾徐之闲”“为善为恶，皆在我而已”“人皆可以为尧舜”，观此等语，则“爱亲敬长”“孝弟”被提升到了无以超越的地位。然而，此又“非甚高难行”，实乃“百姓日用耳”。实为成德成人的切近着实践履处，为成圣成贤的常行日用躬行处。更为尧舜圣人所验证者、示范者、楷模者，亦足以为“蒙士”所追慕、所仿效、所身体、所力行，且又不失实际之可行处、下手处。

《小学·明伦篇》此处两章以“爱”与“敬”、“亲”与“长”、“孝”与“弟”合言，如果回观前文“父子之亲”的内

① 朱熹：《四书章句集注》，北京：中华书局，2012 年，第 345—346 页。

容，则两处之旨意至此而交融为一体。“父子之亲”的内容中未述及的成德成人（成圣成贤）之旨，至此方得到补足、得以完备。“孝弟”“爱敬”虽平易、日用，却足资身体之、力行之而至于人之成、德之成、希贤希圣希天，则“孝弟”“爱敬”岂不重哉？“蒙士”岂能不兴起乎？

欲让“蒙士”有所兴起，仅仅限于“理论”的“谆谆”、限于“宏论”的“推阐”显然是不够的。“实前言”，《小学·内篇·稽古篇》载相关故事：

虞舜父顽、母嚚、象傲，克谐以孝，烝烝乂不格奸。①

本见《尚书·尧典》“岳曰：‘瞽子，父顽，母嚚……’”朱子释到：

瞽，无目之名，言舜乃瞽者之子也。舜父号瞽叟。心不则德义之经为顽。母，舜后母也。象，舜异母弟名。傲，骄慢也。谐，和也。烝，进也。言舜不幸遭此，而能和以孝，使之进进以善自治，而不至于大为奸恶也。②

此是以舜之事为例证，且舜的处境为：“父顽”“母嚚”（后母）“弟傲”（异母弟）。如此这般的境地非常人所能堪，舜却“能和以孝，使之进进以善自治，而不至于大为奸恶”。其言外之意：与舜对比，今人之处境远胜（好）于舜之数十倍，岂能舍“孝悌”而不治乎？《小学·内篇·稽古篇》续证道：③

① 《朱子全书》册13，第423页。
② 《晦庵先生朱文公文集》卷六十五；《朱子全书》册23，第3160页。
③ 《朱子全书》册13，第423页。

> 万章问曰：“舜往于田，号泣于旻天，何为其号泣也?”孟子曰：“怨慕也。我竭力耕田，共为子职而已矣。父母之不我爱，于我何哉？帝使其子九男二女百官牛羊仓廪备，以事舜于畎亩之中，天下之士多就之者，帝将胥天下而迁之焉。为不顺于父母，如穷人无所归。天下之士悦之，人之所欲也，而不足以解忧；好色，人之所欲，妻帝之二女而不足以解忧；富，人之所欲，富有天下而不足以解忧；贵，人之所欲，贵为天子而不足以解忧。人悦之、好色、富、贵，无足以解忧者，惟顺于父母可以解忧。人少则慕父母，知好色则慕少艾，有妻子则慕妻子，仕则慕君，不得于君则热中。大孝终身慕父母。五十而慕者，予于大舜见之矣。

出《孟子·万章上》，“怨慕也”句，有删减[1]。朱子《集注》：

> 仁覆闵下，谓之旻天。号泣于旻天，呼天而泣也。……怨慕，怨己之不得其亲而思慕也。于我何哉，自责不知己有何罪耳，非怨父母也。杨氏曰：“非孟子深知舜之心，不能为此言。盖舜惟恐不顺于父母，未尝自以为孝也；若自以为孝，则非孝矣。”

“孝”与“不孝”非由“自以为”而定（伦理的衡量标准在于力行此伦理的“行”而非“言”）。《集注》接续之文：

> 帝，尧也。《史记》云：“二女妻之，以观其内；九男事之，以观其外。”又言：“一年所居成聚，二年成邑，三

① 朱熹：《四书章句集注》，北京：中华书局，2012年，第307—308页。

年成都”是天下之士就之也。胥，相视也。迁之，移以与之也。如穷人之无所归，言其怨慕迫切之甚也。……极天下之欲，不足以解忧；而惟顺于父母，可以解忧。孟子真知舜之心哉！……常人之情，因物有迁，惟圣人为能不失其“本心”也。……不得，失意也。热中，躁急心热也。言五十者，舜摄政时年五十也。五十而慕，则其终身慕可知矣。此章言舜不以得众人之所欲为己乐，而以不顺乎亲之心为己忧。非圣人之“尽性”，其孰能之？

朱子引杨龟山之语“非孟子深知舜之心，不能为此言”以及朱子语“孟子真知舜之心哉”，如果略作推释则可以说，孟子知舜之心，龟山知孟子之心，朱子知龟山之心（“传心”《道统》；亦可知鹅湖之会时，复斋“古圣相传只此心”《传心》的诗句为象山所“未安”的原因之所在了；象山学认为，“心”止此“心”，古人今人“同心同理”，“心即理”；故而“斯人千古不磨心”）。此之“心”非“心即理”之“心”，乃“心者，人之神明，所以具众理而应万事者也”之“心”，即兼体用（性体情用；性，仁义礼智；情，恻隐、羞恶、辞让、是非）、“统性情”之“心”。又不同于“惟圣人为能不失其本心”之“本心”（象山学中“心”即“本心”）；此“本心”乃指向兼体用之“心”的“体”这一面，即伊川“性即理也”。此处以及上述的“爱敬”“孝弟”，朱子论证之语“仁义”“本然之善”“良知良能”“仁便是本”“性分之内，万理皆备，随处发见”“尽性”等等，皆当置于朱子学中尤其是“心性论”中，方能有适当之理解、方可明朱子论证之“深切”、方可知由“爱敬”“孝弟”著实践履而成德（成圣）的坚实基础（本根）之所在。其乃人

“性”固有、“性分自足”，而“性即心之所具之理”、“天又理之所从出”，故而成德成人（成圣成贤）乃远本于“天道”（天理）近根于“人性”、“形上形下”“天道人道”该贯一体无复余蕴。而“蒙士”沈潜于“孝弟”反复于“爱敬”则循序以进、自下升高，何惧人之不成、德之不成、圣贤地位之不到乎？《小学·内篇·稽古篇》续道：

文王之为世子，朝于王季，日三。鸡初鸣，而衣服至于寝门外，问内竖之御者曰：“今日安否，何如？”内竖曰：“安。”文王乃喜。及日中又至，亦如之。及莫又至，亦如之。其有不安节，则内竖以告文王，文王色忧，行不能正履。王季复膳，然后亦复初。食上，必在视寒暖之节。食下，问所膳。命膳宰曰：“末有原。”应曰：“诺。”然后退。

文王有疾，武王不说冠带而养。文王一饭，亦一饭；文王再饭，亦再饭。

孔子曰：武王、周公，其达孝矣乎！夫孝者，善继人之志，善述人之事者也。践其位，行其礼，奏其乐，敬其所尊，爱其所亲，事死如事生，事亡如事存，孝之至也。①

前两章见《礼记·文王世子》，亦载《通解》卷四《内治》，乃“世子记”之“传”，属一章②。此录《小学·明伦篇》则分为二章，有删减。“孔子曰”，出《中庸》第十九章③。此又以圣人文、武、周公为证，再以圣人孔夫子之语为评。“善继

① 《朱子全书》册13，第424页。
② 《朱子全书》册2，第195—196页。
③ 朱熹：《四书章句集注》，北京：中华书局，2012年，第27—28页。

人之志，善述人之事”，此句已为横渠《西铭》推衍为“知化则善述其事，穷神则善继其志”[①]。朱子解曰：

> 孝子，善继人之志、善述人之事者也。圣人知变化之道，则所行者无非天地之事矣；通神明之德，则所存者无非天地之心矣。[②]

关于“天地之心”，朱子解到：

> 天地以生物为心者也，而人物之生，又各得夫天地之心以为心者也。
>
> 盖天地之心，其德有四，曰元亨利贞，而元无不統。其运行焉，则为春夏秋冬之序，而春生之气无所不通。故人之为心，其德亦有四，曰仁义礼智，而仁无不包。其发用焉，则为爱恭宜别之情，而恻隐之心无所不贯。故论天地之心者，则曰干元、坤元，则四德之体用不待悉数而足。
>
> 此心何心也？在天地则块然生物之心，在人则温然爱人利物之心，包四德而贯四端者也。[③]

“元亨利贞”云云，正前文所论《〈小学〉题辞》的首句：“元亨利贞，天道之常；仁义礼智，人性之纲”。“包四德而贯四端”者，即上述“仁”包“仁义礼智”及贯“恻隐、羞恶、辞让、是非”；“四德之体用”，即前者为“体”后者为“用”（发用）；前者为“性”即“仁义礼智、人性之纲”，后者为“情”

① 张载：《张载集》，北京：中华书局，1978 年，第 62 页。

② 《朱子全书》册 13，第 143 页。

③ 《仁说》；《晦庵先生朱文公文集》卷六十七，《朱子全书》册 23，第 3279—3280 页。

即“其发用焉、则为爱恭宜别之情”。

此出《内篇·稽古篇》的引文，虽然字面仅涉及“父子关系”、“孝”，但武王、周公乃兄弟，“孝弟”本一体合言。且《中庸》中孔夫子语“敬其所尊，爱其所亲”，此句正相当于孟子语“爱亲敬长”。“爱”与“敬”、“亲”与“长”、“孝”与“弟”皆在其中。如下出之文，正此意。《小学·内篇·稽古篇》：

> 孔子曰：孝哉！闵子骞。人不间于其父母昆弟之言。①

《小学·内篇·稽古篇》继道：

> 万章问曰：“象日以杀舜为事，立为天子则放之，何也？”孟子曰：“封之也，或曰‘放焉’。仁人之于弟也，不藏怒焉，不宿怨焉，亲爱之而已矣。”②
>
> 伯夷、叔齐，孤竹君之二子也。父欲立叔齐。及父卒，

① 《朱子全书》册13，第425页；本出《论语·先进》，朱子注：“闲，去声。胡氏曰：‘父母兄弟称其孝友，人皆信之无异辞者，盖其孝友之实，有以积于中而著于外，故夫子叹而美之。’”朱熹：《四书章句集注》，北京：中华书局，2012年，第125页。

② 《孟子·万章上》“仁人之于弟也”句前，省略：万章曰：“舜流共工于幽州，放欢兜于崇山，杀三苗于三危，殛鲧于羽山，四罪而天下咸服，诛不仁也。象至不仁，封之有庳。有庳之人奚罪焉？仁人固如是乎？在他人则诛之，在弟则封之。”“孟子曰”句，补“亲之欲其贵也，爱之欲其富也。封之有庳，富贵之也。身为天子，弟为匹夫，可谓亲爱之乎？”此句则为原文。据此可见，朱子删繁就简便于诵读之纂旨。朱子注文“放，犹置也；置之于此，使不得去也。万章疑舜何不诛之，孟子言舜实封之，而或者误以为放也。”“庳，音鼻。流，徙也。共工，官名。欢兜，人名。二人比周，相与为党。三苗，国名，负固不服。杀，杀其君也。殛，诛也。鲧，禹父名，方命圮族，治水无功，皆不仁之人也。幽州、崇山、三危、羽山、有庳，皆地名也。或曰：‘今道州鼻亭，即有庳之地也。’未知是否？万章疑舜不当封象，使彼有庳之民无罪而遭象之虐，非仁人之心也。藏怒，谓藏匿其怒。宿怨，谓留蓄其怨。”朱熹：《四书章句集注》，北京：中华书局，2012年，第310页。

叔齐让伯夷。伯夷曰：“父命也。”遂逃去。叔齐亦不肯立而逃之。国人立其中子。[1]

前章出《孟子·万章上》，后章出《史记·伯夷列传》。《论语·述而》“夫子为卫君乎？”章：冉有曰：“夫子为卫君乎？”子贡曰：“诺。吾将问之。”入，曰：“伯夷、叔齐何人也？”曰：“古之贤人也。”曰：“怨乎？”曰：“求仁而得仁，又何怨。”出，曰：“夫子不为也”[2]。朱子注载：

盖伯夷以父命为尊，叔齐以天伦为重。其逊国也，皆求所以合乎天理之正，而即乎人心之安。既而各得其志焉，则视弃其国犹敝蹝尔，何怨之有？[3]

据此，则伯夷、叔齐之事的深层原因可知矣。所说“天伦”，即“父子”“兄弟”之“伦常”为天赋的（天生的）非人为设施的。其体现着“天道”（天理），故而“天伦”即可说是“天理”，这便是朱子接着所说的“皆求所以合乎天理之正”之意。此“理”于人而言“具于人心”，这即朱子“即乎人心之安”的逻辑次第。“志乃心之所之”，故言“心安”之后再续言“各得其志焉”。朱子此解，可谓“理”路融贯，逻辑严密。

《小学·外篇·嘉言篇》“广明伦”中载：

伊川先生曰：人无父母，生日当倍悲痛，更安忍置酒张乐以为乐？若具庆者，可矣。

---

① 《朱子全书》册13，第429页。

② 朱熹：《四书章句集注》，北京：中华书局，2012年，第96—97页。

③ 程子［伊川］曰：“伯夷、叔齐逊国而逃，谏伐而饿，终无怨悔，夫子以为贤，故知其不与辄也。”可知，朱子已对伯夷叔齐“逊国而逃，谏伐而饿”之事做出论断，且是伊川意的推衍。参见：《论语精义》卷四上，《朱子全书》册7，第259页。

横渠先生曰:《斯干》诗言:“兄及弟矣,式相好矣,无相犹矣。”言兄弟宜相好,不要相学。犹,似也。人情大抵患在施之不见报则辍,故恩不能终。不要相学,已施之而已。①

转入横渠、伊川,则所说便比较切近日常。“具庆”,指父母俱存时,生日方可置酒张乐以庆。伊川所言,《朱子语类》中有相类之讨论:

问:“诞辰亦受子弟寿酒否?”曰:“否。”“衣服易否?”曰:“否。一例不受人物事。……又问:“在官所,还受人寿仪否?”曰:“否。然也有行不得处,如作州则可以不受,盖可以自由。若有监司所在,只得按例与之受;盖他生日时,又用还他。某在潭州如此;在南康漳州,不受亦不送。”……僩。②

与伊川语合观,则朱子可谓是在执行伊川之教。据朱子此言,可知朱子时代之礼俗之一斑,亦可知朱子自我要求之严格,心系百姓。首句所“否”者,即先生诞辰、子弟不必定祝寿;次“否”者,即寿星不必定穿华服、收人礼物等;次“否”者,即值父母之官寿辰、当秉持爱民如子之心、拒绝祝寿以免扰民、劳民、伤民、伤财。继而所言,可以看出朱子对“自由”的瞩目,一旦无之则“不得已”(悖“理”)之事便随即而来。潭州、南康(军)、漳州,治所分别为善化(长沙)、星子县(江西)、漳州(福建);三地之礼俗、自由等等,据朱子所说,亦

① 《朱子全书》册13,第433、447页。
② 《朱子语类》卷八十七,第2257—2258页。

可概知。

关于横渠之说，朱子有言：

不要相学，是不要相学其不好处，如兄能爱其弟，弟却不恭其兄，兄岂可学弟之不恭而遂忘其爱？但当尽其爱而已。如弟能恭其兄，兄却不爱其弟，弟岂可学兄之不爱而遂忘其恭？但当尽其恭而已。

“恭”即是“敬”，前者从“心”故主“己心”而言；后者则是“己心”的发用外显。据此，则朱子之言乃围绕“爱”与“敬”展开，“兄弟”（长幼）之间“爱”“敬”不可缺。前文（“父子之亲”一节）有述，“父子”之间亦须“爱”与“敬”。故而可以说，“父子兄弟”，其“孝悌爱敬”。

《小学·外篇·嘉言篇》“广明伦”中载：

《颜氏家训》曰：夫有人民而后有夫妇，有夫妇而后有父子，有父子而后有兄弟。一家之亲，此三者而已矣。自兹以往，至于九族，皆本于三亲焉。故于人伦为重者也，不可不笃。兄弟者，分形连气之人也。方其幼也，父母左提右挈，前襟后裾，食则同案，衣则传服，学则连业，游则共方，虽有悖乱之人，不能不相“爱”也。及其壮也，各妻其妻，各子其子，虽有笃厚之人，不能不少衰也。娣姒之比兄弟，则疏薄矣。今使疏薄之人，而节量亲厚之恩，犹方底而圆盖，必不合矣。唯友悌深至，不为傍人之所移者，免夫！①

① 《朱子全书》册13，第446页。

出《颜氏家训》卷上《兄弟篇》，吕伯恭《少仪外传》卷上载之，刘子澄《戒子通录》卷二《家训·颜之推》录之。在子澄注颜之推之事迹中，子澄以之推为颜子三十五世孙。“相爱”“唯友悌深至”，此为重点，兄弟之间不仅须“悌”亦须“友”，且须“深至”即深爱深友深悌、至爱至友至悌。将此与《诗·小雅·常棣》参较而观，则更显深至。《常棣》曰：“常棣之华，鄂不韡韡；凡今之人，莫如兄弟。死丧之威，兄弟孔怀；原隰裒矣，兄弟求矣。脊令在原，兄弟急难；每有良朋，况也永叹。兄弟阋于墙，外御其务；每有良朋，烝也无戎。丧乱既平，既安且宁；虽有兄弟，不如友生。傧尔笾豆，饮酒之饫；兄弟既具，和乐且孺。妻子好合，如鼓瑟琴；兄弟既翕，和乐且湛。宜尔室家，乐尔妻帑；是究是图，亶其然乎。”朱子注曰：

> 《常棣》八章，章四句。此诗首章略言至亲莫如兄弟之意。次章乃以意外不测之事言之，以明兄弟之情其切如此。三章但言急难，则浅于死丧矣。至于四章，则又以其情义之甚薄，而犹有所不能已者言之。其《序》若曰不待死丧，然后相收，但有急难，便当相助。言又不幸而至于或有小忿，犹必共御外侮。其所以言之者，虽若益轻以约，而所以著夫兄弟之义者，益深且切矣。至于五章，遂言安宁之后，乃谓兄弟不如友生，则是至亲反为路人，而人道或几乎息矣。故下两章乃复极言兄弟之恩，异形同气，死生苦乐无适而不相须之意。卒章又申告之，使反复穷极而验其信然，可谓委曲渐次，说尽人情矣。读者宜深味之。①

① 《诗集传》卷九；《朱子全书》册1，第547—549页。

“异形同气”即“兄弟者，分形连气之人也”。确然，“反复穷极而验其信，委曲渐次，说尽人情矣”，故而“读者宜深味之”。

《小学·外篇·善行篇》“实长幼（兄弟）之序”：

> 缪彤少孤，兄弟四人皆同财业。及各取妻，诸妇遂求分异，又数有斗争之言。彤深怀忿叹，乃掩户自挝曰：“缪彤汝修身谨行，学圣人之法，将以齐整风俗，奈何不能正其家乎?”弟及诸妇闻之，悉叩头谢罪，遂更为敦睦之行。①

出《后汉书》卷八十一《独行传·缪彤传》。关于“独行”，范氏于篇端言“孔子曰：‘与其不得中庸，必也狂狷乎！’又云：‘狂者进取，狷者有所不为也。’此盖失于周全之道，而取诸偏至之端者也。然则有所不为，亦将有所必为者矣；既云进取，亦将有所不取者矣。如此，性尚分流，为否异适矣。”《缪彤传》有述其为官事迹，如“辟公府，举尤异。迁中牟令，县近京师，多权豪，彤到，诛诸奸吏及托名贵戚宾客者百有余人，威名遂行。”可见一斑。此章缪彤事，与《颜氏家训》所言正相契合。朱子《小学·外篇》之篇章布局亦为：先“言”后实其“言”，“先知后行，知轻行重，知行相须”。

同上出处：

> 隋吏部尚书牛弘，弟弼，好酒而酗。尝醉，射杀弘驾车牛。弘还宅，其妻迎，谓弘曰：“叔射杀牛。”弘闻，无所怪问，直答曰：“作脯。”坐定，其妻又曰：“叔射杀牛，大

① 《朱子全书》册13，第471页。

是异事。”弘曰：“已知。”颜色自若，读书不辍。

事见《隋书》卷四十九《牛弘传》。亦载《北史》卷七十二《牛弘传》，“读书不辍”句后有“其宽和如此”之评。朱子《通鉴纲目》卷三十七“庚午（610年），六年……冬，十二月，文安侯牛弘卒”之小注中正载此章，关于牛弘其人，朱子有评语道：“弘宽厚恭俭，学术精博，隋室旧臣始终信任、悔吝不及者，一人而已”①。

同上出处：

唐英公李勣，贵为仆射，其姊病，必亲为然火煮粥。火燎其须，姊曰：“仆妾多矣，何为自苦如此？”勣曰：“岂为无人耶？顾今姊年老，勣亦老，虽欲数为姊煮粥，复可得乎？”②

此章可见温公《家范》卷七《弟》篇。亦见《通鉴纲目》卷四十一“己巳（669年），二年……冬，十一月，李勣卒”之小注。小注中此章之后续载李勣之自道：“我年十二三时，为亡赖贼，逢人则杀；十四五，为难当贼，有所不惬则杀之；十七八，为佳贼，临陈乃杀人；二十为大将，用兵以救人死。”据此，可知李勣之人若何。朱子录入《小学》将此段“自道”芟之，盖扬善、树楷范之意。朱子《通鉴纲目》引范醇夫《唐鉴》（卷七《高宗》）之语以论之曰：“勣本群盗，不学无识，可为将而不可为相。以辅少主，居伊、周之地，非其任矣。”又载李勣事“勣寝疾，谓弟弼曰：‘我见房、杜平生勤苦，仅能立门户，

① 《朱子全书》册10，第2061页。
② 此上两段引文见《朱子全书》册13，第473页。

遭不肖子荡覆无余。吾此诸子，今悉付汝，谨察视之，其有志气不伦，交游非类者，皆先挝杀，然后以闻’。”又征引醇夫之论曰：“房、杜事君以忠，其子孙不肖，覆宗绝祀，出于不幸，非其积不善也。李勣一言丧邦，罪不容诛，得死牖下，幸矣。乃以房杜为戒，可谓不能省己者矣。古者，父子之间不责善，骨肉之亲无绝也，而使杀之，残忍无亲，何异于夷貊，岂所以为训乎？”① 此之论，大抵亦为朱子之意。据《小学》载此事，可知“长幼（兄弟）之序”之称本含“兄弟姐妹”，读者不可执着于“名”。

第五节　朋友之交：辅仁、责善

《小学·内篇·明伦篇》“明朋友之交”的首章：

曾子曰：君子以文会友，以友辅仁。②

本为《论语·颜渊》篇的最后一章③。朱子在《答刘子澄》第一书中有引用（刘子澄为朱子的“讲友”）④。朱子以曾子此言为《小学·明伦篇》“明朋友之交”的第一章，可见他对此语的特别看重。对于“朋友”而言，“辅仁”当是朱子尤其瞩目的。朱子注曰：

① 《朱子全书》册 10，第 2322—2323 页。
② 《朱子全书》册 13，第 411 页。
③ 朱熹：《四书章句集注》，北京：中华书局，2012 年，第 141 页。
④ 《晦庵先生朱文公文集》卷三十五；《朱子全书》册 21，第 1533 页。

讲学以会友，则道益明。取善以辅仁，则德日进。[①]

此之注文，如果借用朱子别的语言来表述之，则为：尊德性、道问学，自古为学之两途，当兼收并用。"讲学以会友，则道益明"即"道问学"也即"格物穷理"；"取善以辅仁，则德日进"即"尊德性"也即"主敬涵养"。

《内篇·明伦篇》"明朋友之交"的第二章：

孔子曰：朋友切切偲偲，兄弟怡怡。[②]

如果说上一章乃是朱子开篇便欲揭示出的他所认可的处友之道，那么此章则是上承前节"长幼（兄弟）之序"的内容而下启此节"朋友之交"之文；且以圣人孔夫子之语当之，从而明示"长幼（兄弟）"与"朋友"二者关系之密切，虽各自属于"五伦"（五教、五目）中的相应之"伦"，但不可割裂视之。

《论语·子路》：子路问曰："何如斯可谓之士矣？"子曰："切切、偲偲、怡怡如也，可谓士矣。朋友切切、偲偲，兄弟怡怡。"[③] 朱子《集注》载：

胡氏曰：切切，恳到也。偲偲，详勉也。怡怡，和悦也。皆子路所不足，故告之。又恐其混于所施，则兄弟有贼恩之祸，朋友有善柔之损，故又别而言之。

此之言，如参以《朱子语类》，则更为明晰：

问"何如斯可谓之士"一段。曰："圣人见子路有粗暴

---

① 朱熹：《四书章句集注》，北京：中华书局，2012年，第141页。
② 《朱子全书》册13，第411页。
③ 朱熹：《四书章句集注》，北京：中华书局，2012年，第149页。

底气象，故告之以‘切偲怡怡’。又恐子路一向和说去了，又告之以‘朋友切切偲偲，兄弟则怡怡’。圣人之言是恁地密。”谦之。①

此条语录，可谓《集注》的白话阐述。

《内篇·明伦篇》“明朋友之交”的第三章：

孟子曰：责善，朋友之道也。②

此又以上接孔子之“道”而下传其“统”绪于濂溪、二程的亚圣孟子语、来阐明“朋友之道”（处友之道），即“责善”二字。合首章“辅仁”之说，则可知朱子于《小学·明伦篇》所欲揭橥的“朋友之道”为何，即“辅仁”与“责善”，其权重者当在“辅仁”。“辅仁”乃积极面（正说）之“辅仁”；“责善”乃消极面（反说）之“辅仁”（朱子注：“取善以辅仁”）。

此章与前文“明父子之亲”的内容中“世俗所谓不孝者五”为同一章，属于《孟子·离娄下》“公都子曰：匡章，通国皆称不孝焉”章。相关原文为：“责善，朋友之道也；父子责善，贼恩之大者。”朱子注曰：

贼，害也。朋友当相责以善。父子行之，则害天性之恩也。③

“天性之恩”即“天伦”（天理）。“父子不责善”，故古人“易子而教”。朱子的长子朱塾，便为朱子交与吕伯恭以教之，

---

① 《朱子语类》卷四十三，第1112页。《四书纂疏》论语纂疏卷七已录此条。
② 《朱子全书》册13，第411页。
③ 朱熹：《四书章句集注》，北京：中华书局，2012年，第305页。

盖遵从孟之论。

《内篇·明伦篇》“明朋友之交”的第四章：

> 子贡问友。孔子曰：“忠告而善道之，不可则止，毋自辱焉。”①

上章言“责善”，但是责善不可过度，即子游之言“事君数，斯辱矣，朋友数，斯疏矣。”（朱子注：数，烦数也。事君谏不行，则当去；道友善不纳，则当止。至于烦渎，则言者轻，听者厌矣，是以求荣而反辱，求亲而反疏也。君臣朋友，皆以义合，故其事同也。”②）故而此章便出孔夫子之言以陈责善不可“烦数”之义。而之所以不用子游语，显然，孔夫子之言不仅包涵“烦数”取“辱”之义，亦含“责善”的具体方式，即“忠告而善道之”。

本出《论语·颜渊》，同篇中，此节篇首曾子之言在此章之后。朱子注：

> 友所以辅仁，故尽其心以告之，善其说以道之。然以义合者也，故不可则止。若以数而见疏，则自辱矣。（道，去声）③

又如《朱子语类》载：

> 问“忠告善道”。曰：“告之之意固是忠了，须又教道得善，始得。”雉。

① 《朱子全书》册13，第411页。
② 《论语·里仁》；朱熹：《四书章句集注》，北京：中华书局，2012年，第74页。
③ 朱熹：《四书章句集注》，北京：中华书局，2012年，第141页。

问“忠告善道”。曰：“‘善道’，是以善道之。如有人虽敢忠言，未必皆合道理者，则是未善也。”时举。[1]

《内篇·明伦篇》“明朋友之交”的第五章：

孔子曰：居是邦也，事其大夫之贤者，友其士之仁者。[2]

“事贤”“友仁”，皆为“辅仁”的具体方法（做法）。上章言“责善”的方式，此章则继之而言“辅仁”的方法，此下三章皆此意。出《论语·卫灵公》：子贡问为仁。子曰：“工欲善其事，必先利其器。居是邦也，事其大夫之贤者，友其士之仁者。”朱子注云：

贤以事言，仁以德言。夫子尝谓子贡悦不若己者，故以是告之。欲其有所严惮切磋以成其德也。程子曰：“子贡问为仁，非问仁也，故孔子告之以为仁之资而已。”[3]

《朱子语类》载：

问“子贡问为仁”章。曰：“大夫必要事其贤者，士必友其仁者，便是要琢磨勉厉以至于仁。如欲克己而未能克己，欲复礼而未能复礼，须要更相劝勉，乃为有益。……时举。

问：“子贡问为仁，何以答以‘事其大夫之贤者，友其士之仁者’？”曰：“也是个入德之方。”又问：“事与友孰

---

① 《朱子语类》卷四十二，第 1096 页。
② 《朱子全书》册 13，第 411 页。
③ 朱熹：《四书章句集注》，北京：中华书局，2012 年，第 164 页。

重?”曰:“友为亲切。贤,只是统言;友,径指仁上说。”铢。①

“入德之方”即“辅仁”之方法(法门)。“欲克己而未能克己,欲复礼而未能复礼”即当“克己复礼”,此乃“涵养工夫”(主敬涵养)。“友为亲切”“友径指仁上说”,这是因为孔子、曾子已言“友其士之仁者”“以友辅仁”。

《内篇·明伦篇》“明朋友之交”的第六章:

益者三友,损者三友。友直、友谅、友多闻,益矣;友便辟、友善柔、友便佞,损矣。②

出《论语·季氏》。朱子《集注》载:

友直,则闻其过。友谅,则进于诚。友多闻,则进于明。便,习熟也。便辟,谓习于威仪而不直。善柔,谓工于媚悦而不谅。便佞,谓习于口语,而无闻见之实。三者损益,正相反也。尹氏曰:“自天子至于庶人,未有不须友以成者。而其损益有如是者,可不谨哉?”③

征尹和靖语,“自天子至于庶人,未有不须友以成者”,此句指出了“友”的重要性,欲“成德”则“友”必不可少;“其损益有如是者,可不谨哉?”此句则在指出,既然“友”如此重要、“友”之“损益”又不同,那么“择友”就极其关键(这须要“智”),须谨慎“交友”以免交友不慎则“辅仁”之

① 《朱子语类》卷四十五,第1153—1154页。
② 《朱子全书》册13,第411页。
③ 朱熹:《四书章句集注》,北京:中华书局,2012年,第172—173页。

友转“害仁”矣。

《内篇·明伦篇》“明朋友之交”的第七章：

> 孟子曰：不挟长、不挟贵、不挟兄弟而友；友也者，友其德也；不可以有挟也。①

《孟子·万章下》：万章问曰：“敢问友。”孟子曰：“不挟长，不挟贵，不挟兄弟而友。友也者，友其德也，不可以有挟也。（挟者，兼有而恃之之称）孟献子，百乘之家也，有友五人焉：乐正裘、牧仲，其三人，则予忘之矣。献子之与此五人者友也，无献子之家者也。此五人者，亦有献子之家，则不与之友矣。（张子曰：献子忘其势，五人者忘人之势。不资其势而利其有，然后能忘人之势。若五人者有献子之家，则反为献子之所贱矣）非惟百乘之家为然也。虽小国之君亦有之。费惠公曰：‘吾于子思，则师之矣；吾于颜般，则友之矣；王顺、长息则事我者也。’（师，所尊也。友，所敬也。事我者，所使也。）非惟小国之君为然也，虽大国之君亦有之。晋平公之于亥唐也，入云则入，坐云则坐，食云则食。虽疏食菜羹，未尝不饱，盖不敢不饱也。然终于此而已矣。弗与共天位也，弗与治天职也，弗与食天禄也，士之尊贤者也，非王公之尊贤也。（亥唐，晋贤人也。平公造之，唐言入，公乃入。言坐乃坐，言食乃食也。疏食，粝饭也。不敢不饱，敬贤者之命也。范氏曰：“位曰天位，职曰天职，禄曰天禄。言天所以待贤人，使治天民，非人君所得专者也”）舜尚见帝，帝馆甥于贰室，亦飨舜，迭为宾主，是天子而友匹夫也。（尚，上也。舜上而见于帝尧也。馆，舍也。礼，妻

① 《朱子全书》册13，第411页。

父曰外舅。谓我舅者，吾谓之甥。尧以女妻舜，故谓之甥。贰室，副宫也。尧舍舜于副宫，而就飨其食。）用下敬上，谓之贵贵；用上敬下，谓之尊贤。贵贵、尊贤，其义一也。”（贵贵、尊贤，皆事之宜者。然当时但知贵贵，而不知尊贤，故孟子曰“其义一也”）

此为关于《小学》此章的《孟子》原文，括弧中文字为朱子注（有删减）。不避繁复地移录如许引文，实因孟子之论述已十分精彩、百分的当。朱子以孟子此语为《小学·明伦篇》“明朋友之交”的“宏旨”部分的末章，盖亦有以其为总括语之意；盖又限于《小学》一书之篇幅，便仅录《孟子》论述的“主旨”（论点），而得其“大者”以道“蒙士”渐进于《孟子》之原文观其“小者”（论据、例证、史实）。此亦最先读《小学》书进而《学》《语》《孟》《庸》《五经》、“史传子集”，从而以《小学》书作为“道路者”的价值之所在。《孟子》

此段文字的末处，朱子结之曰：

> 此言朋友人伦之一，所以辅仁，故以天子友匹夫而不为诎，以匹夫友天子而不为僭。此尧舜所以为人伦之至，而孟子言必称之也。[1]

此又言“辅仁”，从而与此节开端曾子语首尾相应。继而又言“此尧舜所以为人伦之至，而孟子言必称之也”，此则无异于指出了“友以辅仁”的归止处：效孟子、法尧舜，以成德成人（成圣成贤）。这也与前文所述“父子”“长幼（兄弟）”“孝弟”（孟子语“尧舜之道，孝弟而已矣”）所归止处相一致。

---

① 朱熹：《四书章句集注》，北京：中华书局，2012 年，第 323 页。

《小学·外篇·善行篇》“实朋友之交”载：

> 包孝肃公［拯］尹京时，民有自言：“以白金百两寄我者死矣，予其子，不肯受，愿召其子予之。”尹召其子，辞曰：“亡父未尝以白金委人也。”两人相让久之。吕荥公［希哲］闻之曰：“世人喜言‘无好人’三字者，可谓自贼者矣。古人言人皆可以为尧舜，盖观于此而知之已。①

可见《三朝名臣言行录》卷八《崇政殿说书荥阳吕公》，文字次第略有不同，“吕荥公闻之曰：世人喜言‘无好人’三字者，可谓自贼者矣”为首句，“吕荥公闻之曰”作“荥阳尝言”②。亦见《伊洛渊源录》卷七《吕侍讲》③，因此书比《三朝名臣言行录》后出（一为朱子四十三岁所编，一为四十四岁时纂），故而文字上因仍《言行录》。“古人言人皆可以为尧舜，盖观于此而知之已”，与朱子语“此尧舜所以为人伦之至，而孟子言必称之也”参伍以读，则“朋友人伦之一，所以辅仁”之意略可见矣。再来看看其时之人对世风的批评。《小学·内篇·嘉言篇》有载：

> 伊川先生曰：近世浅薄，以相欢狎为相与，以无圭角为相欢爱。如此者，安能久？若要久，须是恭敬。君臣、朋友，皆当以“敬”为主也。
>
> 横渠先生曰：今之朋友，择其善柔以相与，拍肩执袂以为气合，一言不合怒气相加。朋友之际，欲其相下不倦，故

---

① 《朱子全书》册13，第473页。
② 《朱子全书》册12，第644页。
③ 《朱子全书》册12，第1012页。

于朋友之间，主其“敬”者，日相亲与，得效最速。[①]

不古不醇，自古已然。匡浇漓、反醇正，有待“述先圣之元意，思整百家之不齐”之“空文”矣[②]。“君臣朋友，皆当以敬为主”“于朋友之间，主其敬”，可知“主敬”（居敬）在“朋友之交”这一伦（君臣之义这一伦）中的重要地位，其直接关乎“友”在“时间”这一维上的延绵性（“能久”“要久”“相下不倦”，可参后文对“久，弥异时也”“久，古今旦莫”之解读）。

第六节 通论（小结）

“通论”，此为朱子书于《小学·内篇·明伦篇》（明父子之亲、君臣之义、夫妇之别、长幼之序、朋友之交）篇末以统括此篇内容的用语。本节袭用之，既可以遵从朱子之架构来论述“通论”部分的内容，又可以依此而结束此章之讨论（后放此）。《小学·明伦篇》“通论”第一章云：

孔子曰：君子之事亲孝，故忠可移于君；事兄弟，故顺可移于长；居家理，故治可移于官。是故行成于内，而名立于后世矣。[③]

① 《朱子全书》册13，第447页。
② 语出《后汉书》卷三十五《郑玄传》之郑康成《戒子书》；范晔：《后汉书》，北京：中华书局，1965年，第1209页。
③ 《朱子全书》册13，第412页。

本为《孝经·广扬名章》，朱子在《孝经刊误》中对此章未有刊正，大抵以为其辞可取其义完备①。朱子论到“此一节，释立身扬名及士之孝，传之十一章也。(或云宜为九章)”，则此章为朱子定本《孝经》“传文”的第十一章。孔夫子语涉及“父子”“君臣”“长幼”“齐家”“居官”（“治国”）的内在关系之阐述。“齐家”必然涉及“夫妇”，“居官”自然涉及“朋友”。故而，孔夫子之言可谓是在阐述“五伦”（五教、五目）的内在逻辑次第。朱子将其置于“通论”的首章，则是以圣人孔夫子之论给予前文分言“五伦”的内容以统括，何其当哉。

先来看“居家理，故治可移于官”这一句。《论语·为政》载：

> 或谓孔子曰：“子奚不为政？”子曰：“《书》云：‘孝乎惟孝，友于兄弟，施于有政。’是亦为政，奚其为为政？”②

兹采朱子《论语集注》相关注文如下：

> 《书·周书·君陈篇》。《书》云孝乎者，言《书》之言孝如此也。善兄弟曰友。《书》言君陈能孝于亲，友于兄弟，又能推广此心，以为一家之政。孔子引之，言如此，则是亦为政矣，何必居位乃为为政乎？……要之，至理亦不外是。

据此，“居家理，故治可移于官”的语意（思想）之源头在

---

① 《晦庵先生朱文公文集》卷六十六《孝经刊误》；《朱子全书》册23，第3210—3211页。

② 朱熹：《四书章句集注》，北京：中华书局，2012年，第59页。

《书》。移治于“官”的关键是“家”理，“家”之所以能理在“孝弟”（也就是《大学》的“家齐而后国治”）。故而，《小学》此章孔夫子语所涉的“父子”“君臣”“长幼”“齐家”（夫妇）“居官”（“治国”、朋友）之逻辑次第的最初环节为“孝弟”，即“孝弟”为“根本”所在。

述及至此，极易与《论语·学而》有子曰：“孝弟也者，其为仁之本与”句相联系。实际上，《论语精义》卷一上关于此的解读，游定夫已明确地征引了“君子之事亲孝……”来与此互释[①]。然而，游氏却将“为仁之本”的“为仁”训释成“是仁”（孝弟是仁的本）而非为程朱反复辨析方得以确定的“行仁”（孝弟乃行仁之始，仁为本），故而，虽然他的总体论述甚好，但是“关已抽键已启”，朱子《论语集注》便没有取[②]。综之，此处《小学·明伦篇》首章之文，在朱子学中不仅仅关涉“孝弟”这一初始环节，也涉及“仁”。这也可以从此处征引的《论语集注》中的文字略窥端倪，如“《书》言君陈能孝于亲，友于兄弟，又能推广此心，以为一家之政”“要之，至理亦不外是”等句，此“心”即孝弟之“心”（仁为“心之德”）。现回到《论语·学而》，以便稍作详析。“有子曰：‘其为人也孝弟，而好犯上者，鲜矣；不好犯上，而好作乱者，未之有也。君子务本，本立而道生。孝弟也者，其为仁之本与！’”朱子注曰：

> 本，犹根也。仁者，爱之理，心之德也。为仁，犹曰行仁。……言君子凡事专用力于根本，根本既立，则其道自生。若上文所谓孝弟，乃是为仁之本，学者务此，则仁道自

① 《朱子全书》册7，第32页。
② 朱熹：《四书章句集注》，北京：中华书局，2012年，第48页。

此而生也。程子曰：“孝弟，顺德也，故不好犯上，岂复有逆理乱常之事。德有本，本立则其道充大。孝弟行于家，而后仁爱及于物，所谓亲亲而仁民也。故为仁以孝弟为本。论性，则以仁为孝弟之本。”或问：“孝弟为仁之本，此是由孝弟可以至仁否？”曰：“非也。谓行仁自孝弟始，孝弟是仁之一事。谓之行仁之本则可，谓是仁之本则不可。盖仁是性也，孝弟是用也，性中只有个仁、义、礼、智四者而已，曷尝有孝弟来。然仁主于爱，爱莫大于爱亲，故曰孝弟也者，其为仁之本与！”①

“仁者，爱之理，心之德也”，这是朱子对“仁”的最为经典之界定。“孝弟行于家，而后仁爱及于物，所谓亲亲而仁民也”，这讲的是“仁”之“施”；亲亲仁民、仁民爱物（孟子语），“亲”“民”“物”为“仁”所“施”的对象，而“亲”“仁”“爱”为“仁”在不同对象（境遇）上（中）呈显出的不同面相（“用”的不同，“体”则一）。“为仁以孝弟为本”，此句“为仁，犹曰行仁”，整句意为“行仁自孝弟始，孝弟是仁之一事”。“论性，则以仁为孝弟之本”，即“仁是性，孝弟是用，性中只有个仁、义、礼、智四者而已，曷尝有孝弟来”。“仁主于爱，爱莫大于爱亲，故曰孝弟也者，其为仁之本与!”，至此，语意明晰显豁。

职是之故，朱子言“孝弟”必然关涉“仁”，又因“仁者，爱之理，心之德也”“仁是性”“性中只有个仁、义、礼、智四者而已”，则其又涉及“心性论”。上文（“长幼之序”这一节）已论：这不仅仅关涉“心性论”，因为“心者，人之神明，所以

① 朱熹：《四书章句集注》，北京：中华书局，2012 年，第 48 页。

具众理而应万事者也；性则心之所具之理，而天又理之所从以出者也。”故而其又涉及“天道”（天理）；孟子言“尧舜之道，孝弟而已矣”，这又语涉成德成人（成圣成贤）。此为关涉“孝弟”问题不得不明确的潜在之意，也是《小学·明伦篇》“通论”第一章章旨的应有之义。

《小学·明伦篇》“通论”第二章：

> 天子有争臣七人，虽无道，不失其天下；诸侯有争臣五人，虽无道，不失其国；大夫有争臣三人，虽无道，不失其家；士有争友，则身不离于令名；父有争子，则身不陷于不义。故当不义，则子不可以弗争于父；臣不可以弗争于君。①

可见《仪礼集传集注》卷三十《王制之丙王礼》②。本为《孝经·谏诤章》：曾子曰：“若夫慈爱、恭敬、安亲、扬名，则闻命矣。敢问子从父之令，可谓孝乎？”子曰：“是何言与，是何言与！昔者……故当不义则争之。从父之令，又焉得为孝乎！”省略之文正为《小学》此章。《孝经刊误》中朱子论曰“此不解经而别发一义，宜为传之十三章。”③ 则此是朱子定本《孝经》“传文”第十三章。观此可知，“谏”或“谏诤”极其重要。这也可证本文在“父子之亲”这一节以及“君臣之义”这一节特标“谏”（训）、“谏诤”两语，是得当的。若依孔夫子此言，则似乎本文对此的凸出强调还远不够。

关于此章，有一著名的故事，即霍光废昌邑王（刘贺）事：

① 《朱子全书》册13，第412页。
② 《朱子全书》册3，第1046页。
③ 《晦庵先生朱文公文集》卷六十六《孝经刊误》；《朱子全书》册23，第3211页。

> ［昌邑］王曰：“闻天子有争臣七人，虽无道不失天下。”［霍］光曰：“皇太后诏废，安得天子！”乃即持其手，解脱其玺组，奉上太后，扶王下殿，出金马门，群臣随送。王西面拜，曰：“愚戆不任汉事。”起就乘舆副车。大将军光送至昌邑邸，光谢曰：“王行自绝于天，臣等驽怯，不能杀身报德。臣宁负王，不敢负社稷。愿王自爱，臣长不复见左右。”光涕泣而去。①

昌邑王即天子位仅二十七天便被废，值去天子位时竟引《孝经》之文以自解。似汉代经学熏习于肉食者匪不深矣（太息！后世之刘项弗知坟典）。“王行自绝于天”此“天”字盖指：1. 居昭帝丧不满期（二十七日）行淫乱，违“君臣”之“义”悖“父子”之“天伦”；2. 悖此即悖“人性”（“天命之谓性”，“民受天地之中以生，所谓命也”），即“非人”，弃天所命；3. 天子受命于天、代天牧民、天民一体，“天视自民视，天听自民听”，如此之人不行废黜，必致天之改命、社稷不复、绝宗灭祀，真乃“自绝于天”而非天绝弃之也（盖朱子“天地不会坏，人无道极了，便一起打混，重新来过”）。《朱子语类》中有载：

> 问：“君臣之变，不可不讲。且如霍光废昌邑，正与伊尹同。然尹能使太甲‘自怨自艾’，而卒复辟。光当时被昌邑说‘天子有争臣七人’两句后，他更无转侧。万一被他更咆勃时，也恶模样。”曰：“到这里也不解恤得恶模样了。”义刚曰：“光毕竟是做得未宛转。”曰：“做到这里，也不解得宛转了。”良久，又曰：“人臣也莫愿有此。万一

① 见《汉书》卷六十八《霍光传》；班固：《汉书》，北京：中华书局，1962年，第2931页。

有此时，也十分使那宛转不得。”义刚。

问：“霍光废昌邑，是否?”曰：“是。”“使太甲终不明，伊尹如之何?”曰：“亦有道理。”可学。①

朱子态度“十分”坚定，即“十分使那宛转不得”。盖指：废黜“自绝于天”将致天命之改换者，岂能“宛转”？“迳自”（直接果断）废黜方合天意（天命、天道、天理）慰民心（民心即天心）。

“太甲终不明”，即“不明”之人岂能明“天命”？又岂能知“天道”为何物？何堪“天道之永恒秩序转换为人道秩序”之伟任？又将置“天下国家人民百姓之利”于何处？故而，若伊尹能继此任便可代天牧民，且合天之命、合天之理，盖所说的“亦有道理”之意。

《小学·明伦篇》“通论”第三章：

《礼记》曰：事亲有隐而无犯，左右就养无方，服勤至死，致丧三年。事君有犯而无隐，左右就养有方，服勤至死，方丧三年。事师无犯无隐，左右就养无方，服勤至死，心丧三年。②

《论语精义》卷一上关于《学而篇》第二章（“其为人也孝悌”章）的解读，杨龟山曰：

入以事其父兄，出以事其长上，举斯心加诸彼而已，无二道也。事亲有隐而无犯，则孝弟之人宜无犯上者；移之事君有犯而无隐，则犯上盖有不得已而然者，谓之好则

① 《朱子语类》卷一百三十五，第3228页。
② 《朱子全书》册13，第412页。

鲜矣。①

此意与本节第一章的解读相一致。父兄（孝弟）乃“天伦”，君、师“以义属”（微子语）。关于“师”，上文（“长幼之序”这一节）中已涉及，如朱子与弟子对于“诞辰亦受子弟寿酒否”的问题有讨论。

《小学·明伦篇》“通论”第四章：

> 栾共子曰：民生于三，事之如一。父生之，师教之，君食之。非父不生，非食不长，非教不知，生之族也，故一事之。唯其所在，则致死焉。报生以死，报赐以力，人之道也。②

本出《国语·晋语》：“武公伐翼，杀哀侯，止栾共子曰：‘苟无死，吾以子见天子，令子为上卿，制晋国之政。’辞曰：‘成闻之：……臣敢以私利废人之道，君何以训矣？且君知成之从也，未知其待于曲沃也，从君而贰，君焉用之？’遂斗而死。”省略处即为《小学》此章。载《通解》卷九《学义》，朱子以为“明人伦之义”③。因为载在《学义》篇，故此之意思即是：学以明人伦。又因为整件事为一完整故事，则其意正是寓“理”于“事”，以“事”为证、以“贤人”为模范，便于“蒙士”景仰之学习之。

“从君而贰……遂斗而死”与上文（“君臣之义”这一节）“王蠋……齐王不听吾谏……遂经其颈于树枝，自奋绝脰而死”“忠臣不事二君”等，正可以相参证。“唯其所在”，“所在”乃

---

① 《朱子全书》册7，第32页。
② 《朱子全书》册13，第412页。
③ 《朱子全书》册2，第401—402页。

是“理”之所在，如君仁、臣敬，事父兄当“孝弟”等等。“报生以死”，此是就父子而言，如《中庸》“践其位，行其礼，奏其乐，敬其所尊，爱其所亲，事死如事生，事亡如事存，孝之至也”（见“长幼之序”这一节的讨论）。“报赐以力”，乃是就君臣而言，臣尽力即可、非以“死”相报，所谓“臣主以义属，三谏而不听，其义可以去矣”；至于“死”乃是“死节”，其为“舍生取义”的体现，在此则是对“人道价值”的以“死”相守而非“忠君”；“忠”乃是“忠于民”非“忠于君”，天民一体而君乃“天”之“子”，故而忠于民方是最高的忠。再者，据“君食之……非食不长……报赐以力”句，可知“赐”主要指“食”，但“食物”乃“天地”所生、乃“天民”直接赞育（稼穑）而成，故“赐”乃“天”所“赐”、“民”所“赐”而非“君赐”。这正如郦食其所言：“王者以民为天，而民以食为天。”[①] 又如孟子所道：“民为贵，社稷次之，君为轻”（朱子注：“社，土神；稷，谷神”[②]；翻译为白话即是“土地”和

---

① 汉三年秋，项羽击汉，拔荥阳，汉兵遁保巩。楚人闻韩信破赵，彭越数反梁地，则分兵救之。韩信方东击齐，汉王数困荥阳、成皋，计欲捐成皋以东，屯巩、雒以距楚。食其因曰：“臣闻之，知天之天者，王事可成；不知天之天者，王事不可成。王者以民为天，而民以食为天。夫敖仓，天下转输久矣，臣闻其下乃有臧粟甚多。楚人拔荥阳，不坚守敖仓，乃引而东，令适卒分守成皋，此乃天所以资汉。方今楚易取而汉反却，自夺便，臣窃以为过矣。且两雄不俱立，楚汉久相持不决，百姓骚动，海内摇荡，农夫释耒，红女下机，天下之心未有所定也。愿足下急复进兵，收取荥阳，据敖庾之粟，塞成皋之险，杜太行之道，距飞狐之口，守白马之津，以示诸侯形制之势，则天下知所归矣。方今燕、赵已定，唯齐未下。今田广据千里之齐，田间将二十万之众军于历城，诸田宗强，负海岱，阻河济，南近楚，齐人多变诈，足下虽遣数十万师，未可以岁月破也。臣请得奉明诏说齐王使为汉而称东藩。”上曰：“善。”参见：《汉书》卷四十三《郦食其传》；班固：《汉书》，北京：中华书局，1962 年，册七，第 2107—2108 页。

② 《孟子·尽心下》；朱熹：《四书章句集注》，北京：中华书局，2012 年，第 375 页。

“粮食”)。“人之道也”，即这才是“人道”，也是“天道”；故而“一事之”，即一遵于“人道”、有本于“天道”。

《论语·先进》中亦有与此章相关的文字：子畏于匡，颜渊后。子曰：“吾以女为死矣。”曰：“子在，回何敢死?”朱子注：

> 后，谓相失在后。何敢死，谓不赴斗而必死也。胡氏曰：“先王之制，民生于三，事之如一。惟其所在，则致死焉。况颜渊之于孔子，恩义兼尽，又非他人之为师弟子者而已。即夫子不幸而遇难，回必捐生以赴之矣。捐生以赴之，幸而不死，则必上告天子、下告方伯，请讨以复雠，不但已也。夫子而在，则回何为而不爱其死，以犯匡人之锋乎?”①

“恩义兼尽”之“恩义”乃人道价值，乃“理”(天理)之呈显。“捐生以赴之”(“死”)则是当于“理”，如前文所论、朱子之言“于义合当死则死，于义合当生则生”[明道有言“惟义无对”，即“生死”不可与“义”相对，“义”《理》乃绝对至高者，无所谓“生重于义，则舍义取生”之“恋生惧死、苟活偷生、殄灭人道、自绝天道”的谰言昏聩之托辞，只能取绝对至高者“义”(理、人道价值)]。此乃是天下古今之通则、通理[普遍之理(价值)]，故而“上告天子、下告方伯，请讨以复雠”才会得到响应、认同。反之，仅为个案、特例、特色、特阈，则无以通达于天下(非达道也)。无以通达于天下，则于“时间”这一维将失于绵延性，于“空间”这一维将流于狭隘性(可堪泪目也)。“爱其死”即“爱生”，正如《孝经》中孔夫子言“天地之性人为贵”(明皇注：“贵其异于万物也”；邢疏：

① 朱熹：《四书章句集注》，北京：中华书局，2012年，第129页。

“性，生也；言天地之所生，唯人最贵也”[1]）。此之“爱生”亦有“天道”的本原根据，即“天地之大德曰生”[2]。

《小学·明伦篇》“通论”第五章：

> 晏子曰：君令臣共，父慈子孝，兄爱弟敬，夫和妻柔，姑慈妇听，礼也。君令而不违，臣共而不二；父慈而教，子孝而箴；兄爱而友，弟敬而顺；夫和而义，妻柔而正；姑慈而从，妇听而婉；礼之善物也。[3]

本出《左传·昭公二十六年》，此之前有载：“齐有彗星，齐侯使禳之，晏子曰：‘无益也，只取诬焉，天道不谄不贰，其命若之何，禳之，且天之有彗也，以除秽也，君无秽德，又何禳焉，若德之秽，禳之何损’”[4] 晏子反对“禳”且认为“无益”，其论之依据在：“天道不谄不贰”，即不合“天道”，亦不可悖逆不可谄诬。这也如《大戴记·本命》所诫：

> 大罪有五：逆天地者，罪及五世。诬文武者，罪及四世。逆人伦者，罪及三世。诬鬼神者，罪及二世。杀人者，罪止其身。故大罪有五，杀人为下。[5]

---

① 《孝经·圣治章》；邢昺：《孝经注疏》（《十三经注疏》本），上海：上海古籍出版社，1997年，第2553页。

② 《系辞下》载“天地之大德曰生，圣人之大宝曰位。何以守位？曰人。何以聚人？曰财。理财正辞，禁民为非，曰义。”参见：《周易本义》之《周易系辞下传第六》；《朱子全书》册1，第138页。

③ 《朱子全书》册13，第412页。

④ 孔颖达：《春秋左传正义》（《十三经注疏》本），上海：上海古籍出版社，1997年，第2115页。

⑤ 孔广森：《大戴礼记补注》，北京：中华书局，2013年，第247页。

“君令臣共”句前有“礼之可以为国也久矣，与天地并”此句[①]。“与天地并”即“人道价值”（道、理）至高上如“天”之高、至切近若“地”之近，至久长如“天地”之亘古亘今。“天地”亦可称为“宇宙”，而“宇宙”乃“时空”范畴。如《墨经》所释：

宇，弥异所也。经说上：宇：东西家南北。

久，弥异时也。经说上：久：古今且［旦］莫。[②]

“家”即“中”，有了“中”便有了坐标的中心点，进而才能确定东西南北之方位。“久”即“宙”，“莫”即“暮”，“旦莫”即“蚤莫”（如《小学·明伦篇》所录《曲礼》之文“视日蚤莫”，即“早暮”[③]）。综之，“宇”指“空间”，“宙”指“时间”。古人早已将“人道价值”置于“时空”维度加以论

① 齐有彗星，齐侯使禳之，晏子曰：“无益也，只取诬焉，天道不谄不贰，其命若之何，禳之，且天之有彗也，以除秽也，君无秽德，又何禳焉，若德之秽，禳之何损，诗曰，惟此文王，小心翼翼，昭事上帝，聿怀多福。厥德不回。以受方国，君无违德，方国将至，何患于彗，诗曰，我无所监，夏后及商，用乱之故，民卒流亡，若德回乱，民将流亡，祝史之为，无能补也。”公说，乃止，齐侯与晏子坐于路寝，公叹曰：“美哉室，其谁有此乎？”晏子曰：“敢问何谓也？”公曰：“吾以为在德。”对曰：“如君之言，其陈氏乎？陈氏虽无大德，而有施于民，豆区釜钟之数，其取之公也薄，其施之民也厚，公厚敛焉，陈氏厚施焉，民归之矣，诗曰，虽无德与女，式歌且舞，陈氏之施，民歌舞之矣，后世若少惰陈氏而不亡，则国其国也已。”公曰：“善哉，是可若何？”对曰：“唯礼可以已之，在礼家施不及国，民不迁晨，不移工，贾不变士，不滥官，不滔大夫，不收公利。”公曰：“善哉，我不能矣，吾今而后知礼之可以为国也。”对曰：“礼之可以为国也久矣，与天地并。君令臣共，父慈子孝，兄爱弟敬，夫和妻柔，姑慈妇听，礼也。君令而不违，臣共而不贰，父慈而教，子孝而箴，兄爱而友，弟敬而顺，夫和而义，妻柔而正，姑慈而从，妇听而婉，礼之善物也。”公曰：“善哉，寡人今而后闻此，礼之上也。”对曰：“先王所禀于天地，以为其民也。是以先王上之。”参见：《左传·昭公二十六年》；孔颖达：《春秋左传正义》（《十三经注疏》本），上海：上海古籍出版社，1997 年，第 2115 页。

② 孙诒让：《墨子闲诂》，北京：中华书局，2009 年，第 316—317、340 页。

③ 《朱子全书》册 13，第 410 页。

证、给予高扬。通过“时间”之维以明其“久远之传”，通过“空间”之维以示其“溥博如天”①。

此章又载《通解》卷九《学义》，在上章之前。朱子录入《小学》则次第作了调整，属“明人伦之义”②。因为载在《学义》篇，则此之意思即是：学以明人伦，与上章同。此章正是借晏子之口将“人伦”［五伦（五教、五目），伦理］阐述的深切著明，将“父子”“君臣”“夫妇”“长幼”（“兄弟”）“妇姑”的“名分”、责任义务明确地揭示出［其为相互的，非单方面之要求，并且惟有“君令而不违”（君以出令为职，要必不违于理，然后人心服而令行），方能“臣共而不二”（共，恭）］，进而阐明各当其名、各尽其分之后所达到的良好效果。这有如《中庸》之说“君子素其位而行，不愿乎其外。素富贵，行乎富贵；素贫贱，行乎贫贱；素夷狄，行乎夷狄；素患难，行乎患难；君子无入而不自得焉。在上位不陵下，在下位不援上，正己而不求于人则无怨。上不怨天，下不尤人。故君子居易以俟命，小人行险以徼幸。”（朱子注：“素，犹见在也。言君子但因见在所居之位而为其所当为，无慕乎其外之心也。易，平地也。居易，素位而行也。俟命，不愿乎外也。徼，求也。幸，谓所不当得而得者。”③）

《小学·明伦篇》“通论”第六章：

> 曾子曰：亲戚不说，不敢外交；近者不亲，不敢求远；小者不审，不敢言大。故人之生也，百岁之中，有疾病焉，

① 《中庸》语；朱熹：《四书章句集注》，北京：中华书局，2012年，第39页。
② 《朱子全书》册2，第401—402页。
③ 朱熹：《四书章句集注》，北京：中华书局，2012年，第24页。

有老幼焉，故君子思其不可复者而先施焉。亲戚既没，虽欲孝，谁为孝？年既耆艾，虽欲悌，谁为悌？故孝有不及，悌有不时，其斯之谓欤？①

见《大戴记·曾子疾病》②。陈选《小学集注》有载：“曾子曰：‘木欲静而风不止，子欲养而亲不逮’，此孝有不及之意也。李勣曰：‘姊年老，勣亦老，虽欲数为姊煮粥，得乎？’此悌有不时之意也。”吕维祺在《孝经大全》卷十五“曾子孝言”中亦有如此之论③。其实，曾子所言仍在强调“孝弟”的优先、重要，也正如此节开篇所论。

《小学·明伦篇》“通论”第七章：

官怠于宦成，病加于小愈，祸生于懈惰，孝衰于妻子。察此四者，慎终如始。《诗》云：“靡不有初，鲜克有终。”④

见《说苑》卷十《敬慎》。此章与上章同，亦为曾子语，刘子澄《戒子通录》卷三《曾子告子言》已载录。刘子政以此章属之《敬慎》篇，“敬慎”二字确实为此章章意之一，如曾子语中已有“慎”字。但是除了此层含义外，其也在于推阐《孝经》“经文”（见“父子之亲”这一节的讨论）末句：“自天子至于庶人，孝无终始，而患不及者，未之有也。”曾子“慎终如始”的“终始”也指此。不过，两处文义略有不同，曾子语一方面

① 《朱子全书》册13，第412—413页。

② 孔广森：《大戴礼记补注》，北京：中华书局，2013年，第107—108页。

③ 清人陈鼎《东林列传》卷六《吕维祺传》载：吕维祺，字介孺，河南新安人，父孔学，称仁孝。维祺少能文，究心理学，闻乡先正孟云浦之风，私淑之，著知非箴心法吟。万历四十一年进士，授兖州推官。

④ 《朱子全书》册13，第413页。

与此末句之文一样在于强调“孝”（弟）的极其重要、其不仅是最初环节（此与本节开篇之论相应）也是环节的末处、犹如圆环一般即始即终、成始成终，另一方面又指出了“孝无终始、成始成终”的重要保障，即“敬慎”。所引之诗出《诗·大雅·荡之篇》：“荡荡上帝，下民之辟。疾威上帝，其命多辟。天生烝民，其命匪谌。靡不有初，鲜克有终。”朱子注曰

> 言此荡荡之上帝，乃下民之君也。今此暴虐之上帝，其命乃多邪僻者，何哉？盖天生众民，其命有不可信者。盖其降命之初，无有不善，而人少能以善道自终，是以致此大乱，使天命亦罔克终，如疾威而多僻也。盖始为怨天之辞，而卒自解之如此。刘康公曰“民受天地之中以生，所谓命也。能者养之以福，不能者败以取祸。”此之谓也。①

刘康公语已载入《小学》，与此关系密切的语句还有“民受天地之中以生，所谓命也。是以有动作礼义威仪之则，以定命也。……是故君子勤礼，小人尽力。勤礼莫如致敬，尽力莫如敦笃。敬在养神，笃在守业。”② 后文将详论。实际上，朱子以刘康公语的首句同于《中庸》首句“天命之谓性”，这即是以“性”解“中”，而“性即理”，则“中是理，理便是仁义礼智”。“能者养之以福”的“养之”即是“养中”，也是“养性”。如何养？即朱子学的“主敬涵养”（尊德性，涵养须用敬），这又正与《小学》此章的“敬慎”以及刘康公语中的“敬”相应。有所不同的是，朱子所讲的“敬”或“主敬”或

---

① 《诗集传》卷十八；《朱子全书》册1，第693页。
② 《朱子全书》册13，第431页。

“居敬”乃为一完备的“工夫论”（当然，亦包含这里的“敬慎”“敬”之义）。

《小学·明伦篇》“通论”第八、第九章（最后两章）：

> 荀子曰：人有三不祥：幼而不肯事长，贱而不肯事贵，不肖而不肯事贤；是人之三不祥也。
>
> 无用之辩，不急之察，弃而不治。若夫君臣之义、父子之亲、夫妇之别，则日切磋而不舍也。①

分别见《荀子》之《非相》《天论》两篇②。朱子对荀子其人其书的评论褒贬参差，如：“荀子虽然是有错，到说得处也自实”，“《荀子》仅有好处（本文案：《荀子》一书还是有说的好的地方，非一无是处）”③。此两章荀子语，当为朱子认可的“好处”“说得处”“自实”。《朱子语类》有载：

> 文振问：“物者，理之所在，人所必有而不能无者，何者为切？”曰：“君臣、父子、兄弟、夫妇、朋友，皆人所不能无者。但学者须要穷格得尽。事父母，则当尽其孝；处兄弟，则当尽其友。如此之类，须是要见得尽。若有一毫不尽，便是穷格不至也。”人杰。④

“何者为切”之“切”既指“切近”又指“切磋”，即荀子“日切磋而不舍”之“日切磋”，因为“切近”莫若“日用伦常”之“切近”，既然如此，则当即此而“日切磋之”。这也是

① 《朱子全书》册13，第413页。
② 王先谦：《荀子集解》，北京：中华书局，1988年，第76、316页。
③ 《朱子语类》卷一百三十七，第3254页。
④ 《朱子语类》卷十五，第284页。

为何荀卿、朱子二人之语皆转入“五伦”的原因。“君臣、父子、兄弟、夫妇、朋友，皆人所不能无者”，此“人所不能无”的“父子、君臣、夫妇、长幼（兄弟）、朋友”之五者（父子有亲、君臣有义、夫妇有别、长幼有序、朋友有信），即“五伦”（本文“三纲九目”中的“五目”，朱子称为“五教”）。其为“天理”（理、天道）在人世呈显的凸出者（朱子称为“大者”），故而称其为“伦理”。“学者须要穷格得尽”“若有一毫不尽，便是穷格不至也”，就此处而言，所“格”所“穷”者即“五伦之理”（伦理），这便回到了朱子学的“格物穷理”（穷理）。可知朱子《小学》一书的《明伦篇》：“明父子之亲”“明君臣之义”“明夫妇之别”“明长幼（兄弟）之序”“明朋友之交”，朱子在“通论”部分已明确地将其纳入“格物穷理”（穷理）的范围。如果再与上所论述的“主敬涵养”（“主敬”“居敬”）合观，那么，朱子《小学》一书的《明伦篇》所述之“五伦”，便已融入了朱子的“居敬穷理”之说。如果再与上文所论述的成德成人（成圣成贤）的内容合观，那么，“居敬穷理”“成德成人”（成圣成贤）即为朱子《小学》一书“明伦”之内容的归旨。“居敬穷理”“成德成人”，也可以说是朱子学的内核。论述至此，可以看到朱子已将其学问（思想）的宗旨（内核）融于《小学》一书中。

第四章 《小学》的“敬身”思想

此章所论为本文“三纲九目”之“三纲”中的“敬身”这一纲，属“九目”中的“四端”（四目）：心术之要（心术）、威仪之则（威仪）、衣服之制（衣服）、饮食之节（饮食），故具体论述将依此而展开，凡分为四节。

第一节 心术之要：敬、畏

《小学·内篇·敬身篇》“明心术之要”的第一章曰：

> 《丹书》曰：敬胜怠者吉，怠胜敬者灭。义胜欲者从，欲胜义者凶。[①]

① 《朱子全书》册13，第415页。

本出《大戴礼记·武王践阼》[①]。就论述而言，如给出《武王践阼》一篇中更多的相关内容将尤益于分析，然而，出于篇幅考虑、避免太过冗芜，便寘诸脚注以资按核。《武王践阼》全文载于朱子《仪礼经传通解》卷十八《践祚》，属开篇的文字[②]。朱子有评语道：“此本《大戴礼》，然多阙衍舛误，姑存其旧。”可知，在尚未有更好的文本选择时，朱子转求其次、仍其旧、信传信疑传疑。此篇（《小学·敬身篇》）篇端“道语”即孔夫子曰“君子无不敬也……”（见本文“道论”之论述），朱子以其为解释《大戴记·保傅》的相关内容，在朱子《通解》中《保傅》《践祚》同属一卷（卷十八），故而此篇一开始，“道语”与第一章的内容便紧密相联。

《大学》“汤之盘铭”章，朱子在《大学或问》中有论：

> 或问：盘之有铭，何也？曰：盘者，常用之器。铭者，自警之辞也。古之圣贤，兢兢业业，固无时而不戒谨恐惧，然犹恐其有所怠忽而或忘之也。是以，于其常用之器，各因其事而刻铭以致戒焉，欲其常接乎目，每警乎心，而不至于

---

① 武王践阼三日，召士大夫而问焉，曰：“恶有藏之约、行之行，万世可以为子孙常者乎？”诸大夫对曰：“未得闻也！”然后召师尚父而问焉，曰：“昔黄帝颛顼之道存乎？意亦忽不可得见与？”师尚父曰：“在《丹书》，王欲闻之，则齐矣！”王齐三日，端冕，师尚父亦端冕，奉书而入，负屏而立。王下堂，南面而立。师尚父曰：“先王之道不北面！”王行西，折而南，东面而立。师尚父西面道书之言曰：“敬胜怠者吉，怠胜敬者灭，义胜欲者从，欲胜义者凶，凡事，不强则枉，弗敬则不正，枉者灭废，敬者万世。藏之约、行之行，可以为子孙常者，此言之谓也！且臣闻之，以仁得之，以仁守之，其量百世；以不仁得之，以仁守之，其量十世；以不仁得之，以不仁守之，必及其世。”王闻书之言，惕若恐惧，退而为戒书，于席之四端为铭焉，于机为铭焉，于鉴为铭焉，于盥盘为铭焉，于楹为铭焉，于杖为铭焉，于带为铭焉，于履屦为铭焉，于觞豆为铭焉，于户为铭焉，于牖为铭焉，于剑为铭焉，于弓为铭焉，于矛为铭焉。

② 《朱子全书》册2，第595—598页。

忽忘也。……武王践阼之初，受师尚父《丹书》之戒曰：“敬胜怠者吉，怠胜敬者灭；义胜欲者从，欲胜义者凶。”退而于其几席、觞豆、刀剑、户牖莫不铭焉。盖闻汤之风而兴起者。今其遗语尚幸颇见于礼书，愿治之君、志学之士，皆不可以莫之考也。①

朱子引《丹书》的内容，结合“汤之盘铭”给予深度阐释。依朱子，周武王作各种之铭，一面是直接因师尚父陈《丹书》而作，一面则是远绍商汤铭盘之风。这可谓是古圣相传的一种独特形式。《丹书》之语，既讲“敬”又不离“义”。朱子在《答林易简》的书信中已有论述，认为“敬义自有轻重”，不可冗言浑说②。《丹书》之语以及此处朱子的进一步之推阐，都表明“敬”之一字之重要。《小学·敬身篇》以“敬身”为谋篇的聚焦点，朱子以《丹书》之言为《小学·敬身篇》的首章，则“敬”之一字尤为凸显。

《大学或问》中所论，实为朱子学“主敬”工夫的换言之，即“戒谨恐惧”（“戒慎乎其所不睹，恐惧乎其所不闻”的简称）。此语本出《中庸》“天命之谓性，率性之谓道，修道之谓教。道也者，不可须臾离也，可离非道也。是故君子戒慎乎其所不睹，恐惧乎其所不闻。莫见乎隐，莫显乎微，故君子慎其独也。”朱子以其所言之旨在：“首明道之本原出于天而不可易，其实体备于己而不可离；次言存养省察之要。”“存养省察”，亦称“涵养省察”，即为“工夫”。以动静、已发未发而言，“存

① 《朱子全书》册6，第516—518页。
② 《晦庵先生朱文公文集》卷六十四；《朱子全书》册23，第3115页。

养”为静中工夫、未发工夫（在朱子学中即为：主敬涵养、主敬、居敬、持敬）；“省察”（已有明显的意识活动，此时“心”处于“已发”状态）属动中工夫、已发工夫（朱子学中的“格物致知”“格物穷理”或“穷理”即属于此）。当然，此之分别是就“居敬”与“穷理”相对而言的，实际上朱子学中“敬”是贯通动静、内外、已发、未发等，即朱子所说的“彻上彻下”。静时须“主敬”动时亦须“主敬”，“格物致知”“格物穷理”（穷理）时亦须“敬”。如朱子在《答潘恭叔》第八书中所说：

> 敬之一字，万善根本，涵养省察、格物致知，种种工夫皆从此出，方有据依。平时讲学非不知此，今乃觉得愈见亲切端的耳。愿益加功，以慰千里之望。①

故而，在《小学·敬身篇》一开篇，朱子便亮出了“工夫论”的重点所在：“敬”，或者说朱子在《小学·敬身篇》一开篇便言“敬”，而此“敬”非一般意义上的“恭敬”等等，乃是朱子学“主敬工夫”视阈下的“敬”。并且朱子将其思想渊源之所自，直接上溯到了道统所传中的圣人：周武王。《大学或问》末句所说“今其遗语尚幸颇见于礼书，愿治之君、志学之士，皆不可以莫之考也”，朱子如此颇为动情地劝进后学，盖意在：圣人周武王是如此那般敬慎的受师尚父所陈之《丹书》，又是如此那般敬慎的作铭践履之；而后世之人、无论贵为人君还是“志学之士”、幸逢《丹书》之未亡，又岂能不着实践履、真个做工夫、“主敬涵养”，以成德成人（成圣成贤）乎？

① 《晦庵先生朱文公文集》卷五十；《朱子全书》册22，第2313页。

《小学·敬身篇》“明心术之要”的第二章：

> 《曲礼》曰：毋不敬，俨若思，安定辞，安民哉。敖不可长，欲不可从，志不可满，乐不可极。贤者狎而敬之，畏而爱之。爱而知其恶，憎而知其善。积而能散，安安而能迁。临财毋苟得，临难毋苟免。狠毋求胜，分毋求多。疑事毋质，直而勿有。①

载《通解》卷十一《曲礼》，起句至“分毋求多”为一章，余者另为一章②。对于此章，朱子综论到：“‘敖不可长’云云，此篇杂取诸书精要之语集以成编，虽大意相似，而文不连属。如首章四句，乃《曲礼》古经之言。‘敖不可长’以下四句，不知是何书语，又自为一节，皆禁戒之辞也。‘贤者’以下六句，又当别是一书。‘临财毋苟得’以下六句，又是一书，亦禁戒之辞。”③ 进而稍详的解释为“‘贤者’至‘能迁’，此言贤者于其所狎能敬之，于其所畏能爱之，于其所爱能知其恶，于其所憎能知其善，虽积财而能散施，虽安安而能徙义，可以为法，与上下文禁戒之辞不同……‘疑事毋质，直而勿有’两句连说为是。‘疑事毋质’，即《少仪》所谓‘毋身质言语’是也。‘直而勿有’，谓陈所见，听彼决择，不可据而有之，专务强辨，不能如此，则是以身质言语矣。”所引《少仪》语亦载《通解·曲礼》，文中以“疑事毋质”互注④。大抵“疑事毋质”句难于理解，

---

① 《朱子全书》册13，第415页。
② 《朱子全书》册2，第424—426页。
③ 《晦庵先生朱文公文集》卷五十《答潘恭叔第八书》；《朱子全书》册22，第2315页。
④ 《朱子全书》册2，第426页。

《朱子语类》中亦专门讨论：

> 问：“‘疑事毋质’，经文只说‘疑事’，而《小学注》云‘毋得成言之’，何也？”曰：“‘质，成也’，‘成言之’，皆古注文。谓彼此俱疑，不要将己意断了。”问：“‘直而勿有’，亦只是上意否？”曰：“是从上文来，都是教人谦退逊让。”贺孙。①

“古注文”指郑康成注，朱子已载入《通解·曲礼》“质，成也。彼已俱疑而已成言之，终不然则伤知。”“直，正也。已若不疑，则当称师友而正之，谦也。”结合此，则语录语意即可理解。

“安民哉”句之前，也就是朱子所说的“首章四句，乃《曲礼》古经之言”，尤为朱子所看重。朱子在《答何叔京》第三十一书中有极精炼之论：

> “毋不敬”，是统言主宰处。“俨若思”，敬者之貌也。“安定辞”，敬者之言也。“安民哉”，敬者之効也。此只言大纲本领，而事无过举自在其中。若只以事无过举可以安民为说，则气象浅迫，无涵畜矣！②

依此，则四句主旨在一个“敬”字，与上章朱子之意相契合。《上蔡语录》卷三有载：问“敬之貌如何？”曰：“于‘俨若思’时，可以见敬之貌。”可知朱子“敬貌”之解来自谢上蔡。此四句之原注（郑康成注）有云“礼主于敬”。这与本篇

① 《朱子语类》卷一百五，第2628页。
② 《晦庵先生朱文公文集》卷四十；《朱子全书》册22，第1843页。

（《小学·敬身篇》）篇首“道语”所涉《礼记·哀公问》中孔夫子语，即“古之为政，爱人为大；所以治爱人，礼为大；所以治礼，敬为大”的意思是一致的。这也可见郑康成注的实际所自出。朱子在《通解·曲礼》中解此四句时，引伊川语释道：

> 或问敬，程子曰：“主一之谓敬。”问一，曰：“无适之谓一。”又曰：“但整齐严肃，则心自一，一则自无非辟之干矣。”①

朱子引伊川语，将“主敬”的最为核心的内容和盘托出。这与朱子注《论语·学而》“敬事而信”时对“敬”的解释，即“敬者，主一无适之谓也”是完全一致的②。当然，朱子注正是伊川语的简括（程朱之学，二人学问之内核无异，可见一斑）。“整齐严肃”则是“主敬”的具体下手处，即外表的整齐严肃；而另一面即是内心的不外放逸。用朱子更为简明的话来表述，即是“内无妄思，外无妄动。”伊川“又曰”的内容，已载

---

① 《仪礼经传通解》卷十一《曲礼》；《朱子全书》册2，第424页。伊川语的原出处，相类似者可参见《河南程氏遗书》卷第十五“学者先务，固在心志”条所言“学者先务，固在心志。有谓欲屏去闻见知思，则是，‘绝圣弃智’。有欲屏去思虑，患其纷乱，则是须坐禅入定。如明鉴在此，万物毕照，是鉴之常，难为使之不照。人心不能不交感万物，亦难为使之不思虑。若欲免此，一本无此四字。唯是心一作在人。有主。如何为主？敬而已矣。有主则虚，虚谓邪不能入。无主则实，实谓物来夺之。今夫瓶罂，有水实内，则虽江海之浸，无所能入，安得不虚？无水于内，则停注之水，不可胜注，安得不实？大凡人心，不可二用，用于一事，则他事更不能入者，事为之主也。事为之主，尚无思虑纷扰之患，若主于敬，又焉有此患乎？所谓敬者，主一之谓敬。所谓一者，无适之谓一。且欲涵泳主一之义，一则无二三矣。一作不一则二三矣。言敬，无如圣人之言。一无‘圣人之言’四字。易所谓‘敬以直内，义以方外’，须是直内，乃是主一之义。至于不敢欺，不敢慢、尚不愧于屋漏，皆是敬之事也。但存此涵养，久之自然天理明。”参见：程颢、程颐：《二程集》，北京：中华书局，1981年，第168—169页。

② 朱熹：《四书章句集注》，北京：中华书局，2012年，第49页。

入《小学·外篇·嘉言篇》①。《朱子语类》中有问答：

> 问：“上蔡说：‘敬者，常惺惺法也。’此说极精切。”曰：“不如程子整齐严肃之说为好。盖人能如此，其心即在此，便惺惺。未有外面整齐严肃，而内不惺惺者。如人一时间外面整齐严肃，便一时惺惺；一时放宽了，便昏怠也。”
>
> 或问：“先生说敬处，举伊川主一与整齐严肃之说与谢氏常惺惺之说。就其中看，谢氏尤切当。”曰：“如某所见，伊川说得切当。且如整齐严肃，此心便存，便能惺惺。若无整齐严肃，却要惺惺，恐无捉摸，不能常惺惺矣。”②

可知朱子对伊川“整齐严肃”说的看重，其主因在于“整齐严肃”的切近可行。朱子在《通解·曲礼》中继引伊川语后，接着援引吕与叔之言云：

> 毋不敬者，正其心也。俨若思者，正其貌也。安定辞者，正其言也。三者正矣，则无所往而非正，所谓大人正己而物正者也。以我对彼，我安则彼安，此修己以安人也。推我之所安而天下平，此修己以安百姓也。天下至大，取诸修身而无不足，故曰安民哉。此礼之本，故于《曲礼》首章言之。③

正心属“内”，正貌、正言属“外”，内外皆正则己正，推以及物则物正。修身以正己、安人、天下平，关键在一“敬”字。

---

① 《朱子全书》册13，第451页。
② 《朱子语类》卷十七，第372、371页。
③ 《仪礼经传通解》卷十一《曲礼》；《朱子全书》册2，第424页。

论述至此，可以说《小学·敬身篇》“明心术之要”的首章在于揭示出“主敬”工夫，而此章（第二章）则是在述“主敬”的具体意涵或者说“主敬”的具体下手处（主一无适，“内无妄思，外无妄动；整齐严肃，俨若思、安定辞），甚至可以说在述“主敬”工夫到后所能达到的“效果”：安民哉、敬者之効也；安人，安百姓，天下平。

《小学·敬身篇》“明心术之要”的第三章云：

> 孔子曰：非礼勿视，非礼勿听，非礼勿言，非礼勿动。①

此章同样是在述“主敬”的具体著手处（更通常的讲法是：“主敬”的可操作性），即从视、听、言、动四个方面做起。此章之后的数章皆含此意：

> 出门如见大宾，使民如承大祭。己所不欲，勿施于人。
>
> 居处恭，执事敬，与人忠，虽之夷狄，不可弃也。
>
> 言忠信，行笃敬，虽蛮貊之邦行矣。言不忠信，行不笃敬，虽州里行乎哉？
>
> 君子有九思：视思明，听思聪，色思温，貌思恭，言思忠，事思敬，疑思问，忿思难，见得思义。
>
> 曾子曰：君子所贵乎道者三：动容貌，斯远暴慢矣；正颜色，斯近信矣；出辞气，斯远鄙倍矣。②
>
> 《乐记》曰：君子奸声乱色，不留聪明；淫乐慝礼，不

---

① 《朱子全书》册13，第416页。

② 本出《论语》之《颜渊》《子路》《卫灵公》《季氏》《泰伯》，《朱子全书》册13，第416页。

接心术；惰慢邪辟之气，不设于身体。使耳目鼻口心知百体，皆由顺正，以行其义。[①]

此所述的着实践履下手处，虽然有所不同，但是却从多个面相、多角个度阐述了“主敬”的具体做法，以便于“蒙士”晓其意、知其旨而身以体之力以行之。

此第三章之文见《论语·颜渊》：颜渊问仁。子曰：“克己复礼为仁。一日克己复礼，天下归仁焉。为仁由己，而由人乎哉？颜渊曰：“请问其目。”子曰：“非礼勿视，非礼勿听，非礼勿言，非礼勿动。”颜渊曰：“回虽不敏，请事斯语矣。”[②] 朱子《集注》中征引伊川的视、听、言、动《四箴》，则是对视、听、言、动四者的进一步解释。《四箴》也载录于《小学·外篇·嘉言篇》“广敬身”中[③]。其《视箴》曰：

心兮本虚，应物无迹。操之有要，视为之则。蔽交于前，其中则迁。制之于外，以安其内。克己复礼，久而诚矣。

“心兮本虚，应物无迹。操之有要”云云，即《孟子·告子

① 载《仪礼集传集注》卷二十七《乐记》，（《朱子全书》册3，第987页）“君子”乃省略语，原为“是故君子反情以和其志，比类以成其行。奸声乱色……”。朱子在所写的《陈俊卿行状》（《晦庵先生朱文公文集》卷九十六《少师观文殿大学士致仕魏国公赠大师谥正献陈公行状》，《朱子全书》册25，第4453页）中，对于陈氏入对之辞，朱子以“陈戒恳切”赞评之，其中所选陈氏之言即有“今日之事，固当以严守备，练将卒，戒贪暴，省浮费，信赏罚，抑侥幸为急。然此事也，非事之本也。清心寡欲，屏远便佞，使奸声乱色不留聪明，淫词诐行不接心术，则庶乎用志专而见理明，功业可就而邪正可分矣。”此等之语显然是有取于《乐记》，陈俊卿陈于孝宗皇帝，朱子则选录于《行状》，自是深以为然。〇《朱子全书》册13，第416页。

② 朱熹：《四书章句集注》，北京：中华书局，2012年，第133—134页。

③ 《朱子全书》册13，第451—452页。

上》“孔子曰：‘操则存，舍则亡；出入无时，莫知其乡。’惟心之谓与？”朱子《集注》：“孔子言心，操之则在此，舍之则失去，其出入无定时，亦无定处如此。孟子引之，以明心之神明不测，得失之易，而保守之难，不可顷刻失其养。学者当无时而不用其力，使神清气定，常如平旦之时，则此心常存，无适而非仁义也。程子曰：‘心岂有出入，亦以操舍而言耳。操之之道，敬以直内而已。’”“敬以直内而已”语出《易·坤卦·文言》“君子敬以直内，义以方外，敬义立而德不孤”。“敬以直内，义以方外”乃程朱之学论“主敬”工夫时的常用语，“内”“外”相应于“心”“身”；“敬”“义”非严格对应于“心”“身”，不可死执而当活看。另外，《论语·学而》“君子不重则不威”章，朱子注中有载：“程子曰：‘出入无时，莫知其乡者，人心也’。”

《听箴》曰：

人有秉彝，本乎天性。知诱物化，遂亡其正。卓彼先觉，知止有定。闲邪存诚，非礼勿听。

“人有秉彝，本乎天性”，即《诗·大雅·烝民》“天生烝民、有物有则。民之秉彝、好是懿德”（见本文道论关于“道语”的论述），即《〈小学〉题辞》“元亨利贞，天道之常；仁义礼智，人性之纲”。“知诱物化”即《乐记》“人生而静，天之性也；感于物而动，性之欲也。物至知知，然后好恶形焉。好恶无节于内，知诱于外，不能反躬，天理灭矣。”

《言箴》曰：

人心之动，因言以宣。发禁躁妄，内斯静专。矧是枢机，兴戎出好，吉凶荣辱，惟其所召。伤易则诞，伤烦则支，己肆物忤，出悖来违。非法不道，钦哉训辞！

《动箴》曰：

哲人知几，诚之于思；志士励行，守之于为。顺理则裕，从欲惟危；造次克念，战兢自持。习与性成，圣贤同归。

《四箴》由“心”而“听”而“言”而“行”，由内而外，由“工夫”到著实做工夫。“顺理则裕，从欲惟危”，即存天之理克欲之私（克己复礼）。最后“习与性成，圣贤同归”，则是“复性”以成德成人（成圣成贤）。如朱子《集注》所言“仁者，本心之全德。克，胜也。己，谓身之私欲也。复，反也。礼者，天理之节文也。为仁者，所以全其心之德也。盖心之全德，莫非天理，而亦不能不坏于人欲。故为仁者必有以胜私欲而复于礼，则事皆天理，而本心之德复全于我矣。”又如结语所言：

此章问答，乃传授心法切要之言。非至明不能察其几，非至健不能致其决。故惟颜子得闻之，而凡学者亦不可以不勉也。程子之箴，发明亲切，学者尤宜深玩。①

“程子之箴，发明亲切”，即伊川对视、听、言、动四者推演的更为显白切近常行。“学者亦不可以不勉”，即勉力于此，学颜子之所学，希贤希圣。《小学·内篇·稽古篇》有载：

孟子曰：伯夷目不视恶色，耳不听恶声。②

① 朱熹：《四书章句集注》，北京：中华书局，2012 年，第 133 页。
② 《朱子全书》册 13，第 429 页。

《小学·外篇·嘉言篇》载：

> 濂溪周先生曰：圣希天，贤希圣，士希贤。伊尹、颜渊，大贤也。伊尹耻其君不为尧舜，一夫不得其所，若挞于市。颜渊不迁怒，不贰过，三月不违仁。志伊尹之所志，学颜渊之所学。过则圣，及则贤，不及则亦不失于令名。①

孟子语见《孟子·万章下》。较完整之文为“孟子曰：伯夷，目不视恶色，耳不听恶声。非其君不事，非其民不使。治则进，乱则退。横政之所出，横民之所止，不忍居也。思与乡人处，如以朝衣朝冠坐于涂炭也。当纣之时，居北海之滨，以待天下之清也。故闻伯夷之风者，顽夫廉，懦夫有立志。”② 由“不视恶色”“不听恶声”之切近处做起，以至于风化他人而致使“顽夫廉，懦夫有立志”，可知虽切身平实处，其“效验”足以“沛然莫之能御”。

周濂溪语见《通书·志学第十》，朱子解到：“希，望也。……志伊尹之所志，学颜子之所学，此言‘士希贤’也。过则圣，及则贤，不及则亦不失于令名。三者随其所用之浅深，以为所至之近远。不失令名，以其有为善之实也。”③ “蒙士”岂能不兴起哉！

“视听言动”、“视思明，听思聪，色思温”、“动容貌、正颜色”、“君子奸声乱色，不留聪明”等等，就此处“明心术之要”的“心术”而言，其直接关乎“求放心”。如《朱子语类》

① 《朱子全书》册13，第450页。
② 朱熹：《四书章句集注》，北京：中华书局，2012年，第319页。
③ 周敦颐：《周敦颐集》，北京：中华书局，1990年，第22—23页。

有载：

问友仁：“看《大学或问》如何?”曰：“粗晓其义。”曰：“如何是‘收其放心，养其德性’?”曰：“放心者，或心起邪思，意有妄念，耳听邪言，目观乱色，口谈不道之言，至于手足动之不以礼，皆是放也。收者，便于邪思妄念处截断不续，至于耳目言动皆然，此乃谓之收。既能收其放心，德性自然养得。不是收放心之外，又养个德性也。”曰：“看得也好。”友仁。①

郭友仁“放心者，或心起邪思，意有妄念，耳听邪言，目观乱色，口谈不道之言，至于手足动之不以礼，皆是放也。收者，便于邪思妄念处截断不续，至于耳目言动皆然，此乃谓之收。”此之对“收放心”的解释，所涉耳目口手足等等，正是此处所论述的问题，其为“收放心”的具体做法，而朱子“看得也好”的肯定之语则是对此说的认同。“德性自然养得”，即“存心养性”“尊德性”“涵养用敬”。此之意，至明道所言，便已说到尽处。如《小学·外篇·嘉言篇》载：

明道先生曰：圣贤千言万语，只是欲人将已放之心约之，使反复入身来，自能寻向上去，下学而上达也。

心要在腔子里。②

朱子评到：

孟子说：“学问之道无他，求其放心而已矣。”此最为

① 《朱子语类》卷十七，第370页。
② 《朱子全书》册13，第451页。

学第一义也。故程子云：“圣贤千言万语，只是欲人将已放之心，约之使反复入身来，自能寻向上去。”某近因病中兀坐存息，遂觉有进步处。大抵人心流滥四极，何有定止。一日十二时中有几时在躯壳内？与其四散闲走，无所归着，何不收拾令“在腔子中”。且今纵其营营思虑，假饶求有所得，譬如无家之商，四方营求，得钱虽多，若无处安顿，亦是徒费心力耳。大雅。①

“求其放心”“此最为学第一义也”，推崇如此之高。接着便以自己的经验为证，进而以“无家之商贾”来譬喻之，可知朱子对此之看重。《小学·外篇·善行篇》“实心术”中有载：

或问第五伦曰：“公有私乎？”对曰：“昔人有与吾千里马者，吾虽不受，每三公有所选举，心不能忘，而亦终不用也。吾兄子尝病，一夜十往，退而安寝。吾子有疾，虽不省视，而竟夕不眠。若是者，岂可谓无私乎？”②

朱子论曰：

如十起与不起，便是私意……。只是他见得这意思，已是大段做工夫，大段会省察了。又如人遗之千里马，虽不

---

① 《朱子语类》卷五十九，第1412页。

② 《朱子全书》册13，第479页。〇此章出《后汉书》卷四十一《第五伦传》；伦，字伯鱼，汉京兆人，为司空，以公正称。亦可参《家范》卷六《伯叔父》，“千里马”事，温公从略。《家范》载：“汉弟五伦性至公。……伯鱼贤者，岂肯厚其兄子不如其子哉？直以数往视之，故心安；终夕不视，故心不安耳。而伯鱼更以此语人，益所以见其公也。”《通鉴纲目》卷十“丙戌（86年），三年……五月，司空伦罢”之注载此事，朱子引程子语“兄弟之子犹子也，而伦视之有异焉，是即私矣。何待安寝与否，然后为私乎？”可知，此处程朱与温公之见不同，认为第五伦非“至公”，仍然有“私”。参：《朱子全书》册8，第640页。

受，后来荐人未尝忘之，后亦竟不荐。不荐自是好，然于心终不忘，便是吃他取奉意思不过，这便是私意。……贺孙。①

“便是私意”，即是“私欲”。如何克治？即“大段做工夫，大段省察”。

朱子在《小学·内篇·敬身篇》“明心术之要”中除了重点关注“主敬”工夫、重视“求放心”外，亦很看重“畏”。《小学·敬身篇》“明心术之要”的卒章载：

管敬仲曰：畏威如疾，民之上也。从怀如流，民之下也。见怀思威，民之中也。②

本出《国语·晋语四》，韦氏解曰：“畏威如畏疾病，此民之上行。从心所思，如水流行，此民之下行。威，畏也，见可怀则思可畏，此民之中行。”此章所说，朱子在《论语·里仁》“君子怀德”章中已与之相联系而论。《集注》中朱子引尹和靖语道“乐善恶不善，所以为君子；苟安务得，所以为小人。”③尹氏此言，朱子是慎重而取，《论语·或问》卷四载：“尹氏虽

① 叔蒙问：“程子说：‘避嫌之事，贤者且不为，况圣人乎？’若是有一项合委曲而不可以直遂者，这不可以为避嫌。”曰：“自是道理合如此。如避嫌者，却是又怕人道如何，这却是私意。如十起与不起，便是私，这便是避嫌。只是他见得这意思，已是大段做工夫，大段会省察了。又如人遗之千里马，虽不受，后来荐人未尝忘之，后亦竟不荐。不荐自是好，然于心终不忘，便是吃他取奉意思不过，这便是私意。又如如今立朝，明知这个是好人，当荐举之，却缘平日与自家有恩意往来，不是说亲戚，亲戚自是碍法，但以相熟，遂避嫌不举他。又如有某人平日与自家有怨，到得当官，彼却有事当治，却怕人说道因前怨治他，遂休了。如此等，皆蹉过多了。”贺孙。《朱子语类》卷十三，第239—240页。

② 《朱子全书》册13，第416页。

③ 朱熹：《四书章句集注》，北京：中华书局，2012年，第71页。

因谢氏之语，而实用程子第二说，是最为得旨。‘乐善恶不善’，犹曰‘好仁恶不仁也’。必以刑为言，则犹管仲所谓‘畏威如疾’，申公巫臣所谓‘慎罚务去之’之谓耳。太抵怀德之君子，不待怀刑而自实于善。怀玉之小人，特欲全其所保，而未必有逐利贪得之心。其为善恶，亦各有浅深矣。”[①] 此已将管仲之言互解。赵顺孙在《四书纂疏》卷二中便纂朱子此语、录管仲之言，最后又以辅汉卿语推演之“乐善恶不善，心之公也。苟安务得，欲之流也。”朱子已明确说过“如管仲‘畏威如疾’之类，心每爱之。”此之“畏”即是“敬畏”（“敬畏心”）。

《论语·季氏》载：“孔子曰：‘君子有三畏：畏天命，畏大人，畏圣人之言。’”朱子注云：

> 畏者，严惮之意也。天命者，天所赋之正理也。知其可畏，则其“戒谨恐惧”，自有不能已者。而付畀之重，可以不失矣。大人、圣言，皆天命所当畏。知畏天命，则不得不畏之矣。[②]

“戒谨恐惧”即“戒慎恐惧”[③]。朱子论“畏”，最后仍然归到存养工夫，这也与此节开篇所论相契。此之“畏”（敬畏心），《小学·外篇·善行篇》“实心术之要”中载一颇佳的例证：

> 杨震所举荆州茂才王密，为昌邑令，谒见，怀金十斤以遗震。震曰：“故人知君，君不知故人，何也？”密曰：“莫

① 《朱子全书》册 6，第 686 页。
② 朱熹：《四书章句集注》，北京：中华书局，2012 年，第 173—174 页。
③ 朱子一生历仕四朝（高宗、孝宗、光宗、宁宗），对其知遇最深者为孝宗；孝宗名“昚”（慎），故而朱子遇“慎”字多会避孝宗讳而改为“谨”。

夜无知者。”震曰：“天知，神知，我知，子知，何谓无知?”密愧而去。①

《朱子语类》中相涉之问答：

问：“‘慎独’章：‘迹虽未形，几则已动。人虽不知，己独知之。’上两句是程子意，下两句是游氏意，先生则合而论之，是否?”曰：“然。两事只是一理。几既动，则己必知之；己既知，则人必知之。故程子论杨震四知曰：‘天知、地知，只是一个知。’”广。②

“莫”即“暮”。“天知，神知”，即是敬畏“天”敬畏“神”。“我知，子知”，则是对“秉彝良心”“天理良知”的敬畏；也是此节开篇所引的《中庸》之言“是故君子戒慎乎其所不睹，恐惧乎其所不闻。莫见乎隐，莫显乎微，故君子慎其独也”（《大学》“诚意章”君子慎独）；亦是对人之所以为人者以及人道价值的坚守。

---

① 出《后汉书》卷五十四《杨震传》；震，字伯起，汉弘农人，尝为荆州刺史，乃杨修高祖。《论》曰：“孔子称‘危而不持，颠而不扶，则将焉用彼相矣’。诚以负荷之寄，不可以虚冒，崇高之位，忧重责深也。延、光之闲，震为上相，抗直方以临权枉，先公道而后身名，可谓怀王臣之节，识所任之体矣。遂累叶载德，继踵宰相。信哉，‘积善之家，必有余庆’。先世韦、平，方之蔑矣。”《赞》曰“杨氏载德，仍世柱国。震畏四知，秉去三惑。赐亦无讳，彪诚匪忒。脩虽才子，渝我淳则。”〇《朱子全书》册13，第480页。

② 《朱子语类》卷六十二，第1504页。

第二节　威仪之则：正容体、齐颜色、顺辞令

《大学·诚意章》有载“诚于中形于外”①，上言“心术”，由“心”而外显则体现于动作礼仪威仪之中，此盖续接以“威仪之则”之意。

《小学·内篇·敬身篇》“明威仪之则”的首章云：

> 《冠义》曰：凡人之所以为人者，礼义也。礼义之始，在于正容体，齐颜色，顺辞令。容体正，颜色齐，辞令顺，而后礼义备，以正君臣、亲父子、和长幼。君臣正，父子亲，长幼和，而后礼义立。②

见《通解》卷一《冠义》③。《冠义》一篇，朱子在《通解·篇第目录》中解到“此《小戴记》第四十三篇，盖汉儒所造，以释《冠礼》之义者也。《家语·冠颂篇》略见天子诸侯大夫之礼，《小戴·曾子问》中有变礼，《春秋内外传》有事证。”④ 朱子以此为《小学·敬身篇》“明威仪之则”的第一章，其中“君臣、父子、长幼”云云，正可以上承《小学·明伦篇》；“正容体，齐颜色，顺辞令”，可谓是《内篇·敬身篇》“明威仪之则”这一部分内容的提纲、后文所言皆环此展开，这又开启了下文。《小学·外篇·嘉言篇》载：

---

① 朱熹：《四书章句集注》，北京：中华书局，2012 年，第 7 页。
② 《朱子全书》册 13，第 416—417 页。
③ 《朱子全书》册 2，第 71 页。
④ 《朱子全书》册 2，第 31 页。

> 吕荣公尝言：后生初学，且须理会气象。气象好时，百事是当。气象者，辞令、容止、轻重、疾徐，足以见之矣。不惟君子、小人于此焉分，亦贵贱、寿夭之所由定也。①

此可与《冠义》所言对读。《冠义》言“人之所以为人者”，即“人禽之别”；吕原明则进一步以为不止是“君子小人之分判”，也为贫贱富贵、长寿短寿的关键处。故而，“正容体，齐颜色，顺辞令”，何其重哉。“诚于中形于外”“其生色也，睟然见于面，盎于背，施于四体，四体不言而喻”②，由“心”而外显于体则如此，这既是一个人的“威仪”，也是一个人所显现出的“气象”（盖面由心生之义）。《小学·外篇·善行篇》载：

> 王勃、杨炯、卢照邻、骆宾王，皆有文名，谓之四杰。裴行俭曰：“士之致远，先器识而后文艺。勃等虽有文才，而浮躁浅露，岂享爵禄之器耶？杨子沉静，应得令长。余得

① 《朱子全书》册13，第452页。亦见《三朝名臣言行录》卷八《崇政殿说书荥阳吕公》，《伊洛渊源录》卷七《吕侍讲》；《朱子全书》册12，第645、1012页。

② 1. 睟，音粹。见，音现。盎，乌浪反。上言所性之分，与所欲所乐不同，此乃言其蕴也。仁义礼智，性之四德也。根，本也。生，发见也。睟然，清和润泽之貌。盎，丰厚盈溢之意。施于四体，谓见于动作威仪之闲也。喻，晓也。四体不言而喻，言四体不待吾言，而自能晓吾意也。盖气禀清明，无物欲之累，则性之四德根本于心，其积之盛，则发而著见于外者，不待言而无不顺也。程子曰：“睟面盎背，皆积盛致然。四体不言而喻，惟有德者能之。”此章言君子固欲其道之大行，然其所得于天者，则不以是而有所加损也。参见：《孟子·尽心上》；朱熹：《四书章句集注》，北京：中华书局，2012年，第362页。2. 樊迟问仁。子曰：“居处恭，执事敬，与人忠。虽之夷狄，不可弃也。”恭主容，敬主事。恭见于外，敬主乎中。之夷狄不可弃，勉其固守而勿失也。程子曰：“此是彻上彻下语。圣人初无二语也，充之则睟面盎背；推而达之，则笃恭而天下平矣。”胡氏曰：“樊迟问仁者三：此最先，先难次之，爱人其最后乎？”参见：《论语·子路》；朱熹：《四书章句集注》，北京：中华书局，2012年，第147页。

令终，为幸。”其后勃溺南海，照邻投颍水，宾王被诛，炯终盈川令。皆如行俭之言。①

事见《新唐书·裴行俭传》，其中有载：“行俭通阴阳、历术，每战，豫道胜日，善知人”，此章所言王杨卢骆事正其“善知人”之验。朱子录入《小学·善行篇》，所关注的重点不在裴行俭，而在王杨卢骆（初唐四杰）。“器识”、“浮躁浅露”，皆关涉“威仪”或“气象”。“浮躁浅露”，可谓是未能“理会气象”而“气象不好”。“岂享爵禄之器耶?”，即“贵贱之所由定也”。“杨子沉静，应得令长。余得令终，为幸。……其后勃溺南海，照邻投颍水，宾王被诛，炯终盈川令”，即“寿夭之所由定也”。

《小学·内篇·敬身篇》“明威仪之则”的第二章：

《曲礼》曰：毋侧听，毋噭应，毋淫视，毋怠荒。游毋倨，立毋跛，坐毋箕，寝毋伏。敛发毋髢，冠毋免。劳毋袒，暑毋褰裳。②

“噭应”指口、言；游，指行。听、言、视、行、立、坐、卧、首（冠）、体（裳）皆归于正，即“正容体，齐颜色，顺辞

① 见《新唐书》卷一百八《裴行俭传》。《传》“行俭通阴阳、历术，每战，豫道胜日，善知人。”此章所言王杨卢骆事，正其“善知人”之验。裴氏之能近乎“神”，如《传》载“大军次单于北，暮，已立营，堑壕既周，行俭更命徙营高冈。吏白：‘士安堵，不可扰。’不听，促徙之。比夜，风雨暴至，前占营所，水深丈余，众莫不骇叹，问何以知之，行俭曰：‘自今第如我节制，毋问我所以知也。’”《黄氏日钞》卷六十七《读文集》有钞裴氏事“行俭筑碎叶城，五旬而毕，务神速也”。《小学》此章（《朱子全书》册13，第481页），亦可参《旧唐书》卷一百九十中《文苑传·王勃传》；《少仪外传》卷上；《戒子通录》卷七《辨志录·吕太史》载之甚详，此盖《小学》此章实际所本处。

② 《朱子全书》册13，第417页。

令”。载入《通解》卷十《少仪》，属于“洒扫应对进退”①。《朱子语类》有言：

若非敬事而以劳倦袒裼，则是不敬。惟涉水而后撅，若不涉而撅，则为不敬。如云“劳毋袒，暑毋褰裳”。若非敬事，虽劳亦不敢袒。惟涉水乃可褰裳，若非涉水。虽盛暑亦不敢褰裳也。僩。②

综之，“敬”之一字不可或忽。以“坐”而言，《小学·外篇·善行篇》载：

茅容与等辈避雨树下，众皆夷踞相对，容独危坐愈恭。郭林宗行见之，而奇其异，遂与共言，因请寓宿。旦日，容杀鸡为馔，林宗谓为己设，既而供其母，自以草蔬与客同饭。林宗起，拜之曰：“卿贤乎哉！”因劝令学，卒以成德。③

茅容由“独危坐愈恭”（恭、敬），至最终学以“成德”。事见《后汉书》卷六十八《郭泰传》所附《茅容传》。范蔚宗记茅容事正在于表明郭林宗“性明知人，好奖训士类”。这也正如范氏自言：“其奖拔士人，皆如所鉴。后之好事，或附益增张，故多华辞不经，又类卜相之书。今录其章章效于事者，著之篇末。”不过，这也与林宗的个人遭际有关，如其传载“家世贫贱。早孤，母欲使给事县廷。林宗曰：‘大丈夫焉能处斗筲之役乎？’遂辞。就成皋屈伯彦学，三年业毕，博通坟籍。善谈论，美音制。乃游于洛阳。始见河南尹李膺，膺大奇之，遂相友善，

① 《朱子全书》册2，第419、421页。
② 《朱子语类》卷一百五，第2245—2246页。
③ 《朱子全书》册13，第480页。

于是名震京师。后归乡里，衣冠诸儒送至河上，车数千两。林宗唯与李膺同舟而济，众宾望之，以为神仙焉。”可知，林宗之知名，有赖早岁李膺之奖掖。《论》曰“庄周有言，人情险于山川，以其动静可识，而沉阻难征。故深厚之性，诡于情貌；‘则哲’之鉴，惟帝所难。而林宗雅俗无所失，将其明性特有主乎？然而逊言危行，终亨时晦，恂恂善道，使士慕成名，虽墨、孟之徒，不能绝也。”《小学·外篇·善行篇》又载：

管宁尝坐一木榻，积五十余年，未尝箕股其榻上，当膝处皆穿。[①]

《朱子语类》有问答道：

问：“盘坐，于理有害否？”曰：“古人席地亦只是盘坐，又有跪坐者。寓录云：“古人亦只跪坐，未有盘坐。”君前臣跪，父前子跪，两膝头屈前著地，观画图可见。古人密处未见得，其疏即是如此。寓录云：“古人樽节处，自如此密。”管宁坐一木榻，积五十年未尝箕股，其榻上当膝处皆穿。今人有椅子，若对宾客时，合当垂足坐；若独居时，垂足坐难久，盘坐亦何害？”淳。[②]

可知朱子与门弟子对此已有讨论，亦可知朱子赞赏管宁的同

---

① 出《三国志》卷十一《魏书·管宁传》注文中所引皇甫谧《高士传》所记。《志》评管氏曰“管宁渊雅高尚，确然不拔。”《日知录》卷二十八《坐》中录此章事（顾炎武：《日知录》（黄汝成集释），上海：上海古籍出版社，2013 年，第 1583—1584 页），亭林自注道“庾信《小园赋》（《庾子山集》卷一，清人倪璠所注《庾子山集》，对管宁、嵇康之故事，皆已注出）：‘管宁藜床，虽穿而可坐；嵇康锻灶，既暖而堪眠。’”可知管宁此事，历来以为佳话，可堪入典。〇《朱子全书》册 13，第 482 页。

② 《朱子语类》卷九十一，第 2332—2333 页。

时又不株守，且因其时椅子之为日常坐具，而主张因时因情而礼变。《小学·外篇·善行篇》：

明道先生终日端坐，如泥塑人。及至接人，则浑是一团和气。①

“终日端坐如泥塑人”，即“主敬”，即“理会气象”；“至接人，则浑是一团和气”，即“气象好，百事当”。

以“头”言，《小学·外篇·善行篇》载：

徐积仲车，初从安定胡先生学，潜心力行，不复仕进。其学以至诚为本，事母至孝。自言：“初见安定先生，退，头容少偏，安定忽厉声云：‘头容直！’某因自思，不独头容直，心亦要直也。自此不敢有邪心。”卒谥节孝先生。②

《朱子语类》问答道：

人之资禀各不同，资质好者，才知得便把得定，不改变；资质迟慢者，须大段着力做工夫，方得。因举徐仲车从胡安定学。一日，头容少偏，安定忽厉声云：“头容直！”徐因思，不独头容直，心亦要直，自此不敢有邪心。又举小南和尚偶靠倚而坐，其师见之，厉声叱之曰：“恁地无脊梁骨！”小南闻之耸然，自此终身不靠倚坐。这样人，都是资质美，所以一拨便转，终身不为。僩。③

虽然“人之资禀各不同，资质好者，才知得便把得定，不

① 《朱子全书》册13，第483页。

② 《朱子全书》册13，第483页；亦见《三朝名臣言行录》卷十四《节孝徐先生》，《朱子全书》册12，第865页。

③ 《朱子语类》卷三十五，第916页。

改变”；但是，“资质迟慢者”并非无可改移，只管“大段着力做工夫”，其后“方得”。这也如朱子所自道：

> 某年十五六时，读《中庸》“人一己百，人十己千”一章，因见吕与叔解得此段痛快，读之未尝不竦然警厉奋发！人若有向学之志，须是如此做工夫方得。僩。①

此条语录与上条皆为沈僩录，上条有言“须大段著力做工夫方得”，此条则云“须是如此做工夫方得”，真所谓一人所记一口所言。

就“体、肩背、身、手、足”而言，《小学·外篇·善行篇》云：

> 刘公见宾客，谈论逾时，体无欹侧，肩背竦直，身不少动，至手足亦不移。②

刘公，刘元城（名安世，谥忠定）。《三朝名臣言行录》卷十二《谏议刘公》“公仪状魁硕，声吐如钟，见宾客，谈论逾时，体无欹侧，肩背竦直，身不少动，至手足亦不移。性严毅，虽家居无堕容，子弟进见侍侧，肃如也。其孝悌忠信，恭俭正直，不好声色，不殖货财，诚心自然，非勉强而行之也。穷经乐道，至老不衰。”③

在车中、在乡党，《小学·内篇·敬身篇》“明威仪之则”载：

---

① 《朱子语类》卷四，第66页。
② 《朱子全书》册13，第483页。
③ 《朱子全书》册12，第779页。

《论语》曰：车中：不内顾，不疾言，不亲指。

孔子于乡党，恂恂如也，似不能言者。其在宗庙朝廷，便便言，唯谨尔。朝，与下大夫言，侃侃如也；与上大夫言，訚訚如也。①

两章皆见《论语·乡党》，前章亦载《通解》卷十一《曲礼》，属“在车之容”②。朱子注：“内顾，回视也。三者，皆失容且惑人。”“恂恂，信实之貌。似不能言者，谦卑逊顺不以贤知先人也。乡党，父兄宗族之所在。故孔子居之，其容貌辞气如此。便便，辩也。宗庙，礼法之所在。朝廷，政事之所出。言不可以不明辩，故必详问而极言之，但谨而不放尔。此君未视朝时也。侃侃，刚直也。訚訚，和悦而诤也。此章记孔子在乡党宗庙朝廷言貌之不同。”③《小学·外篇·善行篇》云：

张湛矜严好礼，动止有则，居处幽室，必自修整，虽遇妻子，若严君焉。及在乡党，详言正色，三辅以为仪表。建武初，为左冯翊，告归平陵，望寺门而步。主簿进曰：“明府位尊德重，不宜自轻。”湛曰：“礼，下公门，式路马。孔子于乡党，恂恂如也。父母之国，所宜尽礼，何谓轻哉？”④

出《后汉书》卷二十七《张湛传》，《赞》以“矜庄”二字称湛。“三辅以为仪表”句后接“人或谓湛伪诈，湛闻而笑曰：

① 《朱子全书》册13，第417—418页。

② 《朱子全书》册2，第448—449页。

③ 朱熹：《四书章句集注》，北京：中华书局，2012年，第123、117页。

④ 《朱子全书》册13，第479—480页。

‘我诚诈也。人皆诈恶，我独诈善，不亦可乎？’”此事《事文类聚》别集卷二十性行部《我独诈善》特记之“虽遇妻子……我独诈善，不亦可乎？’”

就奉持、出入言，《小学·内篇·敬身篇》“明威仪之则”：

> 《少仪》曰：执虚如执盈，入虚如有人。①

见《通解》卷十一《曲礼》，属“杂记”②。张伯行《小学集解》卷三有载：“奉执虚器，其心战兢如执盈满之器焉，则执盈可知矣。入于虚室，其心惕厉如入有人之室焉，则有人可知矣。无时无地而不敬也。”《论语精义》卷五下，朱子引谢上蔡语曰：“‘执圭，鞠躬如也，如不胜’与‘执轻如不克，执虚如执盈’之语同。”上蔡以《乡党》中所记孔夫子事与《少仪》“执虚如执盈”互释③。此本《上蔡语录》卷二“问：敬与慎同异？曰：执轻如不克、执虚如执盈，入虚如有人，慎之至也。敬则慎在其中矣。敬则外物不能易。”可知，张伯行解此章而结语“无时无地而不敬也”，为得上蔡之意。《上蔡语录》为朱子亲自删定编次而成，则亦可谓得朱子所认同之旨：“敬”。

《小学·内篇·敬身篇》“明威仪之则”：

> 《礼记》曰：古之君子必佩玉，右征角，左宫羽。趋以《采荠》，行以《肆夏》，周还中规，折还中矩，进则揖之，退则扬之，然后玉锵鸣也。故君子在车则闻鸾和之声，行则

① 《朱子全书》册13，第418页。
② 《朱子全书》册2，第454页。
③ 《朱子全书》册7，第356页。

鸣佩玉，是以非辟之心无自入也。①

本《礼记 · 玉藻》之文。《汉书 · 贾谊传》中贾谊有言：“三代之礼……行以鸾和，步中《采齐》，趣中《肆夏》，所以明有度也。”载入《仪礼集传集注》卷三十五《王制之辛》，“君子佩玉”云云，郑康成注曰“比德焉”②。朱子引《礼记 · 聘义》相关之文为“传”以证实此章，亦以解释“比德”之义。其文曰：

子贡问于孔子曰：“敢问君子贵玉而贱碈者何也？为玉之寡而碈之多与？”孔子曰：“非为碈之多故贱之也、玉之寡故贵之也。夫昔者君子比德于玉焉：温润而泽，仁也；缜密以栗，知也；廉而不刿，义也；垂之如队，礼也；叩之其声清越以长，其终诎然，乐也；瑕不揜瑜、瑜揜不瑕，忠也；孚尹旁达，信也；气如白虹，天也；精神见于山川，地也；圭璋特达，德也。天下莫不贵者，道也。《诗》云：‘言念君子（言，我也），温其如玉。’故君子贵之也。”③

此为《礼记 · 聘义》之卒章，其中“碈”作“玟”。郑注：“‘碈’，石似玉，或作‘玟’也。”此段文字亦载入《孔子家语》，题篇名曰《问玉》，乃篇之首章，“碈”作“珉”。孔夫子明确说“昔者君子比德于玉”，至于此之“德”，则为“仁”“知”（“智”）“义”“礼”“忠”“信”，而达至“天”“地”“德”“道”。所引诗文出《诗 · 国风 · 秦风 · 小戎》“言念君

① 《朱子全书》册 13，第 418 页。
② 《朱子全书》册 3，第 1133—1134 页。
③ 《朱子全书》册 3，第 1134 页。

子，温其如玉，在其板屋，乱我心曲。”此《诗》之《小序》以为“美襄公也。备其兵甲，以讨西戎。西戎方强，而征伐不休，国人则矜其车甲，妇人能闵其君子焉。”朱子评到“此诗时世未必然，而义则得之。”① 故而朱子对《小戎》的疏解秉持《小序》之“义”而有言曰：“君子，妇人目其夫也。温其如玉，美之之词也。板屋者，西戎之俗，以板为屋。心曲，心中委曲之处也。西戎者，秦之臣子所与不共戴天之仇也。襄公上承天子之命，率其国人往而征之，故其从役者之家人先夸车甲之盛如此，而后及其私情。盖以义兴师，则虽妇人亦知勇于赴敌，而无所怨矣”②。据此，引《小戎》之文，非但在赞君子之德，亦在美妇人之贤。

《论语精义》卷一上载谢上蔡语云：

> 君子不重则不威，学则不固。《中庸》曰：“齐明盛服，非礼不动，所以修身也。”齐明盛服，特威仪耳，何以见其修身乎？盖为冠所以庄其首，为履所以重其足，所以防其躁也。古之君子必佩玉，进则揖，退则扬，周旋中规，折旋中矩，所以使非僻之心无自入也。夫容貌衣服之间，尚能移养如此，而况视听言动能自重哉！③

可知人之“威仪”在于“移养”在于修身，从“心”至“身”、由“容貌衣服”而“视听言动”、自“进退”至“周折”，皆须“修”皆须“养”。屈原《九歌》言“吉日兮辰良，

① 《诗集传》之《诗序辨说》；《朱子全书》册1，第377—378页。
② 《诗集传》；《朱子全书》册1，第507—508页。
③ 《朱子全书》册7，第44页。

穆将愉兮上皇。抚长剑兮玉珥，璆锵鸣兮琳琅。”朱子《楚辞集注》卷二之注文云：

> 《孔子世家》云“环佩玉声璆然”，《玉藻》云“古之君子必佩玉，进则揖之，退则扬之，然后玉锵鸣也。”琳琅，美玉名，谓佩玉也。此言主祭者十日斋戒、带剑佩玉，以礼神也。①

《孔子世家》原文：“灵公夫人有南子者，使人谓孔子曰：‘四方之君子不辱欲与寡君为兄弟者，必见寡小君。寡小君愿见。’孔子辞谢，不得已而见之。夫人在絺帷中。孔子入门，北面稽首。夫人自帷中再拜，环佩玉声璆然。孔子曰：‘吾乡为弗见，见之礼答焉。”据此子见南子时南子之容为证，则《小学》此章所言确实主于“礼”。“佩玉”不仅仅主于“礼人”，更可以“礼神”，可谓敬慎之至 。

《小学·内篇·敬身篇》“明威仪之则”的卒章云：

> 《射义》曰：射者，进退周还必中礼。内志正，外体直，然后持弓矢审固；持弓矢审固，然后可以言中。此可以观德行矣。②

见《通解》卷八《乡射义》③，本出《礼记·乡射义》。朱子在《通解·篇第目录》中论到“此《小戴》第四十六篇，亦汉儒所造，以释乡射之义者也。今取其言乡党习射询众庶者为此

① 《朱子全书》册19，第46—47页。
② 《朱子全书》册13，第419页。
③ 《朱子全书》册2，第370—371页。

篇，而出其言天子诸侯将祭选士者为大射义，见后篇。”① 郑注曰“内正外直，习于礼乐，有德行者也。正鹄之名，出自此也。”朱子援引吕与叔之言释道：

> 孔子曰“射不主皮，为力不同科，古之道也。”盖有礼射，有主皮之射。不主皮，礼射也，所谓大射、乡射是也。为力者，主皮之射也。主皮者，主于获而已，尚力而不习礼，故曰“为力不同科也”。礼射者必先比耦，故一耦皆有上射、下射，皆执弓而搢挟矢。其进也，当阶及阶，当物及物，皆揖。其退也，亦如之。其行有左右，其升降有先后，其射皆拾发。其取矢于楅也，始进揖，当楅揖，及楅揖，取矢揖，卒取矢揖，既搢挟揖，退与将进者揖。其取矢夫也，有横弓、却手、兼弣、顺羽、拾取之节焉。卒射而饮，胜者袒决遂，执张弓，不胜者袭说决拾，加弛弓，升饮相揖如初，则进退周旋必中礼可见矣。

吕氏先引《论语·八佾》孔夫子言射之语为说，推衍出“礼射”与“主皮之射”。“礼射”即“不主皮”，“主皮之射”在于“力”。意即“礼射”尚“礼”，“主皮之射”尚“力”，二者之关键在“礼”与“力”之不同。继而详析其义。朱子能引之，表明他赞同此论。这也可就《八佾篇》朱子注文得到验证：“射不主皮，乡射礼文。为力不同科，孔子解礼之意如此也。皮，革也，布侯而栖革于其中以为的，所谓鹄也。科，等也。古者射以观德，但主于中，而不主于贯革，盖以人之力有强弱，不

① 《朱子全书》册 2，第 35 页。

同等也。”① 吕氏继续论道：

> 夫先王制礼，岂苟为繁文末节使人难行哉？亦曰以善养人而已。盖君子之于天下，必无所不中节，然后成德，必力行而后有功。其四支欲于安佚也，苟恭敬之心不胜，则怠惰敖慢之气生。怠惰敖慢之气生，则动容周旋不能中乎节。体虽佚而心亦为之不安，安其所不安，则手足不知所措，故放辟邪侈、逾分犯上，将无所不至，天下之乱自此始矣。圣人忧之，故常谨于繁文末节，以养人于无所事之时，使其习之而不惮烦，则不逊之行亦无自而作，至于久而安之，则非法不行，无所往而非义矣。

前言射事如何如何，盖恐人误解为“繁文末节”，故而此便解此之“误解”。继而进一步推阐道：

> 君子敬以直内，义以方外，敬义立而德不孤，则不疑其所行矣。故发而不中节者，常生乎不敬。所存乎内者敬，则所形乎外者庄矣，内外交修，则发乎事者中矣。故曰“内志正，外体直，然后持弓矢审固，持弓矢审固，然后可以言中也。”射，一艺也。容比于礼，节比于乐。发而不失正鹄者，是必有乐于义理，久于恭敬，用志不分之心，然后可以得之。则其所以得之者，其德可知矣，故曰“可以观德行矣。”②

首句出《易·坤卦·文言》“直其正也，方其义也。君子敬

① 朱熹：《四书章句集注》，北京：中华书局，2012年，第65页。
② 《朱子全书》册2，第370—371页。

以直内，义以方外，敬义立而德不孤。‘直、方、大、不习无不利，’则不疑其所行也。”朱子注“此以学言之也。正谓本体，义谓裁制，敬则本体之守也。直内方外，《程传》备矣。不孤，言大也。疑故习而后利，不疑则何假于习。”[①]《伊川易传》解：“直言其正也，方言其义也。君子主敬以直其内，守义以方其外。敬立而内直，义形而外方。义形于外，非在外也。敬义既立，其德盛矣，不期大而大矣，德不孤也。无所用而不周，无所施而不利，孰为疑乎？”[②] 综言之，吕与叔之论本之其师伊川，为朱子所赞同，且揭示出“主敬”工夫。“敬以直内，义以方外”，乃程朱常提之本于“圣经”、旨在“主敬”工夫的极重之语。吕与叔以之释《射义》之文，朱子又录吕氏之论，则《小学·内篇·敬身篇》“明威仪之则”的卒章章旨显豁：主敬（居敬）。

第三节 衣服之制：弗耻恶衣（志道）

上言“心术”、“威仪”，则是由“心”而“身”、自“内”而“外”。“威仪”乃个人自“内”而“外”呈显出的统体面貌，吕原明称之为“气象”。此“气象”之直接、具象的显著之表现自属衣服，盖因此，“威仪”之后续言“衣服”。上节“威仪之则”的第一章之文出自《礼记·冠义》，此节“衣服之制”

① 《周易本义》之《文言传第七》；《朱子全书》册1，第151页。
② 《伊川易传》卷一；程颢、程颐：《二程集》，北京：中华书局，1981年，第712页。

的首章为《仪礼·士冠礼》之文，二者的关系则如朱子所言：“《冠义》，盖汉儒所造，以释《冠礼》之义。”至于内容本身的密切，观《冠义》所言即可知：

凡人之所以为人者，礼义也。礼义之始，在于正容体、齐颜色、顺辞令。容体正，颜色齐，辞令顺，而后礼义备。以正君臣、亲父子、和长幼。君臣正，父子亲，长幼和，而后礼义立。故冠而后服备，服备而后容体正、颜色齐、辞令顺。故曰：“冠者，礼之始也。”是故古者圣王重冠。①

《小学·内篇·敬身篇》“明衣服之制”的首章云：

《士冠礼》：始加，祝曰：“令月吉日，始加元服。弃尔幼志，顺尔成德。寿考维祺，介尔景福。”再加，曰：“吉月令辰，乃申尔服。敬尔威仪，淑慎尔德。眉寿万年，永受胡福。”三加，曰：“以岁之正，以月之令，咸加尔服。兄弟具在，以成厥德。黄耇无疆，受天之庆。②

言“衣服”自“冠”始，亦是自“首”始，此亦古人重视的“成人礼”；亦如《冠义》所述：“冠而后服备，服备而后容体正、颜色齐、辞令顺。故曰：‘冠者，礼之始也。’是故古者圣王重冠”。因此，“冠服”之重要、兹事之体大，匪一般。始加，祝辞中“弃尔幼志”句，即是在“令月吉日”这样的时刻以有似“诰”的形式“宣告”成人，从而明确自己的“名”以当其“分”。再加，“敬尔威仪”句，“威仪”一语已指明了

① 《通解》卷一；《朱子全书》册2，第71页。
② 《朱子全书》册13，第419页。

“衣服”与“威仪”的关系。用“敬”字，则至少包如许之义：动静云为、应事接物皆须“敬慎”；对天地、鬼神、大人、圣言、秉彝良知，须“敬畏”；“主敬”工夫。可以说正是在此意义上，才有“令月吉日”时的“始加”“再加”“三加”、一再重复的“成德”（顺尔成德、淑慎尔德、以成厥德）之企盼以及反复言说的“长寿”、“福庆”之期愿的可能实现（“庆”字当参《易·坤卦·文言》“积善之家，必有余庆”）。此亦有如吕原明所言：“须理会气象［威仪］。气象者，辞令、容止、轻重、疾徐，足以见之矣。不惟君子、小人于此焉分，亦贵贱、寿夭之所由定也”（见上文）。

《仪礼·士冠礼》，朱子已载入《通解》卷一《士冠礼》①。朱子在《通解·篇第目录》中论到：郑玄《目录》曰：童子任职居士位，年二十而冠（疏曰：言童子居士位者，据下《昏礼》《相见礼》皆士身所行，故知此是士身自加冠也。又据《曲礼》云：二十曰弱，冠。故知年二十而冠也。孔颖达云：冠之所起，按《略说》云：古人冒而句颔，注云：谓三皇时以冒覆头句颔绕项。《世本》云：黄帝造旒冕。盖前此以羽皮为冠，至是乃用布也）。主人玄冠朝服，则是仕于诸侯。天子之士，朝服皮弁素积（今按：诸侯朝服以日视朝，天子皮弁以日视朝，皆君臣同服，故言此篇言：主人玄冠朝服。则是仕于诸侯而为士者。若天子之士，则其朝服当用皮弁素积，不得言玄冠朝服也。郑氏本文如此，今见疏义。而《释文》乃以“天子”二字加于“诸侯”之上，则舛谬而无文理矣。温本亦误，今定从疏）。古者四民世

① 《朱子全书》册2，第58—59页。

事，士之子恒为士（疏曰：四民世事，见《齐语》引之者，见此为士自加冠法。若士之子四十强而仕，何得有二十为士自加冠也？今按：此说不可晓，窃详郑意，似谓士之子虽未仕，然亦得用此礼尔，疏恐误也）。冠于五礼为嘉礼，《大》《小戴》及《别录》皆此为第一（疏曰：《周礼·春官》五礼之目曰：吉凶军宾嘉。其“以嘉礼亲万民”之一曰“以昏冠之礼亲成男女”，是冠属嘉礼也）。今仍旧次，而于其文颇有所厘析云（如取三屦以合于《陈器服》章之次、诸辞各附于本章之下、增女笄一节自《杂记》而来、出后记以入后篇之类。①

朱子纂《仪礼经传通解》以《仪礼》为“经”，《士冠礼》本为《仪礼》的首篇，故而朱子对于开篇次第及开篇之文不得不详加辨析。此尤可见朱子对“衣服”尤其是“冠”（冠礼）的重视、慎视。朱子此所辨析者，大抵在解答如下问题：

1. 冠起源于何时？其材质如何？朱子据孔颖达考证：

> 三皇时（三皇时以冒覆头句颔绕项）；羽皮（前此以羽皮为冠）。

2. 冠的改进以及材质如何？朱子仍据孔颖达考证：

> 旒冕（黄帝造旒冕）；布（至是乃用布）。
>
> 3. 士冠礼的行礼年龄？朱子据《曲礼》以及郑康成《目录》载：
>
> 二十（二十曰弱，冠；年二十而冠）。

4. 行礼时是否需士以上者为加冠？朱子据贾公彦《疏》：

① 《朱子全书》册2，第30—31页。

士身自加冠（士身所行；士身自加冠也）。

5. 天子之士、仕诸侯为士，其朝服如何？朱子据郑康成《目录》以及自己之核按：

皮弁素积（天子之士，则其朝服当用皮弁素积）；玄冠朝服（主人玄冠朝服，则是仕于诸侯）。

6. 以五礼而论，冠礼属于何者？朱子以郑氏《目录》所据《小戴》《大戴》刘氏《别录》以及贾《疏》引《周礼》：

嘉礼（冠于五礼为嘉礼；冠属嘉礼也）。

此外，朱子在《通解·篇第目录》中所辨之意，如核之《通解》卷一则清晰可见：卷一以《士冠礼》为首，续以《礼记·冠义》；《士冠礼》篇端引《礼记·昏义》之文曰：“夫礼始于冠，本于昏，重于丧、祭，尊于朝、聘，和于射、乡：此礼之大体也。”① 《小学·敬身篇》此章所言，朱子在《小学·稽古篇》载一故事：

郑子臧出奔宋，好聚鹬冠。郑伯闻而恶之，使盗杀之。君子曰：“服之不衷，身之灾也。”《诗》曰：“彼其之子，不称其服。”子臧之服，不称也夫。②

出《左传·僖公二十四年》。子臧，郑伯之子。鹬，翠鸟。聚鹬冠，聚其羽为冠。衷，正（中心之正；“服”之正亦“心”之正的呈显）。《诗》文，指《诗·曹风·候人》之篇③。此故

① 《朱子全书》册 2，第 41 页。
② 《朱子全书》册 13，第 430 页。
③ 《诗集传》卷七；《朱子全书》册 1，第 525—526 页。

事可谓《小学·敬身篇》“明衣服之制”首章的消极（反面、负面）之证。“乃申尔服，敬尔威仪，淑慎尔德。眉寿万年，永受胡福”，若借用此之句法，似可补曰：乃申尔服，尔服弗衷。鄙弃威仪，匪敬匪恭。悖慎违德，灾及尔躬。父使盗杀，福寿岂永？蒙士足戒，起敬起恭。

《小学·内篇·敬身篇》“明衣服之制”的第二章曰：

> 《曲礼》曰：为人子者，父母存，冠衣不纯素。孤子当室，冠衣不纯采。①

载《通解》卷三《内则》，前言“事亲事长”，此为“记”的部分内容以对前文进行解释②。朱子将郑注孔疏删繁就简以为解说之文。郑注：“为其有丧象也。纯，缘也。《玉藻》曰：‘缟冠玄武，子姓之冠也。高冠素纰，既祥之冠也。’《深衣》曰：‘具父母，衣纯以青。’”孔疏：“冠纯谓冠饰也，衣纯谓深衣领缘也。《礼》，具父母，太父母，存冠衣纯以缋；若有父母，无太父母，则纯以青；若少而并无，则乃纯素也。故亲存者不得纯素也。……缟冠者，薄绢为之。玄武者，以黑缯为冠卷也。子姓者，姓，生也，孙是子所生，故谓孙为子姓。父有服未毕，子虽已除，犹未全吉也，故缟冠玄武。玄武是吉，缟冠为凶，明吉凶兼服也。何胤云：‘缯里卷武也。’祥之日朝服缟冠；祥祭之后，则缟冠素纰。何胤云：‘素纰谓缘冠两边。’此皆为素而凶也。”

《小学·敬身篇》“明衣服之制”的第三章：

> 《论语》曰：君子不以绀緅饰，当暑，袗絺绤，必表而

① 《朱子全书》册13，第419页。
② 《朱子全书》册2，第148—149页。

出之。[1]

见《论语·乡党》。朱子注：“君子，谓孔子。绀，深青扬赤色，齐服也。緅，绛色。三年之丧，以饰练服也。饰，领缘也。红紫，间色不正，且近于妇人女子之服也。亵服，私居服也。言此则不以为朝祭之服可知。袗，单也。葛之精者曰絺，粗者曰绤。表而出之，谓先著里衣，表絺绤而出之于外，欲其不见体也。《诗》所谓‘蒙彼绉絺’是也。”《诗·国风·鄘风·君子偕老》“蒙彼绉絺，是绁袢也”，朱子注：“蒙，覆也。绉絺，絺之蹙蹙者，当暑之服也。……或曰‘蒙谓加絺绤于亵衣之上，所谓表而出之也’。”[2] 可知，朱子以《乡党》之文与《诗经》中所说互解，而《乡党》中引《诗》乃是本于“或人”之说。朱子能引之互解，本因其与衣服相关，如《小序》所指出“《君子偕老》……陈人君之德、服饰之盛。”[3] “德”与“服”的关系再次被揭示出。《小学·外篇·善行篇》“实敬身”中有载：

> 文中子之服，俭以絜，无长物焉，绮罗锦绣，不入于室。曰：“君子非黄白不御，妇人则有青碧。”[4]

“君子非黄白不御，妇人则有青碧”，正与此章相应，亦朱子注：“红紫，间色不正，且近于妇人女子之服也”。此非对“妇人女子”别有意见，因为“服之不衷，身之灾也”，服之衷服之正亦关涉性别、习俗、个人之偏向、时代之风气的不同，甚或“世代之污隆，气化之荣悴，有所关系也大”。

---

① 《朱子全书》册 13，第 419 页。
② 《诗集传》卷三；《朱子全书》册 1，第 443 页。
③ 《诗序辨说》；《朱子全书》册 1，第 364 页。
④ 《朱子全书》册 13，第 483 页。

《小学·敬身篇》“明衣服之制”的第四、五章：

去丧，无所不佩。

孔子羔裘玄冠，不以吊。①

出处与上章同。“不以吊”句，朱子注曰：“丧主素，吉主玄，吊必变服，所以哀死”。朱子在《三朝名臣言行录》卷十三之一《内翰范公》中，录元丰八年（1085）六月七日范醇夫所上神宗书，其中批评当时丧葬除服事云：

既除服矣，至葬而又服之，祔庙而后即吉，才八月耳，而遽“纯吉”，“无所不佩”，此又礼之无渐者也。……臣愚以为，宜令群臣朝服止如今日而未除衰，至朞而服之，渐除其重者，再期而又服之，乃释衰，其余则君服斯服可也。至于禅，不必为之服，唯未纯吉，以至于祥，然后“无所不佩”，则三年之制略如古矣。②

“纯吉”之“吉”，即朱子注“丧主素、吉主玄”之“吉”。《小学》此两章之文，参之范氏所论，可谓是时至宋代而给予的“当世之制”，其主旨则仍不失孔夫子之意。范氏所论的相关者，朱子亦有录入《论语精义》，其曰“行礼吉凶不杂，是故去丧，凡所当佩者无不佩。《礼》曰：‘父母存，衣冠不纯素，孤子当室，衣冠不纯采。’又曰：‘具父母大父母，衣纯以缋，具父母衣纯以青，如孤子，衣纯以素。’此服之变也，非佩也。”③ 所引之《礼》，正此节《小学·敬身篇》“明衣服之制”的第二章。

《小学·敬身篇》“明衣服之制”的第六章：

① 《朱子全书》册13，第419页。
② 《朱子全书》册12，第802—803页。
③ 《论语精义》卷五下；《朱子全书》册7，第358页。

《礼记》曰：童子不裘不帛，不屦绚。[①]

本《礼记·玉藻》之文。载《通解》卷十《少仪》，属“品节”。朱子引郑注曰“裘帛温，伤壮气也。绚，屦头饰也。皆为幼少，不备礼也”[②]。

《小学·敬身篇》“明衣服之制”的卒章：

孔子曰：士志于道，而耻恶衣恶食者，未足与议也。[③]

见《论语·里仁》。朱子《集注》载：“心欲求道而以口体之奉不若人为耻，其识趣之卑陋，甚矣！何足与议于道哉？程子曰：‘志于道而心役乎外，何足与议也？’”朱子以孔夫子此语为《小学·敬身篇》“明衣服之制”的最后一章，盖意在：主敬之工的外在衣服冠冕固然重要，当谨慎齐整，但是不必心系于衣服饮食等养口体者，务在心系于道、志于道、修身以俟，成德成人，希贤希圣。《朱子语类》中有问答云：

问：“‘志于道，而耻恶衣恶食’。既是志道，如何尚如此？”曰：“固有这般半上半落底人，其所谓志，也是志得不力。只是名为志道，及外物来诱，则又迁变了，这个最不济事。”义刚。

“志于道，则说得来阔。凡人有志于学，皆志于道也。若志得来泛泛不切，则未必无耻恶衣恶食之事。又耻恶衣食，亦有数样。今人不能甘粗粝之衣食，又是一样。若耻恶衣恶食者，则是也吃着得，只是怕人笑，羞不如人而已，所

① 《朱子全书》册13，第419页。
② 《朱子全书》册2，第413—415页。
③ 《朱子全书》册13，第419页。

以不足与议。”僩。①

“志得不力”“志得来泛泛不切”，即工夫不够真切，未能如朱子所践履的《中庸》之言“人一能之己百之，人十能之己千之，果能此道矣，虽愚必明，虽柔必强。”② 这样才不会被外物诱引将去。否则，次第依旧，复归于无志、非道。《小学·内篇·稽古篇》载：

> 孔子曰：衣敝缊袍，与衣狐貉者立而不耻者，其由也与！③

子路之“不耻”，可谓“士志于道”不“耻恶衣恶食”的范例。谢上蔡评到：“耻恶衣恶食，学者之大病。善心不存，盖

① 《朱子语类》卷二十六，第663、646页。

② 朱子注：君子之学，不为则已，为则必要其成，故常百倍其功。此困而知，勉而行者也，勇之事也。明者择善之功，强者固执之效。吕氏曰：“君子所以学者，为能变化气质而已。德胜气质，则愚者可进于明，柔者可进于强。不能胜之，则虽有志于学，亦愚不能明，柔不能立而已矣。盖均善而无恶者，性也，人所同也；昏明强弱之禀不齐者，才也，人所异也。诚之者所以反其同而变其异也。夫以不美之质，求变而美，非百倍其功，不足以致之。今以卤莽灭裂之学，或作或辍，以变其不美之质，及不能变，则曰天质不美，非学所能变。是果于自弃，其为不仁甚矣！”朱熹：《四书章句集注》，北京：中华书局，2012年，第32页。

③ 《朱子全书》册13，第430页。〇本出《论语·子罕》：子曰：“衣敝緼袍，与衣狐貉者立，而不耻者，其由也与？（衣，去声。緼，纡粉反。貉，胡各反。与，平声。敝，坏也。緼，枲著也。袍，衣有著者也，盖衣之贱者。狐貉，以狐貉之皮为裘，衣之贵者。子路之志如此，则能不以贫富动其心，而可以进于道矣，故夫子称之。）‘不忮不求，何用不臧？’（忮，之豉反。忮，害也。求，贪也。臧，善也。言能不忮不求，则何为不善乎？此《卫风·雄雉》之诗，孔子引之，以美子路也。吕氏曰：“贫与富交，强者必忮，弱者必求。”）子路终身诵之。子曰：“是道也，何足以臧？”（终身诵之，则自喜其能，而不复求进于道矣，故夫子复言此以警之。谢氏曰：“耻恶衣恶食，学者之大病。善心不存，盖由于此。子路之志如此，其过人远矣。然以众人而能此，则可以为善矣；子路之贤，宜不止此。而终身诵之，则非所以进于日新也，故激而进之。”）朱熹：《四书章句集注》，北京：中华书局，2012年，第115—116页。

由于此。子路之志如此，其过人远矣。”[①] 《小学·外篇·善行篇》“实敬身”中有载：

王文正公发解、南省、廷试，皆为首冠。或戏之曰：“状元试三场，一生吃著不尽。”公正色曰：“曾平生之志，不在温饱。”[②]

事见《五朝名臣言行录》卷五《丞相沂国王文正公》。文中所载时人对王曾的评语，览之可见王氏为人之梗概。如：“公资质端厚，眉目如刻画，盛服屹然，入朝进止有常处，平居寡言，自奉廉约，人莫敢干以私。杨文公［亿］尝目之曰：‘王君扬休山立，宗庙器也。’”“胡文定公［安国］曰：‘李文靖［沆］淡然无欲，王沂公俨然不动。资禀既如此，又济之以学，故是八九分地位也。’”[③]

第四节　饮食之节：养大体

上节以孔夫子语“士志于道，而耻恶衣恶食者，未足与议也”，来统结篇节之旨。此语中“衣”与“食”已一并而论，不

① 朱熹：《四书章句集注》，北京：中华书局，2012 年，第 115—116 页。

② 《朱子全书》册 13，第 482 页。

③ 《五朝名臣言行录》卷五《丞相沂国王文正公》（《朱子全书》册 12，第 149 页）；关于李沆，《小学·外篇·善行篇》“实敬身”中录有其事：李文靖公治居第于封邱门外，厅事前仅容旋马。或言其太隘，公笑曰：“居第当传子孙。此为宰辅厅事，诚隘。为太祝奉礼厅事，则已宽矣！”（此事可参：《五朝名臣言行录》卷二《丞相李文靖公》，朱子自注其出于《温公训俭》；《朱子全书》册 12，第 61 页。亦可参刘子澄《戒子通录》卷五《训子孙文·司马文正》，刘氏称温公《训俭》为《训子孙文》）。

过，上节关注之焦点在“衣服之制”，故而此节便转换聚焦点，专述“饮食之节”，此盖篇节编次之意。

《小学·内篇·敬身篇》“明饮食之节”的第一章云：

> 《曲礼》曰：共食不饱，共饭不泽手。毋抟饭，毋放饭，毋流歠。毋咤食，毋啮骨，毋反鱼肉，毋投与狗骨，毋固获。毋扬饭，饭黍毋以箸，毋嚃羹，毋絮羹，毋刺齿，毋歠醢。客絮羹，主人辞不能亨。客歠醢，主人辞以窭。濡肉齿决，干肉不齿决，毋嘬炙。①

朱子已载入《通解》卷六《士相见礼》，属“请见”之“记”，即对“请见”之内容的详析②。以此作为《小学·敬身篇》“明饮食之节”的首章，仅就句法言，可谓齐整严谨，极易于诵读。然而，以内容论，无异于细枝之细枝、末节之末节，即“宏旨”无可得觅。度其缘由，大抵因为：1. 朱子《通解》以其属《士相见礼》之“请见”的“记”，便已表明其为应接事物时之“饮食”的具体法程、而非自处燕居时之“饮食”，此时之言之行之体之态之容之德如何，则其燕居时之自处自修自养可知；2. 此承上节末章而来，孔夫子“士志于道”一语，已是“宏旨”之所关。

《小学·敬身篇》“明饮食之节”的第二章：

> 《少仪》曰：燕侍食于君子，则先饭而后已。毋放饭，毋流歠。小饭而亟之。数噍，毋为口容。③

① 《朱子全书》册13，第419—450页。
② 《朱子全书》册2，第244—245页。
③ 《朱子全书》册13，第420页。

录入《通解》卷十《少仪》，属“侍食”①。关于“侍食”，《朱子语类》中有问答曰：

一日侍食，先生曰：“只《易》中‘节饮食’三字，人不曾行得。”②

据此可以说，如果上章之文没有直接关涉“宏旨”、而以孔夫子“志道”二字当之，那么这里所说则揭示出了“志道”在“食”（饮食）上的具体表现（做法）或者说，“士志于道”，那么面对无人可免的“饮食”，“志道”之人该如何做呢？一个字：节；两个字：节食；三个字：“节饮食”。盖正因为“饮食”乃无一人无一日可得免，故而朱子方有“人不曾行得”这样略显臆断（似有失夫子“勿意勿必”之教）的话语。朱子举《易》之语，出《易·颐卦·象传》：

山下有雷，颐；君子以“慎言语”，“节饮食”。

朱子《周易本义》之《象上传第三》中注曰：

二者养德养身之切务。③

“节饮食”乃“养德养身”之切于己身、近于日常、务要力行、当于人心、益于德性之事。可见朱子对于“饮食之节”的重视，且其思想的活水源头可远溯至《易》。“人不曾行得”，此句可谓是朱子“知行观”之“行重”（重“行”）的体现，这也表明了饮食之欲的难以节制。朱子在《小学·敬身篇》环绕

① 《朱子全书》册 2，第 421—422 页。
② 《朱子语类》卷一百一十四，第 2753 页。
③ 《朱子全书》册 1，第 112 页。

“敬身”（敬、主敬）展开的内容中加入“饮食之节”的内容，这便凸显了“主敬”工夫之去欲之私的工夫、尤其是去食欲之美味之欲的工夫。

《小学·敬身篇》“明饮食之节”的第三章：

> 《论语》曰：食不厌精，脍不厌细。食饐而餲，鱼馁而肉败，不食；色恶，不食；臭恶，不食；失饪，不食；不时，不食；割不正，不食；不得其酱，不食。肉虽多，不使胜食气。唯酒无量，不及乱。沽酒市脯，不食。不撤姜食，不多食。①

上章讲“节饮食”（饮食之节），此出《论语·乡党》中孔夫子之事正是“节饮食”的表现。从“食不厌精”到“不多食”这段不足百字的引文，《论语》连续使用十七个语气坚定的否定词“不”，此之“不”字正当“节”字。将“节”字代“不”字而置于原文中，则“不食”一语无有不通，且不失“独断”。如果再结合朱子“节饮食……养德养身之切务”的论断以观之，则“不食”（节食）绝非“挑食”，实乃“养德养身之切务也”。

因此，此章被孔夫子所“体现”（身体呈现）的话语，可谓是极佳的进一步具体而微、具体可行、行之有验、验之有证、证已成圣的对“节饮食”的阐释，亦足具示范、楷范之效应。

此章之朱子注曰：“食，饭也。精，凿也。牛羊与鱼之腥，聂而切之为脍，食精则能养人，脍粗则能害人。不厌，言以是为善，非谓必欲如是也。饐，饭伤热湿也。餲，味变也。鱼烂曰

① 《朱子全书》册13，第420页。

馁，肉腐曰败。色恶臭恶味败而色臭变也。饪，烹调，生熟之节也。不时，五谷不成，果实未熟之类。此数者，皆足以伤人，故不食。割肉不方正者，不食。造次不离于正也。食肉用醬，各有所宜，不得则不食，恶其不备也。此二者，无害于人，但不以嗜味而苟食耳。食以谷为主，故不使肉胜食气。酒以为人合欢，故不为量，但以醉为节，而不及乱耳。姜通神明，去秽恶，故不撤。适可而止，无贪心也。”最后总结道：

> 此一节记孔子“饮食之节”。谢氏曰：“圣人饮食如此，非极口腹之欲，盖养气体，不以伤生，当如此。然圣人之所不食，穷口腹者或反食之，欲心胜而不暇择也。”①

可证上所析论不误。再出《小学》中相关之故事，以见后世之人对此的重视。《小学·外篇·善行篇》“实敬身”载：

> 柳玭曰：高侍郎兄弟三人俱居清列，非速客不二羹胾。夕食龁卜匏而已。②
>
> 汪信民尝言：“人常咬得菜根，则百事可做。”胡康侯闻之，击节叹赏。③

“咬得菜根”句，《朱子语类》中有相关之论：

---

① 《论语·乡党》；朱熹：《四书章句集注》，北京：中华书局，2012年，第120—121页。

② 《朱子全书》册13，第483页。〇亦见《戒子通录》卷二《唐梛玭序训》。高氏兄弟三人，即高釴、高铢、高锴，事见《旧唐书》卷一百六十八《高釴传》，《新唐书》卷一百七十七《高釴传》。

③ 《朱子全书》册13，第484页。〇汪信民，名革，宋临川人。此事亦可参《少仪外传》卷上，《戒子通录》卷六《童蒙训·吕舍人》。汪氏之事迹可参《宋元学案》卷二十三《荥阳学案》，汪氏乃荥阳（吕原明）之高足，此其“名言也”。黄宗羲：《宋元学案》，北京：中华书局，1986年，第910—911页。

学者当常以“志士不忘在沟壑”为念，则道义重，而计较死生之心轻矣。况衣食至微末事，不得未必死，亦何用“犯义犯分”，“役心役志”，营营以求之耶！某观今人因“不能咬菜根”而至于违其“本心”者众矣，可不戒哉！①

《小学·敬身篇》“明饮食之节”的第四章：

《礼记》曰：君无故不杀牛，大夫无故不杀羊，士无故不杀犬豕。君子远庖厨。凡有血气之类，弗身践也。②

《汉书·贾谊传》贾谊言：“三代之礼……其于禽兽，见其生不食其死，闻其声不食其肉，故远庖厨，所以长恩，且明有仁也。”此章本出《礼记·玉藻》，载《仪礼集传集注》卷三十四《王制之庚〈名器上〉》③。《朱子语类》有问答云：

问：“《横浦语录》载张子韶戒杀，不食蟹。高抑崇相对，故食之。龟山云：‘子韶不杀，抑崇故杀，不可。’抑崇退，龟山问子韶：‘周公何如人？’对曰：‘仁人。’曰：‘周公驱猛兽，兼夷狄，灭国者五十，何尝不杀？亦去不仁以行其仁耳。’”先生曰：“此特见其非不杀耳，犹有未尽。须知上古圣人制为罔罟佃渔，食禽兽之肉。但‘君子远庖

---

① 此为余大雅所录；《朱子语类》卷十三，第241页。“志士不忘在沟壑”，语见《孟子》之《滕文公下》（《四书章句集注》，第268页）《万章下》（《四书章句集注》，第328页），原文“志士不忘在沟壑，勇士不忘丧其元”，朱子注曰：“元，首也。志士固穷，常念死无棺椁，弃沟壑而不恨；勇士轻生，常念战斗而死，丧其首而不顾也。此二句，乃孔子叹美虞人之言。”

② 《朱子全书》册13，第420页。〇陈选《小学集注》、朱子《仪礼集传集注》，皆以“践，当作剪”。本文案：“践”读如字，解为“亲力亲为”，似亦可通。

③ 《朱子全书》册3，第1112页。

厨’，不暴殄天物。须如此说，方切事情。”德明。[①]

依此可知，朱子赞同“君子远庖厨”，因为此说体现着“仁”（盖有生意之“仁”）。不过，贾谊之论已如此，张横浦、杨龟山续道之。此亦《易》“天地之大德曰生”之义[②]。朱子又以“不暴殄天物”来补足此说，使其得以完备，即所说的“但‘君子远庖厨’，不暴殄天物。须如此说，方切事情。”

《小学·敬身篇》“明饮食之节”的第五章：

> 《乐记》曰：豢豕为酒，非以为祸也，而狱讼益繁，则酒之流生祸也。是故先王因为酒礼，一献之礼，宾主百拜，终日饮酒而不得醉焉，此先王之所以备酒祸也。[③]

上出《论语》中孔夫子已言“唯酒无量，不及乱”。陈选注曰：“狱讼益繁，为小人乘醉相侵，以致狱讼滋多。士之酒礼，惟行一献百拜，言多也。酒，所以合欢，先王因其生祸而制礼以防之”。此章已载《通解》卷十四《礼乐记》，注有言：

> 豢豕作酒本以享祀养贤，而小人饮之善酗，以致狱讼。[④]

“享祀养贤”一语，“享祀”即敬神畏天；“养贤”即“尊贤”“尚贤”，即“尚德”（“贤”“能”相当于“德”“力”）。

以“酒”言，如《酒诰》一篇的成书，朱子解道：

---

① 《朱子语类》卷一百一，第2574页。

② 《《系辞下》“天地之大德曰生，圣人之大宝曰位。何以守位？曰仁。何以聚人？曰财。理财正辞，禁民为非，曰义。”〇朱子《周易本义》“仁”作“人”；《朱子全书》册1，第138页。

③ 《朱子全书》册13，第420页。

④ 《朱子全书》册2，第531页。

管蔡必是被武庚与商之顽民每日将酒去灌啗它，乘醉以语言离间之曰：“你是兄，却出来在此；周公是弟，反执大权以临天下！”管蔡呆，想被这几个唆动了，所以流言说：“公将不利于孺子！”这都是武庚与商之顽民教他，使得管蔡如此。后来周公所以做《酒诰》，丁宁如此，必是当日因酒做出许多事。其中间想煞有说话，而今书、传只载得大概，其中更有几多机变曲折在。”僩。①

这可以说是“酒之流生祸”的重大历史事件，而《酒诰》之作则印证了“此先王之所以备酒祸也”。朱子言其时“酒之流生祸”之事例：

浙东之病如和买之害，酒坊之害，置酒坊者，做不起破家，做得起害民。②

“害民”一语，可见朱子看重的是天下百姓人民之利，而非一家一撮之利。

现征引两条语录，以见朱子饮酒乱否。《朱子语类》有记：

先生每观一水一石，一草一木，稍清阴处，竟日目不瞬。饮酒不过两三行，又移一处。“大醉”，则趺坐高拱。经史子集之余，虽记录杂记，举辄成诵。“微醺”，则吟哦古文，气调清壮。某所闻见，则先生每爱诵屈原《楚骚》、孔明《出师表》、渊明《归去来》并诗、并杜子美数诗而已。寿昌。

① 《朱子语类》卷八十一，第2113—2114页。
② 《朱子语类》卷一百六，第2644页。

> 寿昌因先生“酒酣兴逸”，遂请“醉墨”。先生为作大字《韶国师颂》一首，又作小字杜牧之《九日诗》一首，又作大字渊明《归田园居》一首。有举子亦乘便请之，先生曰：“公既习举业，何事于此?”请之不已，亦为作渊明《阻风于规林》第二首。且云：“但能参得此一诗透，则公今日所谓举业，与夫他日所谓功名富贵者，皆不必经心可也。”寿昌。[①]

可见朱子饮酒至“醉”，非但“不乱”且“趺坐高拱”（盘腿正襟危坐），气象工夫非常人所及，更能“经史子集之余，虽记录杂记，举辄成诵”、更能诗能文能书法。至于“举子亦乘便请之”而朱子却言“公既习举业，何事于此”，则如前文所论，因为朱子以举子业“夺志”。朱子卒云“与夫他日所谓功名富贵者，皆不必经心可也”，盖指非惟“酒食”主于养德养身，诗文书法字画皆主于养德养身。

《小学·敬身篇》“明饮食之节”的卒章：

> 孟子曰：饮食之人则人贱之矣，为其养小以失大也。[②]

此章出《孟子·告子上》“人之于身也，兼所爱”章[③]，当与《孟子》同篇下章“钧是人也”章参看：公都子问曰：“钧是人也，或为大人，或为小人，何也?”孟子曰：“从其大体为大人，从其小体为小人。”曰：“钧是人也，或从其大体，或从其小体，何也?”曰：“耳目之官不思，而蔽于物，物交物，则引

---

① 《朱子语类》卷一百七，第 2674、2676—2677 页。
② 《朱子全书》册 13，第 420 页。
③ 朱熹：《四书章句集注》，北京：中华书局，2012 年，第 341—342 页。

之而已矣。心之官则思，思则得之，不思则不得也。此天之所与我者，先立乎其大者，则其小者弗能夺也。此为大人而已矣。”《小学·敬身篇》此章之“小大”，即此处的“小体”“大体”。朱子注文以“小”为“口腹”，“小体”为“耳目之类”；“大”为“心志”，“大体”为“心”。养“大”即是养“心志”、养“心”。前言“节饮食……养德养身之切务”，至此《小学·敬身篇》“明饮食之节”的最后一章，朱子便将更为真切核心之意揭示而出：节饮食，养大体之切务也；节饮食，养心志之切务也；节饮食，养心之切务也。

《孟子》之文，朱子详注道：

> 官之为言司也。耳司听，目司视，各有所职而不能思，是以蔽于外物。既不能思而蔽于外物，则亦一物而已。又以外物交于此物，其引之而去不难矣。心则能思，而以思为职。凡事物之来，心得其职，则得其理，而物不能蔽；失其职，则不得其理，而物来蔽之。此三者，皆天之所以与我者，而心为大。若能有以立之，则事无不思，而耳目之欲不能夺之矣，此所以为大人也。……范浚《心箴》曰：“茫茫堪舆，俯仰无垠。人于其间，眇然有身。是身之微，大仓稊米，参为三才，曰惟心耳。往古来今，孰无此心？心为形役，乃兽乃禽。惟口耳目，手足动静，投闲抵隙，为厥心病。一心之微，众欲攻之，其与存者，呜呼几希！君子存诚，克念克敬，天君泰然，百体从令。”①

其旨在“君子存诚，克念克敬，天君泰然，百体从令”等

① 朱熹：《四书章句集注》，北京：中华书局，2012年，第342页。

数语，即通过做工夫尤其是“主敬”之工夫，以“心”主宰“身”以“理”驾驭“欲”，则“心”“身”一体，“心”“理”为一，私欲消融、浑然天理，以是应物、随处发显，无有不当、无非天理。此亦是“心之所具之理”完然呈显，“天地之性”“天命之性”全然得复（复性、复其初心），从而成德成人（成圣成贤）。

朱子此处所述也即《补格物致知传》所言“盖人心之灵莫不有知，而天下之物莫不有理，惟于理有未穷，故其知有不尽也。是以大学始教，必使学者即凡天下之物，莫不因其已知之理而益穷之，以求至乎其极。至于用力之久，而一旦豁然贯通焉，则众物之表里精粗无不到，而吾心之全体大用无不明矣。”① 此即“格物穷理”（“穷理”）。“心之所具之理”完然呈显，即“众物之表里精粗无不到，吾心之全体大用无不明”。

故而，“养大体”“养心志”“养心”（“理义之悦我心”②），其实际践履处正指向“主敬涵养”（主敬、居敬）及“格物穷理”（穷理），即“居敬穷理”；归止处在成德成人（成圣成贤）。此亦为《小学·敬身篇》，《小学》一书之主旨。

① 朱熹：《四书章句集注》，北京：中华书局，2012 年，第 7 页。

② 《孟子·告子上》载“口之于味也，有同耆焉；耳之于声也，有同听焉；目之于色也，有同美焉。至于心，独无所同然乎？心之所同然者何也？谓理也，义也。圣人先得我心之所同然耳。故理义之悦我心，犹刍豢之悦我口。”朱子《集注》载：程子曰：“在物为理，处物为义，体用之谓也。孟子言人心无不悦理义者，但圣人则先知先觉乎此耳，非有以异于人也。”程子又曰：“理义之悦我心，犹刍豢之悦我口，此语亲切有味。须实体察得理义之悦心，真犹刍豢之悦口，始得。”参见：朱熹：《四书章句集注》，北京：中华书局，2012 年，第 336—337 页。

第五章 通论（结论）

“通论”一词来自《小学·内篇·稽古篇》篇末三章之朱子的总结语，即“右通论”①。《小学·稽古篇》乃是前文《立教篇》《明伦篇》《敬身篇》三篇之内容的“史证”（属“知行”之“行”），故而“通论”之文，意在对之前之内容进行总结。本文谨遵朱子对《小学》一书的架构安排，故“结论”一章便先对此部分之内容稍作分析，然后再整体结论之。

《小学·内篇·稽古篇》“通论”之首章：

> 卫庄公娶于齐东宫得臣之妹，曰庄姜，美而无子。其娣戴妫生桓公，庄姜以为己子。公子州吁，嬖人之子也，有宠而好兵，公弗禁，庄姜恶之。石碏谏曰：“臣闻爱子，教之以义方，弗纳于邪。骄奢淫泆，所自邪也。四者之来，宠禄过也。夫宠而不骄，骄而能降，降而不憾，憾而能眕者，鲜矣！且夫贱妨贵、少陵长、远间亲、新间旧、小加大、淫破义，所谓六逆也。君义臣行，父慈子孝，兄爱弟敬，所谓六

① 《朱子全书》册13，第432页。

顺也。去顺效逆，所以速祸也。君人者，将祸是务去而速之，无乃不可乎？”①

见《左传·隐公三年》②。《朱子语类》中有讨论，对于石碏之谏，讨论之文中有言“石碏谏得已自好了”③。引文之关键句为“君义臣行，父慈子孝，兄爱弟敬，所谓六顺也”，正好相应于《小学》一书“明伦”所明之“五伦”（父子、君臣、夫妇、长幼、朋友）的内容，尤其凸出了“君臣”“父子”“长幼（兄弟）”之名分之相互的责任义务，且是正面的言说，即“所谓六顺也”，从而显示出实行之（力行“五伦”“伦理”）所带来的积极、正面之佳效。同时，“且夫贱妨贵、少陵长、远间亲、新间旧、小加大、淫破义，所谓六逆也”句，则又从反面、消极面展示了悖逆“伦理”所造成的祸患。这正是对前文“明伦”之内容的史实论证（“实前言”），也是对之前之论旨的加强、对之前所述的总结。

《小学·内篇·稽古篇》“通论”之第二章：

刘康公、成肃公会晋侯伐秦，成子受脤于社，不敬。刘子曰：“吾闻之，民受天地之中以生，所谓命也。是以有动作礼义威仪之则，以定命也。能者养之以福，不能者败以取

① 《朱子全书》册13，第431页。

② 孔颖达：《春秋左传正义》（《十三经注疏》本），上海：上海古籍出版社，1997年，第1724页。

③ 问：“石碏谏得已自好了，如何更要那‘将立州吁’四句？”曰：“也是要得不杀那桓公。”又问：“如何不禁其子与州吁游？”曰：“次第是石碏老后，奈儿子不何。”又问：“杀之，如何要引他从陈去？忽然陈不杀，却如何。”曰：“如吃饭样，不成说道吃不得后，便不吃，也只得吃。”义刚。《朱子语类》卷八十三，第2161页。

祸。是故君子勤礼，小人尽力。勤礼莫如致敬，尽力莫如敦笃。敬在养神，笃在守业。国之大事在祀与戎，祀有执膰，戎有受脤，神之大节也。今成子惰，弃其命矣。其不反乎？”①

出《左传·成公十三年》②。“民受天地之中以生”句，朱子有解：

中是理，理便是仁义礼智，曷尝有形象来！凡无形者谓之理；若气，则谓之生也。清者是气，浊者是形。气是魂，谓之精；血是魄，谓之质。所谓“精气为物”，须是此两个相交感，便能成物。③

“中是理”、“若气，则谓之生也”，则是依“理”与“气”的关系（实为朱子“理气论”）来解释“中”与“生”。解中又进一步将“理”具体为“仁义礼智”，即转到“伦理”；将“气”具体为“清浊”“精质”之不同，即转入“气禀”之不同。“人物”之生，则由“理”“气”合和而来。如朱子在《乐记动静说》中所述：

“人生而静，天之性也，感于物而动，性之欲也。”何也？曰：“此言性情之妙，人之所生而有者也。盖‘人受天地之中以生’，其未感也，纯粹至善，万理具焉，所谓性也。然人有是性即有是形，有是形即有是心，而不能无感于

① 《朱子全书》册13，第431页。

② 孔颖达：《春秋左传正义》（《十三经注疏》本），上海：上海古籍出版社，1997年，第1911页。

③ 《朱子语类》“问生死鬼神之理”条；《朱子语类》卷三，第37—38页。

物，感于物而动，则性之欲者出焉，而善恶于是乎分矣。性之欲，即所谓情也。”①

又如朱子在《答黄道夫》的书信中所论：

天地之间，有理有气。理也者，形而上之道也，生物之本也；气也者，形而下之器也，生物之具也。是以人物之生，必禀此理然后有性，必禀此气然后有形。其性其形，虽不外乎一身，然其道器之间分际甚明，不可乱也。刘康公所谓天地之中、所谓命者，理也，非气也。所谓人受以生、所谓动作威仪之则者，性也，非形也。今不审此，而以魂魄鬼神解之，则是指气为理，而索性于形矣，岂不误哉！②

观此，则朱子对刘康公之言的意思之理解，已甚为明晰。《答黄道夫》的书信中，此后又言及《诗》“天生烝民”，这正为《小学》“外篇”篇端道语之内容。可见朱子征刘康公之言放入“通论”，不仅有统结《小学》“内篇”之意，亦兼及结“外篇”之意。当然，这毕竟因为《小学》“内篇”、“外篇”之内容实际皆环绕“明伦”“敬身”而展开，即实际内容之性质相一致。

依朱子之解，则刘康公之言的首句讲的是人物之创生、人物之性命，且是由“天道”而“人道”、“形上”而“形下”、“道”而“器”。接着之语，如“是以有动作礼义威仪之则，以定命也。能者养之以福，不能者败以取祸”，则涉及修养工夫。据“是故君子勤礼，小人尽力。勤礼莫如致敬，尽力莫如敦笃。

① 《晦庵先生朱文公文集》卷六十七；《朱子全书》册23，第3263页。
② 《晦庵先生朱文公文集》卷五十八；《朱子全书》册23，第2755—2756页。

敬在养神，笃在守业”句，则此修养工夫的关键在“敬”，即朱子学的“主敬”（持敬，居敬；亦含“敬畏”之义）。无疑，兹是对作为“知”的前文之内容而以“行”的“掩盖”之（研习之、践履之），是对前文之核心要旨的凸显，是对前文的有理有据的统结。此章之意落在“主敬”上，上章聚焦于“明伦”（明“伦理”），合起来则正当“居敬穷理”，这便揭橥出《小学》一书的归旨（“居敬穷理”，成德成人）。

《小学·内篇·稽古篇》“通论”之卒章：

> 卫侯在楚，北宫文子见令尹围之威仪，言于卫侯曰：“令尹其将不免。《诗》云：‘敬慎威仪，维民之则。’令尹无威仪，民无则焉。民所不则，以在民上，不可以终。”公曰：“善哉！何谓威仪?”对曰：“有威而可畏谓之威，有仪而可象谓之仪。君有君之威仪，其臣畏而爱之、则而象之，故能有其国家，令闻长世。臣有臣之威仪，其下畏而爱之，故能守其官职、保族宜家。顺是以下，皆如是。是以上下能相固也。《卫诗》曰：‘威仪棣棣，不可选也。’言君臣上下、父子兄弟、内外大小，皆有威仪也。《周诗》曰：‘朋友攸摄，摄以威仪。’言朋友之道，必相教训以威仪也。故君子在位可畏，施舍可爱，进退可度，周旋可则，容止可观，作事可法，德行可象，声气可乐，动作有文，言语有章，以临其下，谓之有威仪也。”①

上章刘康公语中有“动作礼义威仪”句，此承接之文便专述“威仪”。引《诗》之“敬慎威仪”句，则将“敬”与“威

① 《朱子全书》册13，第431—432页。

仪”以“圣经”为证而紧密相联。同时，将“五伦”，尤其是君臣、父子、长幼（兄弟，上下）、朋友（首章未说到，此补之）与“威仪”相关联。因“威仪”属《小学》“敬身”（“敬身”：心术、威仪、衣服、饮食，此“四端”）的内容，故此之相关联的论述则是合“明伦”与“敬身”一体而论（盖“穷理”与“主敬”本不可强分为二）。“君子在位可畏，施舍可爱，进退可度，周旋可则，容止可观，作事可法，德行可象，声气可乐，动作有文，言语有章，以临其下，谓之有威仪也。”“可畏”之“畏”指向于“敬畏”。此从“在位”“施舍”“进退”“周旋”“容止”“作事”“德行”“声气”“动作”“言语”“临下”这一涉及言语、容貌、体态、气象、德行、待人、接物、处事，即“修己治人”的人之行于世间之不可或缺者，来言其体现处。

此章见《左传·襄公三十一年》[①]。朱子《大学章句》解“赫兮喧兮者，威仪也”之“威仪”曰：“威，可畏也。仪，可象也。……恂栗、威仪，言其德容表里之盛。”[②] 此解背后亦可谓有北宫文子释“威仪”之故事。《小学》“敬身”之“威仪之则”的内容，以此章来证实之，可谓极佳的史实诠释、甚善的统结之文。

《小学·内篇》“稽古”篇所言，虽在于以史实证实前文“立教”、“明伦”、“敬身”三篇所载之内容，但此之史实皆与圣贤相关涉。所以，可以说，“内篇”之谋篇布局实是仿《论语》而来，始于学（《立教篇》道语“师知所以教而弟子知所以

① 孔颖达：《春秋左传正义》（《十三经注疏》本），上海：上海古籍出版社，1997 年，第 2016 页。

② 朱熹：《四书章句集注》，北京：中华书局，2012 年，第 5—6 页。

学”）而最终之目标在于由之以成圣成贤（成德成人；《小学·外篇》分《嘉言》《善行》两篇，但就“外篇”的性质而言，其乃“内篇”之续篇，实际内容仍为“立教”“明伦”“敬身”，惟因内容所涉之时代乃是先秦以降迄于宋代，故而，其谋篇布局亦如此。“内篇”主要为“圣人”之言行，“外篇”主于“贤人”之言行，合起来正为“圣贤”，成圣成贤）。这也是《稽古篇》篇端道语所欲揭示者：“孟子道性善，言必称尧舜，其言曰：‘舜为法于天下，可传于后世。我犹未免为乡人也，是则可忧也。忧之如何？如舜而已矣。’摭往行，实前言，述此篇使读者有所兴起。”①《稽古篇》“通论”中刘康公之语“民受天地之中以生，所谓命也”，直接关涉“道体”，依此而论，则“内篇”之布局架构又承孔夫子“下学上达”之旨趣，下学人事（如人伦、伦理等）而上达天命、天道。刘康公之语“君子勤礼，小人尽力”，为何要“勤礼”？为何要“尽力”？再依此而言，则刘康公之论乃是给予其以“道体”之形上视阈的证明、支撑。《立教篇》从“胎教”而“家庭之教”而“学校之教”，归于个人行为的“有礼”，依《稽古篇》“通论”之述，亦可谓得到“道体”之形上视阈的支持。惟有如此，人才能“立命”，才能归全于“天之所赋者”，才能成其为人。“通论”所涉之“道体”，实又与《小学·内篇》开篇引《中庸》“天命之谓性”等语相呼应②。如果说，《近思录》的架构，朱子因妥协于吕伯恭而将

---

① 《朱子全书》册 13，第 422 页。

② 《立教篇》“道语”：子思子曰：“天命之谓性，率性之谓道，修道之谓教。”则天明，遵圣法，述此篇俾为师者知所以教，而弟子知所以学。《朱子全书》册 13，第 395 页。

“道体”移于首篇，那么《小学·内篇》则是朱子与伯恭意的综合，篇之首尾皆涉“道体”，且“首”为“言”，“尾”为深切之史证（行）。

统体论之，朱子对“小学”甚是看重，在其思想建构中，“小学”处于重要之地位。朱子认为“大学”前须有“小学”，“小学”乃朱子思想架构的初始环节。“大学”之道的“圣经”乃《大学》一书。“小学”之教，朱子认为本有经典（“圣经贤传”），不幸的是“世远人亡，经残教弛”，稍幸的是“今其全书虽不可见，而杂出于传记者亦多”，于是朱子“爰辑旧闻，庶觉来裔”“今颇搜辑以为此书”，补成《小学》一书。此书之纂辑自朱子五十四始，至五十八岁而正式纂定刊印，历时四年之久。朱子《小学》一书绝非率尔之作，实乃用心用力、尽心尽力之作。此书架构安排精密，选语审慎，所跨越之时代上至先秦下迄于宋，皆为圣贤君子之言行事迹（主于孔孟，环绕于“北宋五子”及其相与者而又以程子为宗；兹已潜融“道统”之传）。《小学》书成，受到朱子、朱门、朱学者、后世学人颇多之重视，以其为“初学入德之门”“修身齐家治国平天下之本”“作圣之基”。同时，此书对后世书目书之“分别部居”与童蒙书之编次亦产生了重要之影响。

《小学》一书分“内外”两篇，“外篇”乃“内篇”的续写（“内篇”之内容属先秦时；“外篇”则续纂此时之后之相应内容）。易言之，“内外”两篇之内容的性质属同一类，皆聚焦于“立教”“明伦”“敬身”。朱子在《大学章句》中有“三纲领八条目”（“三纲八目”）之说，受此启发以及进一步之析论，可以视此三者为《小学》一书的“三纲领”（“三纲”）。“立教”，所立之教为：立明伦之教，立敬身之教；即“明伦”“敬身”统摄于“立教”，《小学》一书实际之内容环绕于“明伦”与“敬身”而展开。“明伦”，所明者有五：“父子之亲”（父子），“君臣之义”（君臣），“夫妇之别”（夫妇），“长幼之序”（长幼），“朋友之交”（朋友）。此即“五伦”（伦理），朱子称为“五教”。“敬身”，具体析为四个面相：“心术之要”（心术），“威仪之则”（威仪），“衣服之制”（衣服），“饮食之节”（饮食）。借用孟子“四端”之名，可称此为《小学》“敬身”之“四端”。与“五伦”（五教）合言则其数有九，称之为“九条目”（“九目”；非与“八条目”的简单类比），再与“三纲”合论，则“三纲九目”实可统摄《小学》一书、实乃《小学》一书之统体架构。简言之，朱子《小学》讲“三纲九目”，《大学》讲“三纲八目”。

“九目”，具体而言其内容，“五伦”（五教、五目）：“父子之亲”，朱子看重的是“爱”“敬”“谏”（训）；“君臣之义”，则重在“君仁”“臣敬”“谏诤”；“夫妇之别”，则旨在“信”“敬”“别”；“长幼之序”，旨在“义”“敬”“悌”；“朋友之交”，主于“辅仁”“责善”。“四端”（四目）：“心术之要”，旨在“敬”与“畏”；“威仪之则”，主于“正容体、齐颜色、顺辞令”；“衣服之制”，旨在“弗耻恶衣”（志道）；“饮食之节”，重在“养大体”（此属于《小学》“敬身”之内容，“敬身”实属朱子学之“主敬”工夫；通常讲朱子学之“主敬”，较少注意到“饮食之节”之于“主敬”的意义，观《小学》一书“敬身”之内容中的“饮食之节”之设，其之于“主敬”之重要、之意义，可见一斑）。

《小学》一书的整体架构和内容，融入了朱子的“知行观”，朱子又以其为“修身大法”之书。此之“修身大法”，实为“居敬穷理”。“明伦”所明之“伦”的大者即为“三纲九目”之“九目”中的“五目”（五教），也即“五伦”，此乃“天道”（“天理”）在人世呈显为“人道”的凸出显著者的重要方面（朱子称为“大伦”），即“伦理”（朱子用语）。“明伦”即是在“明理”，相应于朱子学的“穷理”（“格物穷理”，“进学在致知”）；“敬身”则相应于“居敬”（“持敬”“主敬”，“涵养须用敬”）。二者相合，即为“居敬穷理”，而其归止、指向处则在“复其性”“复其初心”，以成德成人、成圣成贤。“居敬穷理”“成德成人”（“成圣成贤”），这是贯穿《小学》一书的主旨思想。《小学》一书，其架构是“三纲九目”；其主旨是“居敬穷理”“成德成人”（“成圣成贤”）。这是朱子将其思想融入《小学》一书的主要体现处。“居敬穷理”、“成德成人”（“成圣成贤”），也可以说是朱子学的内核。如果一定要与阳明学较异同，那么可以说朱子学教人“居敬穷理”，阳明学教人“致良知”，此乃二家之异（盖因为朱子学“心”“性”“情”三分（“心统性情”），阳明则“心”“性”一体，即“心性论”之不同）；若以“成德成人”（“成圣成贤”）而论，则二家无有不同。

参考文献

古籍部分：

1. 李道平. 周易集解纂疏［M］. 北京：中华书局，1994.

2. 朱熹. 朱子全书. 上海：上海古籍出版社，合肥：安徽教育出版社，2002（此二出版社，下列文献有相涉处，谨出其一以从简）.

3. 惠栋. 周易述［M］. 北京：中华书局，2013.

4. 蔡沈. 书集传［M］. 上海：华东师范大学出版社，2010.

5. 孙星衍. 尚书今古文注疏［M］. 北京：中华书局，2004.

6. 王先谦. 尚书孔传参正［M］. 北京：中华书局，2011.

7. 马瑞辰. 毛诗传笺通释［M］. 北京：中华书局，1989.

8. 王先谦. 诗三家义集疏［M］. 北京：中华书局，2011.

9. 孙诒让. 周礼正义［M］. 北京：中华书局，2013.

10. 朱彬. 礼记训纂［M］. 北京：中华书局，1996.

11. 孙希旦. 礼记集解［M］. 北京：中华书局，1989.

12. 孔广森. 大戴礼记补注［M］. 北京：中华书局，2013.

13. 王聘珍. 大戴礼记解诂［M］. 北京：中华书局，1983.

14. 洪亮吉. 春秋左传诂［M］. 北京：中华书局，1987.

15. 皮锡瑞. 孝经郑注疏［M］. 北京：中华书局，2016.

16. 阮元刻. 十三经注疏［M］. 上海：上海古籍出版社，1997.
17. 朱熹. 四书章句集注［M］. 北京：中华书局，2012.
18. 刘宝楠. 论语正义［M］. 北京：中华书局，1990.
19. 焦循. 孟子正义［M］. 北京：中华书局，1987.
20. 史游. 急就篇［M］（颜师古注）. 四部丛刊续编，中第69册.
21. 许慎. 说文解字［M］. 北京：中华书局，1963.
22. 段玉裁. 说文解字注［M］. 上海：上海古籍出版社，1988.
23. 皮锡瑞. 经学历史［M］. 北京：中华书局，1959.
24. 司马迁. 史记［M］. 北京：中华书局，1982.
25. 班固. 汉书［M］. 北京：中华书局，1962.
26. 范晔. 后汉书［M］. 北京：中华书局，1965.
27. 陈寿. 三国志［M］. 北京：中华书局，1982.
28. 房玄龄. 晋书［M］. 北京：中华书局，2015.
29. 李延寿. 南史［M］. 北京：中华书局，2016.
30. 李延寿. 北史［M］. 北京：中华书局，2013.
31. 魏征. 隋书［M］. 北京：中华书局，1973.
32. 刘昫. 旧唐书［M］. 北京：中华书局，1975.
33. 欧阳修，宋祁. 新唐书［M］. 北京：中华书局，1975.
34. 脱脱. 宋史［M］. 北京：中华书局，1985.
35. 张廷玉. 明史［M］. 北京：中华书局，2015.
36. 赵尔巽. 清史稿［M］. 北京：中华书局，2015.
37. 王先谦. 荀子集解［M］. 北京：中华书局，1988.
38. 标题注疏小学集成［M］. 内阁文库.
39. 小学书图櫽栝纂要［M］. 内阁文库.
40. 陈选.（精校）小学集注［M］. 上海：昌文书局，1932.
41. 小学集注大全［M］. 内阁文库.
42. 张伯行. 小学集解［M］. 上海：商务印书馆，1936.

43. 韩愈. 韩昌黎文集［M］（马其昶校注）. 上海：上海古籍出版社，2014.

44. 周敦颐. 周敦颐集［M］. 北京：中华书局，2009.

45. 张载. 张载集［M］. 北京：中华书局，1978.

46. 程颢，程颐. 二程集［M］. 北京：中华书局，2004.

47. 朱熹，吕祖谦. 近思录［M］（江永集注，复旦图书馆藏）. 江苏广陵古籍刻印社影印，1990.

48. 黎靖德编. 朱子语类［M］. 北京：中华书局，1986.

49. 王懋竑. 朱熹年谱［M］. 北京：中华书局，1998.

50. 束景南. 朱熹年谱长编［M］. 上海：华东师范大学出版社，2014.

51. 吕祖谦. 吕祖谦全集［M］. 杭州：浙江古籍出版社，2008.

52. 陆九渊. 陆九渊集［M］. 北京：中华书局，1980.

53. 陈淳. 北溪字义［M］. 北京：中华书局，1983.

54. 王守仁. 王阳明全集［M］（吴光、钱明、董平、姚延福编校）. 上海：上海古籍出版社，2011.

55. 吕坤. 吕坤全集［M］. 北京：中华书局，2008.

56. 戴震. 戴震集［M］. 上海：上海古籍出版社，2009.

57. 黄宗羲. 宋元学案［M］（全祖望补修）. 北京：中华书局，1986.

58. 黄宗羲. 明儒学案［M］. 北京：中华书局，2008.

59. 孙诒让. 墨子闲诂［M］. 北京：中华书局，2009.

60. 贾谊. 新书［M］.（阎振益、钟夏校注）北京：中华书局，2014.

61. 刘向. 古列女传［M］. 北京：中国书店出版社，2013.

62. 刘义庆. 世说新语［M］（余嘉锡笺疏）. 北京：中华书局，2015.

63. 颜之推. 颜氏家训［M］（王利器集解）. 北京：中华书局，2016.

64. 晁公武. 郡斋读书志［M］（孙猛校证）. 上海：上海古籍出版社，2011.

65. 陈振孙. 直斋书录解题［M］. 上海：上海古籍出版社，2015.

66. 罗大经. 鹤林玉露［M］. 北京：中华书局，1983.

67. 王应麟. 困学纪闻［M］. 上海：上海古籍出版社，2009.

68. 黄虞稷. 千顷堂书目［M］. 上海：上海古籍出版社，2001.

69. 顾炎武. 日知录［M］（黄汝成集释）. 上海：上海古籍出版社，2013.

70. 钱大昕. 十驾斋养新录［M］. 上海：上海古籍出版社，2011.

71. 永瑢. 四库全书总目［M］. 北京：中华书局，1965.

72. 周中孚. 郑堂读书记［M］. 上海：上海书店出版社，2009.

73. 陈澧. 东塾读书记［M］. 上海：上海古籍出版社，2012.

近现代专著：

1. 陈寅恪. 金明馆丛稿二编［M］. 北京：生活·读书·新知三联书店，2011.

2. 陈寅恪. 寒柳堂集［M］. 北京：生活·读书·新知三联书店，2011.

3. 胡适. 胡适文集［M］（欧阳哲生编）. 北京：北京大学出版社，2013.

4. 胡适. 胡适英文文存［M］（周质平编）. 北京：外语教学与研究出版社，2012.

5. 杨开道. 中国乡约制度［M］. 北京：商务印书馆，2015.

6. 萨孟武.《红楼梦》与中国旧家庭［M］. 北京：北京出版社，2016.

7. 谭其骧. 中国历史地图集［M］. 北京：中国地图出版社，1996.

8. 冯友兰. 三松堂全集［M］. 郑州：河南人民出版社，2001.

9. 张岱年. 张岱年全集［M］. 石家庄：河北人民出版社，1996.

10. 陈来. 朱子哲学研究［M］. 北京：三联书店，2010.

11. 陈来. 宋明理学［M］. 北京：三联书店，2011.

12. 陈来. 宋元明哲学史教程［M］. 北京：三联书店，2010.

13. 陈来. 有无之境：王阳明哲学的精神 [M]. 北京：北京大学出版社，2002.

14. 陈来. 朱子书信编年考证 [M]. 北京：三联书店，2007.

15. 张立文. 朱子思想研究 [M]. 北京：中国社会科学出版社，2001.

16. 张立文. 宋明理学研究 [M]. 北京：人民出版社，2002.

17. 张立文. 朱熹评传 [M]. 长春：长春出版社，2008.

18. 周予同. 朱熹 [M]. 上海：商务印书馆，1929.

19. 方克立. 中国哲学史上的知行观 [M]. 北京：人民出版社，1982.

20. 侯外庐等编. 宋明理学史 [M]. 北京：人民出版社，1987.

21. 陈植锷. 北宋文化史论述 [M]. 北京：中国社会科学出版社，1992.

22. 李泽厚. 中国思想史论 [M]. 合肥：安徽文艺出版社，1999.

23. 漆侠. 宋学的发展和演变 [M]. 石家庄：河北人民出版社，2002.

24. 姜广辉. 理学与中国文化 [M]. 上海：上海人民出版社，1994.

25. 徐洪兴. 思想的转型：理学发生过程研究 [M]. 上海：上海人民出版社，1996.

26. 崔大华. 南宋陆学 [M]. 北京：中国社会科学出版社，1984.

27. 蒙培元. 理学的演变 [M]. 福州：福建人民出版社，1984.

28. 蒙培元. 理学范畴系统 [M]. 北京：人民出版社，1989.

29. 束景南. 朱子大传 [M]. 北京：商务印书馆，2003.

30. 束景南. 朱熹研究 [M]. 北京：人民出版社，2008.

31. 葛兆光. 中国思想史 [M]. 上海：复旦大学出版社，2001.

32. 向世陵. 理气性心之间：宋明理学的分系与四系 [M]. 北京：人民出版社，2008.

33. 高秀华，高令印. 朱子学通论 [M]. 厦门：厦门大学出版社，2007.

34. 乐爱国，高令印. 朱子格物致知论研究 [M]. 长沙：岳麓书社，2010.

35. 高全喜. 理心之间：朱熹和陆九渊的理学［M］. 北京：三联书店，2008.

36. 方彦寿. 朱熹书院与门人考［M］. 上海：华东师范大学出版社，2000.

37. 杨国荣. 心学之思：王阳明哲学的阐释［M］. 北京：中国人民大学出版社，2009.

38. 杨国荣. 伦理与存在：道德哲学研究［M］. 北京：北京大学出版社，2011.

39. 杨国荣. 善的历程：儒家价值体系研究［M］. 上海：华东师范大学出版社，2009.

40. 劳思光. 新编中国哲学史［M］. 桂林：广西师范大学出版社，2005.

41. 熊琬. 宋代理学与佛学之探讨［M］. 台北：文津出版社，1985.

42. 林庆彰. 朱子学研究书目 1900—1991［M］. 台北：文津出版社，1992.

43. 唐君毅. 人文精神之重建［M］. 桂林：广西师范大学出版社，2005.

44. 牟宗三. 心体与性体［M］. 长春：吉林出版集团有限责任公司，2013.

45. 牟宗三. 从陆象山到刘蕺山［M］. 长春：吉林出版集团有限责任公司，2010.

46. 牟宗三. 宋明儒学的问题与发展［M］. 上海：华东师范大学出版社，2004.

47. 刘述先. 朱子哲学思想的发展与完成［M］. 台北：台湾学生书局，1984.

48. 蔡仁厚. 宋明理学［M］. 长春：吉林出版集团有限责任公

司，2009.

49. 蔡仁厚. 论宋明理学［M］. 杭州：浙江人民出版社，1983.

50. 杜维明. 青年王阳明：行动中的儒家思想［M］. 北京：三联书店，2013.

51. 刘子健. 中国转向内在：两宋之际的文化转向［M］. 南京：江苏人民出版社，2012.

52. 秦家懿. 王阳明［M］. 北京：生活·读书·新知三联书店，2011.

53. 秦家懿. 朱熹的宗教思想［M］（曹剑波译）. 厦门：厦门大学出版社，2010.

54. 秦家懿. 秦家懿自选集［M］（汤一介主编）. 济南：山东教育出版社，2005.

55. 陈荣捷. 近思录详注集评［M］. 上海：华东师范大学出版社，2007.

56. 陈荣捷. 朱学论集［M］. 上海：华东师范大学出版社，2007.

57. 陈荣捷. 朱子新探索［M］. 上海：华东师范大学出版社，2007.

58. 陈荣捷. 朱子门人［M］. 上海：华东师范大学出版社，2007.

59. 陈荣捷. 朱熹［M］. 北京：生活·读书·新知三联书店，2012.

60. 陈荣捷. 宋明理学之概念与历史［M］. 台湾“中央”研究院中国文哲所筹备处，1996.

61. 钱穆. 朱子新学案［M］. 北京：九州出版社，2011.

62. 钱穆. 中国学术思想史论丛［M］. 北京：生活·读书·新知三联书店，2009.

63. 钱穆. 宋明理学概述［M］. 台北：台湾学生书局，1984.

64. 余英时. 现代儒学的回顾与展望［M］. 北京：生活·读书·新知三联书店，2012.

65. 余英时. 文史传统与文化重建［M］. 北京：生活·读书·新知三联书店，2012.

66. 余英时. 中国文化史通释［M］. 北京：生活·读书·新知三联书店，2012.

67. 余英时. 士与中国文化［M］. 上海：上海人民出版社，2013.

68. 余英时. 余英时学术思想文选［M］（何俊编）. 上海：上海古籍出版社，2010.

69. 余英时. 朱熹的历史世界——宋代士大夫政治文化的研究［M］. 北京：生活·读书·新知三联书店，2011.

70. 余英时. 宋明理学与政治文化［M］. 桂林：广西师范大学出版社，2006.

71. 余英时. 论戴震与章学诚［M］. 北京：生活·读书·新知三联书店，2012.

72. 何俊，范立舟. 南宋思想史［M］. 上海：上海古籍出版社，2008.

73. 何俊. 南宋儒学建构［M］. 上海：上海人民出版社，2004.

74. 谭丕模. 宋元明清思想史纲［M］. 上海：上海书店出版社，2010.

75. 曹海东. 朱熹经典解释学研究［M］. 武汉：湖北人民出版社，2007.

76. 丁为祥. 学术性格与思想谱系——朱子的哲学视野及其历史影响的发生学考察［M］. 北京：人民出版社，2012.

77. 董平. 陈亮评传［M］. 南京：南京大学出版社，1996.

78. 董平. 浙江思想学术史——从王充到王国维［M］. 北京：中国社会科学出版社，2005.

79. 董平. 王阳明的生活世界——通往圣人之路［M］. 北京：商务印书馆，2018.

80. 董平. 先秦儒学广论［M］. 杭州：浙江大学出版社，2015.

81. 董平. 宋明儒学与浙东学术［M］. 贵阳：孔学堂书局，2015.

82. 鄢建江. 朱熹《小学》道德教育理论研究［M］. 北京：华龄出版社，2006.

83. ［美］狄百瑞. 儒家的困境［M］. 黄水婴译. 北京：北京大学出版社，2009.

84. ［美］狄百瑞. 中国的自由传统［M］. 李弘祺译. 香港：香港中文大学出版社，1983.

85. ［美］包弼德. 历史上的理学［M］. ［新加坡］王昌伟译. 杭州：浙江大学出版社，2009.

86. ［美］田浩. 朱熹的思维世界［M］. 南京：凤凰出版传媒集团，江苏人民出版社，2011.

87. ［日］岛田虔次. 朱子学と阳明学［M］. 蒋国保译. 西安：陕西师范大学出版社，1986.

88. ［日］小岛毅. 宋学の形成と展开［M］. 东京：创文社刊，1999.

89. ［日］丸山真男. 日本政治思想史研究［M］. 徐白、包沧澜译. 台北：台湾商务印书馆，1980.

90. ［韩］金永植. 朱熹的自然哲学［M］. 潘文国译. 上海：华东师范大学出版社，2003.

91. ［韩］刘承相. 朱子早年思想的历程［M］. 上海：华东师范大学出版社，2009.

论文部分：

1. 黄婉瑜. 朱熹《小学》研究［D］. 华梵大学，2009.

2. 李滢瑜. 朱子《小学》“习与智长，化与心成”孝教育思想研究［D］. 中南大学，2012.

3. 贺晟威. 张伯行《小学集解》研究［D］. 华东师范大学，2012.

4. 冯达文. 简论朱子《小学》的教育理念［J］. 中国哲学史. 1999（4）.

5. 郭齐. 论小学在朱熹思想体系中的地位［J］. 四川大学学报（哲学社会科学

版）. 1999（5）.

6. 蔡雁彬. 朱子《小学》流衍海东考［J］. 南京大学学报（哲学 · 人文科学 · 社会
科学版）. 2002（4）.

7. 姚郁卉. 朱子《小学》的蒙养教育思想［J］. 齐鲁学刊. 2005（4）.

8. 牟坚. 洒扫应对，便是形而上学之事？———朱子对小学与大学关系的诠释［J］. 中国哲学与文化（第三辑）. 2008.

9. 朱人求. 下学而上达：朱子小学与大学的贯通［J］. 江南大学学报（人文社会科
学版）. 2013（2）.

10. ［日］白井顺. 朱熹《小学》传播的一侧面：以程愈《小学集说》为中心［J］. 历史文献研究（总第 36 辑）.

后 记

某师尝云："人生之活法有二，一为皮划艇式，一曰乘火车式，诸君请思，自择之。"又云："读书学问犹倒吃甘蔗，渐入佳境。"闻斯言时，花津河畔，恰同学少年。"忽然而已"，韶光且已虚掷十载。遥想赭山林荫、镜湖月夜、滨江之夕阳、"敬文"之倩影，殆如故也。斯城之斯校，吾之大学，我的四年时光，一幅幅一幢幢，不必曰"浃肌"却足堪铭记，因为景，因为人，亦因问学之斯始。未想过"到来"，却悄然而至。想着"离开"，却未曾离开。大抵与斯地有别样的缘，不过，终究免不了告别，因为问学，因为冥冥之中。学思湖，闹市之中足容学思。康健之园，消耗几多闲暇光景。三年，未及弹指，生活，逼不得已。反躬而问：读竟数十卷书？念过几册经籍？愿矣！愧对师友者多矣！还没来得及挥一挥衣袖，便已行至另一个城市。

时光回复到三年前的九月，一个开学季。带着几分陌生与期待的我来到了杭城——陈寅恪先生文中"中华文化造其极"的赵宋王朝南渡之都——临安，得以有机会如此近距离耳闻目睹"自古繁华"之地——钱塘，并于此开启新的问学生活。学于此，有幸跟着董平师（大学时广读人物传记，读过《陈亮评传》，后又看过百家讲坛"传奇王阳明"，但其时根本未曾想到有朝一日能成为老师的学生），师人极好，又超迈有学问。忝列董门，又得师姐师妹、师兄师弟们所给予的家的温暖，亦有幸矣。凭斯之幸，三年时间，无论是听老师讲课、还是读经会听讲经、抑或私下请教，启悟尤多，学问上方稍有长进，方得以完成博士论文。此篇论文，如果说有所获，则皆接闻于师说（我之转述，惟求不那么走样）。感谢研究所各位老师的指道教诲，感谢何善蒙老师。

读书至今，若无家人支持，决不能走到现在。一路而来跌跌撞撞，需要感谢的人太多，家人、老师、好友……。口笨笔拙若我者，感谢之意多是静默于心。但愿在问学的路上尽心尽力而有些许成绩，以"不辜负"谨致谢忱。

不爱热闹的我，居地喧嚣之声日夜不绝。幸赖宝石、老和二山，无数次独听"穿林打叶"，洗却心尘世嚣。写完论文最后一字，多年的问学之路暂画一句点，能否画圆，请俟来者。

《儒道释博士论文丛书》已出书目

第一批(1999 **年**)

道教斋醮科仪研究　张泽洪著

道教炼养心理学引论　张　钦著

道教劝善书研究　陈　霞著

道教与神魔小说　苟　波著

净明道研究　黄小石著

第二批(2000 **年**)

神圣礼乐

——正统道教科仪音乐研究

蒲亨强著

魏晋玄学人格美研究　高华平著

明清全真教论稿　王志忠著

佛教与儒教的冲突与融合

彭自强著

经验主义的孔子道德思想及其

历史演变　邓思平著

第三批(2001 **年**)

宋元老学研究　刘固盛著

道教内丹学探微　戈国龙著

汉魏六朝道教教育思想研究

汤伟侠著

般若与老庄　蔡　宏著

刘一明修道思想研究　刘　宁著

晚明自我观研究　傅小凡著

第四批(2002 **年**)

近现代以佛摄儒研究　李远杰著

礼宜乐和的文化思想　金尚礼著

生死超越与人间关怀

——神仙信仰在道教与

民间的互动　李小光著

近现代居士佛学研究　刘成有著

生命的层级

——冯友兰人生境界说研究

刘东超著

第五批(2003 **年**)

中国佛教僧团发展及其研究

王永会著

实相本体与涅槃境界　余日昌著

斋醮科仪　天师神韵　傅利民著

荷泽宗研究　聂　清著

精神分析与佛学的比较研究

尹　立著

太虚对中国佛教现代化

道路的抉择　罗同兵著

终极信仰与多元价值的融通

姚才刚著

第六批(2004 年)

西学东渐与明清实学　李志军著

上清派修道思想研究　张崇富著

北宋《老子》注研究　尹志华著

相国寺

——在唐宋帝国的神圣与凡俗之间　段玉明著

熊十力本体论哲学研究　郭美华著

关于知识的本体论研究

——本质　结构　形态

昌家立著

明代王学研究　鲍世斌著

中国技术思想研究

——古代机械设计与方法

刘克明著

朱熹与《参同契》文本　钦伟刚著

中国律宗思想研究　王建光著

第七批(2005 年)

元代庙学

——无法割舍的儒学教育链

胡　务著

牟宗三"道德的形而上学"研究

闵仕君著

隋唐五代道教美学思想研究

李　裴著

宋元道教易学初探　章伟文著

杜光庭《道德真经广圣义》的道教哲学研究　金兑勇著

天台判教论　韩焕忠著

杜光庭道教小说研究　罗争鸣著

魏源思想探析　李素平著

泰州学派新论　季芳桐著

《文子》成书及其思想　葛刚岩著

傅金铨内丹思想研究　谢正强著

第八批(2006 年)

汉末魏晋南北朝道教戒律规范研究　伍成泉著

两性关系本乎阴阳

——先秦儒家、道家经典中的性别意识研究　贺璋瑢著

陈撄宁与道教文化的现代转型

刘延刚著

扬雄《法言》思想研究　郭君铭著

《周易禅解》研究　谢金良著

明清道教与戏剧研究　李　艳著

王弼易学解经体例探源

尹锡珉著

唐代道教管理制度研究　林西朗著

四念处研究　哈　磊著

天人之际的理学新诠释

——王夫之《读四书大全说》思想研究　周　兵著

第九批(2007 年)

晚明狂禅思潮与文学思想研究

赵　伟著

先秦儒家孝道研究　王长坤著

致良知论

——王阳明去恶思想研究

胡永中著

伍守阳内丹思想研究　丁常春著
贝叶上的傣族文明
——云南德宏南传上座部佛教社会考察研究　吴之清著
朱子论“曾点气象”研究　田智忠著
二十世纪中国道教学术的新开展　傅凤英著
道教与基督教生态思想比较研究　毛丽娅著
汉晋文学中的《庄子》接受　杨　柳著
马祖道一禅法思想研究　邱　环著
道教自然观研究　赵　芃著

第十批(2008 年)

王船山礼学思想研究　陈力祥著
王船山美学基础
——以身体观和诠释学为进路的考察　韩振华著
马来西亚华人佛教信仰研究　白玉国著
《管子》哲学思想研究　张连伟著
东晋佛教思想与文学研究　释慧莲著
北宋禅宗思想及其渊源　土屋太祐著
早期道教教职研究　丁　强著
隋唐五代道教诗歌的审美管窥　田晓膺著
道教与明清文人画研究　张明学著
道教戒律研究　唐　怡著

第十一批(2009 年)

驯服自我
——王常月修道思想研究　朱展炎著
道经图像研究　许宜兰著
阳明学与佛道关系研究　刘　聪著
清代净土宗著述研究　于海波著
宗教律法与社会秩序
——以道教戒律为例的研究　刘绍云著
老子及其遗著研究
——关于战国楚简《老子》、《太一生水》、《恒先》的考察　谭宝刚著
汉唐道教修炼方式与道教女性观之变化研究　岳齐琼著
宋元三教融合与道教发展研究　杨　军著
都市佛寺的社会交换研究　肖尧中著
早期天台学对唯识古学的吸收与抉择　刘朝霞著

第十二批(2010 年)

道教社会伦理思想之研究　何立芳著
印度佛教净土思想研究　汪志强著
社会转型下的宗教与健康关系研究　冯小林著

教化与工夫
——工夫论视域中的阳明
心学系统 陈多旭著
心性灵明之阶
——早期全真道情欲论思想研究
刘　恒著
中古道书语言研究 冯利华著
近现代禅净合流研究 许　颖著
永明延寿心学研究 田青青著
中国传统社会宗教的世俗化研究
——以金元时期全真教社会
思想与传播为个案
夏当英著
成玄英《庄子疏》研究 崔珍皙著

第十三批(2011年)

道医陶弘景研究 刘永霞著
汉代内学
——纬书思想通论 任蜜林著
一心与圆教
——永明延寿思想研究
杨文斌著
三教关系视野中的陈景元
思想研究 隋思喜著
蒙文通道学思想研究 罗映光著
敦煌本《太玄真一本际经》
思想研究 黄崑威著
总持之智
——太虚大师研究 丁小平著
明清民间宗教思想研究
——以神灵观为中心 刘雄峰著
东晋宋齐梁陈比丘尼研究
唐　嘉著
《贞观政要》治道研究 杨　琪著

第十四批(2012年)

老子八十一化图研究 胡春涛著
马一浮思想研究 李国红著
《老子》思想溯源 刘鹤丹著
"仙佛合宗"修道思想研究
卢笑迎著
方东美论道家思想 施保国著
湛甘泉哲学思想研究 王文娟著
仪式的建构与表达
——滇南建水祭孔仪式
的文化与记忆 曾　黎著
智旭佛学易哲学研究 张韶宇著
悟道·修道·弘道
——丘处机道论及其
历史地位 赵玉玲著
隋唐道教与习俗 周　波著

第十五批(2013年)

庄子哲学的后现代解读 郭继明著
法藏圆融之"理"研究 孙业成著
汉传佛教寺院经济演变研究
于　飞著
魏晋南北朝社会生活与道教文化
刘　志著

中古道官制度研究　刘康乐著
金元道教信仰与图像表现——以永乐宫壁画为中心　刘　科著
元代道教戏剧研究　廖　敏著
明代灵济道派研究　王福梅著
中国宗教的慈善参与新发展及机制研究　明世法著
两晋南北朝时期河陇佛教地理研究　杨发鹏著

第十六批(2014年)
道教气论学说研究　路永照著
历史中的镜像——论晚明僧人视域中的《庄子》　周黄琴著
从玄解到证悟——论中土佛理诗之发展演变　张君梅著
回归诚明——李翱《复性书》研究　韩丽华著
图像与信仰——中古中国维摩诘变相研究　肖建军著
中国道教经籍在十九世纪英语世界的译介研究　俞森林著
四川道教宫观建筑艺术研究　李星丽著
道与艺——《庄子》的哲学、美学思想与文学艺术　胡晓薇著
李光地易学思想研究　冯静武著
显隐哲学视域中的文艺审美　杨继勇著

第十七批(2015年)
赞宁《宋高僧传》研究　杨志飞著
自我与圣域——现代性视野中的唐君毅哲学　胡　岩著
明代道教文化与社会生活　寇凤凯著
道教医世思想溯源　杨　洋著
近代以来中国佛教慈善事业研究　李湖江著
现代性和中国佛耶关系(1911—1949)　周晓微著
西域佛教演变研究　彭无情著
藏族古典寓言小说研究　觉乃·云才让著
藏传佛教判教研究　何杰峰著
藏彝走廊北部地区藏传佛教寺院研究　李顺庆著

第十八批(2016年)
重庆华岩寺佛教仪式音乐与传承　陈　芳著
明末清初临济宗圆悟、法藏纷争始末考论　吕真观著
《文子》思想研究　姜李勤著
汉末至五代道教书法美学研究　沈　路著
佛教传统的价值重估与重建

——太虚与印顺判教思想研究　邓莉雅著
边缘与归属：道教认同的文化史考察　郭硕知著
道教时日禁忌探源　廖　宇著
清代清修内丹思想比较研究——以柳华阳、闵一得、黄元吉为对象　张　涛著
闵一得研究　陈　云著

第十九批(2017 年)

中医运气学说与道教关系研究　金　权著
《道枢》研究　张　阳著
全真教制初探　高丽杨著
道教师道思想研究　孙瑞雪著
生命哲学视域下的道教服食研究　徐　刚著
“真心观”与宋元明文艺思想研究　曹　磊著
礼法与天理：朱熹《家礼》思想研究　彭卫民著
儒佛融摄视野下的马一浮、熊十力思想比较研究　王　毓著
道教与书法关系研究　阳志辉著
近代城市宫观与地方社会——以杭州玉皇山福星观为中心　郭　峰著

第二十批(2018 年)

法相唯识学认知思想研究　石文山著
禅观影像论　史　文著
早期道教经韵授度体系研究　陈文安著
明清禅宗“牧牛诗组”之研究　林孟蓉著
道教内外丹关系研究　盖　菲著
先秦道家人性论研究　周　耿著
王弼易学研究——以体用论为中心　张二平著
究天人之际——从《尚书》上探儒家本色　黄靖雅著
上阳子陈致虚生平及思想研究　周　冶著

第二十一批(2019 年)

《春秋》纬与汉代思想世界　王小明著
道教与唐前志怪小说专题研究　徐胜男著
康有为、梁启超与谭嗣同佛教思想研究　赵建华著
先秦儒道本体论研究　王先亮著
张万福与唐初道教仪式的形成　田　禾著

“三纲九目”:朱子《小学》思想研究　徐国明著

先秦儒家天命鬼神观研究　胡静静著

汉末道教的“真道”观及其展开——基于《太平经》《老子想尔注》《周易参同契》的研究　孙功进著

道德与解脱:中晚明士人对儒家生死问题的辩论与诠释　刘琳娜著

王阳明与其及门四大弟子的情论研究　张翅飞著

大道鸿烈——《淮南子》汉代黄老新“道治”思想研究　高　旭著

图书在版编目（CIP）数据

“三纲九目”：朱子《小学》思想研究/徐国明著．
—成都：巴蜀书社，2020.10
（儒道释博士论文丛书）
ISBN 978-7-5531-1355-5

Ⅰ.①三…　Ⅱ.①徐…　Ⅲ.①朱熹（1130－1200）－
哲学思想－研究　Ⅳ.①B244.75

中国版本图书馆 CIP 数据核字（2020）第 172249 号

“三纲九目”：朱子《小学》思想研究
SAN'GANG JIUMU ZHUZI XIAOXUE SIXIANG YANJIU
徐国明　著

责任编辑　侯跃生
出　　版　巴蜀书社
　　　　　成都市槐树街 2 号　邮编 610031
　　　　　总编室电话：(028) 86259397
网　　址　www.bsbook.com
发　　行　巴蜀书社
　　　　　发行科电话：(028) 86259422　86259423
经　　销　新华书店
印　　刷　成都春晓印务有限公司
　　　　　电话：(028) 88450462
版　　次　2020 年 10 月第 1 版
印　　次　2020 年 10 月第 1 次印刷
成品尺寸　203mm×140mm
印　　张　11.5
字　　数　300 千字
书　　号　ISBN 978-7-5531-1355-5
定　　价　55.00 元

本书如有印装质量问题，请与印刷厂调换